Wirtschaft + Gesellschaft

Reihe herausgegeben von
A. Maurer, Trier, Deutschland
U. Schimank, Bremen, Deutschland

Wirtschaft und Gesellschaft ist ein wichtiges Themenfeld der Sozialwissenschaften. Daher diese Buchreihe: Sie will zentrale Institutionen des Wirtschaftslebens wie Märkte, Geld und Unternehmen sowie deren Entwicklungsdynamiken sozial- und gesellschaftstheoretisch in den Blick nehmen. Damit soll ein sichtbarer Raum für Arbeiten geschaffen werden, die die Wirtschaft in ihrer gesellschaftlichen Einbettung betrachten oder aber soziale Effekte des Wirtschaftsgeschehens und wirtschaftlichen Denkens analysieren. Die Reihe steht für einen disziplinären wie theoretischen Pluralismus und pflegt ein offenes Themenspektrum.

Weitere Bände in der Reihe http://www.springer.com/series/12587

Sarah Lenz

Ethische Geldinstitute

Normative Orientierungen
und Kritik im Bankenwesen

 Springer VS

Sarah Lenz
Seminar für Soziologie
Universität Basel
Basel, Schweiz

Wirtschaft + Gesellschaft
ISBN 978-3-658-22389-2   ISBN 978-3-658-22390-8   (eBook)
https://doi.org/10.1007/978-3-658-22390-8

Die Deutsche Nationalbibliothek verzeichnet diese Publikation in der Deutschen Nationalbibliografie; detaillierte bibliografische Daten sind im Internet über http://dnb.d-nb.de abrufbar.

Springer VS

Verantwortlich im Verlag: Cori A. Mackrodt

Springer VS ist ein Imprint der eingetragenen Gesellschaft Springer Fachmedien Wiesbaden GmbH und ist ein Teil von Springer Nature
Die Anschrift der Gesellschaft ist: Abraham-Lincoln-Str. 46, 65189 Wiesbaden, Germany

Danksagung

Dieses Buch ist eine überarbeitete Fassung meiner Dissertation, die ich 2017 in Frankfurt am Main abgeschlossen habe. Mein erster Dank richtet sich an Sighard Neckel, der mich während des ganzen Entstehungsprozesses und darüber hinaus begleitet, beraten, unterstützt und ermutigt hat. Die gemeinsame Arbeit und die kritischen Diskussionen haben meine Perspektiven zuverlässig und *nachhaltig* erweitert. Ebenso sehr danke ich meinen Freund*innen und Kolleg*innen am Institut für Soziologie und am Institut für Sozialforschung für zahlreiche Gespräche und ihre gewissenshaften, präzisen sowie konstruktiven Rückmeldungen zu meiner Arbeit. Ganz besonders danke ich Claudia Czingon, Jan Brülle, Deborah Eicher, Julia Gasterstädt, Friedericke Hardering, Lukas Hofstätter, Katharina Hoppe, Sonja Kleinod, Hermann Kocyba, Ruth Manstetten, Patrick Sachweh, Thomas Schmitz, Evelyn Sthamer und Greta Wagner, die einzelne Kapitel meiner Dissertation gelesen und kritisch kommentiert haben. Sina Deiss vom Baseler Seminar für Soziologie und Anna Storchenegger danke ich für die Anpassung an die Manuskriptvorlagen und die letzte Korrektur der Arbeit. An entscheidenden Stellen der Arbeit waren mir die Kolloquien von Sighard Neckel, Oliver Nachtwey, Konstanze Senge und ihren jeweiligen Teams eine große Hilfe. Ebenfalls danke ich Andrea Maurer und Uwe Schimank für die Möglichkeit, meine Forschung in der Reihe Wirtschaft + Gesellschaft platzieren zu können. Finanziell wurde diese Arbeit durch das DFG-geförderte Exzellenz-Cluster „Die Herausbildung normativer Ordnungen" und die Goethe Universität in Frankfurt am Main unterstützt. Darüber hinaus bin ich meinen Interviewpartner*innen zu großem Dank verpflichtet, da ich ohne ihre Bereitschaft und Offenheit meinen Forschungsinteressen nicht hätte nachgehen können. Nicht zuletzt danke ich Gottfried, Angelika, Ursula und Alexander, meiner Familie, für ihre vielfältige Unterstützung.

Inhalt

Einleitung 1

1   Entwicklung und Etablierung des ethischen Bankgeschäfts 9
  1.1   Entwicklung und internationale Differenzen des ethischen
        Bankgeschäfts 9
  1.2   Ethische Banken in den Wirtschaftswissenschaften und
        in der Soziologie 12

2   Wirtschaft und Moral – die normative Fundierung
    der Wirtschaftssoziologie 15
  2.1   Das Verhältnis von Markt und Moral in der New Economic Sociology 18
  2.2   Kritik, Rechtfertigung und Kompromiss 21
        2.2.1   Die Soziologie der Kritik als Forschungsperspektive 21
        2.2.2   Die Soziologie der Kritik als Wirtschaftssoziologie 22
        2.2.3   Forschungsfragen 29

3   Selbstbeschreibungen ethischer Geldinstitute 31
  3.1   Gemeinschaftsbank für Leihen und Schenken (GLS Bank) 32
        3.1.1   Entstehung und Entwicklung 32
        3.1.2   Leitbilder und Selbstverständnis der GLS Bank 34
        3.1.3   Moralische Avantgarde 35
        3.1.4   Produkte, Anlage- und Kreditvergabe der GLS Bank 36
        3.1.5   Organisation, Struktur und Personalpolitik der GLS Bank 39
  3.2   Triodos Bank 40
        3.2.1   Entstehung und Entwicklung der Triodos Bank 40
        3.2.2   Ökonomisches Wachstum der Triodos Bank 41
        3.2.3   Leitbilder, Visionen und Weltbild der Triodos Bank 42
        3.2.4   Produkte und Auswahlkriterien der Triodos Bank 44
  3.3   UmweltBank AG 45
        3.3.1   Entstehung und Entwicklung der UmweltBank 45

        3.3.2 Unternehmensleitbild, Werte und Selbstverständnis
               der UmweltBank 47
        3.3.3 Gesellschaftliche Verantwortung aus der Perspektive
               der UmweltBank 50
        3.3.4 Das Menschen- und Mitarbeiter_innenbild der UmweltBank 51
        3.3.5 Kreditvergabe und Anlagekriterien der UmweltBank 54
   3.4 EthikBank 55
        3.4.1 Die Ursprünge und Entstehungsgeschichte der EthikBank 55
        3.4.2 Die Anlagekriterien der EthikBank 56
        3.4.3 Das gesellschaftspolitische Engagement der EthikBank 57
   3.5 Bank im Bistum Essen (BIB) 58
        3.5.1 Entstehung und Entwicklung der BIB 58
        3.5.2 Werte und Unternehmensleitbild der BIB 59
        3.5.3 Kund_innen, Partner_innen und Mitarbeiter_innen der BIB 60
        3.5.4 Ethikverständnis und Investitionspraxis der BIB 61
   3.6 Bank für Sozialwirtschaft AG (BfS) 63
        3.6.1 Entstehung und Entwicklung der BfS 63
        3.6.2 Eigentümer und Kund_innen der BfS 64
        3.6.3 Werte, Unternehmensleitbilder und Mitarbeiter_innenpolitik
               der BfS 65
   3.7 Steyler Ethik Bank 67
        3.7.1 Werte und Mission 67
        3.7.2 Steyler Finanzethik und Investitionspraxis 68

4 Gemeinsamkeiten und Unterschiede ethischer Geldinstitute.
   Implikationen und Problemlagen 71
   4.1 Werte und Weltbilder ethischer Banken 71
   4.2 Die praktische Umsetzung normativer Prinzipien 73
   4.3 Ethische Kund_innen 75
   4.4 Gesellschaftliche Verantwortung und öffentliche Wirksamkeit 76

5 Der Forschungsprozess: Erhebung und Auswertung 77
   5.1 Experteninterview und Leitfaden 77
   5.2 Vorbereitung und Durchführung 79
   5.3 Methodologie und Grundbegriffe der dokumentarischen Methode 80
   5.4 Analyseschritte 82
   5.5 Sozialstatistik und Sample 85

6   Praktiken der Kritik in Phasen der beruflichen Umorientierung 91
   6.1 Wechsel für Autonomie, Enthierarchisierung und
       Selbstverwirklichung 93
   6.2 Wechsel für Übereinstimmung zwischen sozialem Umfeld und
       beruflicher Tätigkeit 100
   6.3 Wechsel aufgrund von Degradierung und Dequalifizierung 110
   6.4 Zwischenfazit: Ethische Banken und Gesellschaftskritik 116

**7   Die Rechtfertigungsordnung ethischer Banken.
   Symbolische Grenzziehungen und kollektive Identifikation** 121
   7.1 Die sozio-ökonomische Dimension des beruflichen
       Selbstverständnisses 122
   7.2 Die kulturelle Dimension des beruflichen Selbstverständnisses 127
   7.3 Die moralische Dimension des beruflichen Selbstverständnisses 133
   7.4 Zwischenfazit: Die gemeinschaftliche Binnenkultur als Antwort auf
       die projektbasierte Rechtfertigungsordnung 140

8   Konflikte und Problemlagen ethischer Investitionsentscheidungen 143
   8.1 Lösung durch Begrenzung und Individualisierung 144
       8.1.1 Ausschluss Harmonisierung von Widersprüchen 144
       8.1.2 Subjektivierung von Konflikten und Individualisierung
            von Verantwortung 146
   8.2 Ethische Banken zwischen normativer Selbstverpflichtung und
       ökonomischer Expansion 149
       8.2.1 Erfolgsdilemmata ethischer Banken 150
       8.2.2 Die normative Öffnung der eigenen Ansprüche 153
       8.2.3 Legitimation der Öffnung: Wachstum als Moral 154
       8.2.4 Konsequenzen der Konventionalisierung 157
   8.3 Zwischenfazit: die Kontingenz ethischer Investitionsentscheidungen 159

9   Schlussbetrachtung: Chancen und Risiken der Selbstregulierung 161
   9.1 Die Paradoxien der Ethisierung 167
   9.2 Ethisches Banking zwischen Kollektivierung und Individualisierung 169
   9.3 Ethisches Banking zwischen neuen Aufmerksamkeitsräumen und
       Dethematisierung 171

Literaturverzeichnis 175

Verzeichnis der Abbildungen und Tabellen

Abbildungen

Abb. 1   Kennzahlen in TEUR, GLS Bank, 2011-2012 33

Abb. 2   Bilanzsummen Triodos Bank 2004-2012 in Mio. Euro 41

Tabellen

Tab. 1   Personen mit strategischen und Service-Aufgaben 85

Tab. 2   Personen in beratenden Bereichen 86

Tab. 3   Inter- und intragenerationale Mobilität und Schichtzugehörigkeit 86

Tab. 4   Typologie des Wechsels 117

Einleitung

Ethische Banken verzeichnen in den letzten Jahren ein enormes Wachstum an Kund_innen, Einlagen und Investitionen. Bereits im Jahr 2010 lautete die Überschrift eines Artikels zu ethischen Geldinstituten: „Gewinner der Finanzkrise. Ethikbanken jubeln über Kundenansturm" (Dohmen 2010). Tatsächlich sind im Zeitraum zwischen 2006 und 2011 Kredite und Einlagen der in Deutschland tätigen ethischen Banken um 20 bis 30 Prozent gewachsen (zeb et al. 2012), während konventionelle Banken krisenbedingt Einbußen verzeichneten. Weiterhin steigende Bilanzsummen und Kund_innenzahlen zeugen laut Thomas Jorberg, dem Vorstandsvorsitzenden einer ethischen Bank, von einer Trendwende, wonach es „das klassische Bankgeschäft, wie wir es heute kennen, in naher Zukunft nicht mehr geben werde" (GLS Bank 2014). Hiermit verbindet sich eine Perspektive auf den Wandel im Banken- und Finanzwesen, der nicht ausschließlich auf externe politische Regulierungen setzt, sondern eine normative Selbstregulierung aus dem Banken- und Finanzwesen selbst als Hoffnungsträger der Veränderung anruft. Seit der weltweiten Finanz- und Wirtschaftskrise ist der Ruf nach einer Begrenzung negativer Folgen durch die Geschäftspraxis von Banken laut geworden (Krugman 2009; Stiglitz 2010). So wurde mit dem Zusammenbruch von Lehman Brothers im Jahr 2007 und der darauffolgenden Immobilienkrise offensichtlich, welche fatalen Auswirkungen die Verbriefungspraxis auf die Verfassung der globalen Gesellschaft hat (Castells et al. 2012; Lapavitsas 2009). Die Reaktionen konventioneller Institute, wie diejenigen der Deutschen Bank und der Commerzbank, zeugen von einer tiefen Legitimationskrise. So sucht die Deutsche Bank unter dem Stichwort „Kulturwandel", das „verloren gegangene Vertrauen der Gesellschaft wieder zurückzugewinnen"[1]. In einem TV-Spot der Commerzbank joggte jahrelang eine Filialdirektorin durch das morgendliche Frankfurt, bis sie gekämmt und geschminkt im obersten Stockwerk des Towers ankommt. Dabei inszeniert sich die Commerzbank einmal als geläuterter Musterknabe, der die Gründe bei sich selbst sucht, ein anderes Mal als Vorreiterin einer Bewegung, wenn die sportliche Filialleiterin sagt: „In der Werbung kann man viel behaupten. Aber wie viele Banken haben offen über die Finanzkrise gesprochen? Die Fehler auch bei sich gesucht? Und ihr Verhalten auch tatsächlich geändert?

---

1   www.db.com/cr/de/konkret-kulturwandel.htm.

Wir haben das getan."[2] Ethische Banken wie die GLS Bank, die Triodos Bank, die Umwelt Bank und einige mehr reden nicht nur über die Finanzkrise – sie gründen ihr ganzes Unternehmenskonzept auf dem Credo, der dominanten Finanzpraxis eine gesellschaftlich verantwortungsvolle Praxis entgegenzustellen[3]. Auch sie werben mit Slogans, in denen sie spezifische Sehnsüchte und Wünsche nach einer gerechteren, sozialeren Welt durch ein verantwortliches Handeln der Banken ansprechen:

„GLS-Bank – das macht Sinn."

„Triodos – denn Geld kann so viel mehr."

„Berühr die Welt mit fairem Geld." (EthikBank)

Der Ausgangspunkt für den proklamierten Wandel ist dabei nicht allein die Finanzkrise in der Folge von 2007, sondern die seit ebenfalls einigen Jahren rege geführte Debatte um gesellschaftliche, ökologische und wirtschaftliche Nachhaltigkeit. Die Verknüpfung der Nachhaltigkeitsdebatte mit dem Versprechen nach einer Ethisierung[4] des Banken- und Finanzwesens ermöglicht ethischen Instituten eine Positionierung in Opposition zu den derzeit dominanten Vorstellungen und Praktiken des Banken- und Finanzwesens. Diese werden nicht zuletzt für die weltweite Finanzkrise verantwortlich gemacht. So begründet die EthikBank ihr geschäftliches Profil mit einem Motto, das eine eindeutige Grenze zwischen ethischen und konventionellen Banken zieht und dabei dezidiert auch auf Charaktereigenschaften referiert: „Wir sind Banker, keine Spekulanten" (Will 2014). Der Vorstandssprecher der GLS Bank grenzt sich in einem Positionspapier von konventionellen Instituten ab, die „in der Vergangenheit fast ganze Volkswirtschaften ruinierten und den Steuerzahler Milliarden von Rettungsgeldern kosteten. Zu viele Banker haben sich selbst die Taschen vollgemacht und dabei getrickst, bestochen und manipuliert" (Jorberg 2015).
    Konstitutiv für ethische Banken ist, dass sie im Unterschied zu konventionellen Instituten ein Geschäftsmodell versprechen, das sich nicht ausschließlich an ökonomischen Kriterien orientiert, sondern darüber hinaus soziale und ökologische Aspekte integriert. Ethisches Banking ergänzt „traditionelle Kriterien der Rentabilität, Liquidität und Sicherheit um ökologische, soziale und ethische Bewertungspunkte" (FNG 2017). Diese sehr breite

---

2   www.thjnk.de/project/commerzbank-der-erste-schritt-zu-einer-grosen-kampagne.
3   Die Untersuchung ethischer Banken war Teil des Projektes „Die Berufsmoral der Banker. Milieubildungen und Professionsethiken im Baken- und Finanzwesen", das von 2012 bis 2017 unter der Leitung von Sighard Neckel Teil des DFG-geförderten Excellenzclusters „Die Herausbildung normativer Ordnungen" an der Goethe Universität Frankfurt am Main war. Zu den Gesamtergebnissen des Projektes vgl. Neckel, Gingen und Lenz 2018.
4   Unter dem Begriff der Ethisierung werden alle Phänomene, Vorgänge und Wahrnehmungen subsumiert, die eine mögliche Erweiterung der bisherigen Praktiken im Banken- und Finanzwesen aufzeigen. Diese lassen sich in den Wahrnehmungen der befragten Bankmitarbeiter_innen, den Selbstdarstellungen der Institute, aber auch in der Verwendung von Verfahren und Instrumenten erkennen. Der Begriff wird somit absichtlich offengehalten, um ihn empirisch zu füllen.

Definition lässt bereits vermuten, dass die Orientierungen der jeweiligen Banken im Detail sehr unterschiedlich ausfallen. Einig ist man sich in der Annahme, dass man durch die gleichberechtigte Berücksichtigung der genannten Kriterien die gesellschaftliche Entwicklung positiv beeinflussen kann. Gelder und Güter sollen ausgehend von dem Grad ihrer Wirksamkeit verteilt werden, statt über den Preismechanismus. So heißt es beispielsweise bei der Triodos Bank: „Eine positive Wirkung für die Gesellschaft ist das wichtigste Ziel unserer Tätigkeit." Andere Banken heben demgegenüber ihr gesellschaftspolitisches Engagement hervor, indem sie beispielsweise Blockupy und Edward Snowden unterstützen. Wiederum andere Institute zeichnen sich durch einen konkreten und starken Bezug auf die Bereiche Umwelt und Religion aus. Offen bleibt allerdings, mit welchen Herausforderungen eine Bankenpraxis konfrontiert ist, die sich selbst spezifische Kriterien und moralische Verpflichtungen auferlegt. Um Aufschluss über die inneren Logiken und Mechanismen des ethischen Bankenwesens zu erhalten, sollen auf Basis qualitativer Daten die zugrundeliegenden und handlungspraktischen Orientierungen von Bankmitarbeiter_innen detailliert und systematisch untersucht werden. Darüber hinaus zielt die soziologische Beschäftigung mit ethischen Banken in Deutschland darauf, die spezifischen Problemlagen und Herausforderungen eines ethischen Bankensektors zu verstehen.

Normative Orientierungen in der Wirtschaft

Die Untersuchung normativer Handlungsorientierungen im ethischen Bankenwesen ist insbesondere mit Blick auf drei Dimensionen ertragreich: eine zeitdiagnostische, eine systematische und eine gesellschaftspolitische Dimension.

Zeitdiagnostisch lässt sich zunächst beobachten, dass ethische Banken derzeit einen enormen Zuspruch nicht nur von Seiten privater Kleinanleger, sondern vor allem auch durch institutionelle Anleger erfahren.[5] Von einer breiten Öffentlichkeit werden nachhaltige Anlageformen und nachhaltige Banken als Gegenentwurf zur gegenwärtigen Finanzmarktorientierung beworben und unterstützt. Darüber hinaus macht die Idee der Nachhaltigkeit vor konventionellen Geldinstituten nicht halt, sondern entwickelt eine besondere Strahlkraft; mittlerweile greifen auch große Geldhäuser wie die Commerzbank auf ethische Anlageformen als Teil ihrer Portfoliobildung zurück.[6] Reduzieren lässt sich diese Entwicklung aber nicht allein auf das Bankensystem, vielmehr kann in nahezu allen gesellschaftlichen und wirtschaftlichen Bereichen eine zunehmend an Bedeutung gewinnende Manifestation der Themen Nachhaltigkeit und soziale Verantwortung beobachtet werden; alternative Paradigmen finden zusehends Zuspruch. Ethische Banken können somit als Phänomen betrachtet werden, in dem sich Ansprüche nach Transformationen der derzeitigen gesellschaftlichen und (finanz-)wirtschaftlichen Verfassung verdichten. Die Untersuchung ethischer Geldinstitute und die damit verbundenen Chancen und

---

5   Laut Eurosif (2014) liegt der Anteil nachhaltiger Anlagestrategien in Europa zwischen 2001 bis 2013 bei 22,6 Prozent.

6   Vgl. www.commerzbank. de/de/nachhaltigkeit/markt___kunden/privatkunden_1/nachhaltige_ investments/ethisch_nachhaltig_investieren/standardseitenvorlage_14.html.

Risiken können Aufschluss über weitreichendere Entwicklungen und Transformationen der gegenwärtigen Verfassung kapitalistischer Wirtschaftsformen geben.

Auf einer systematischen Ebene kann zudem festgestellt werden, dass sich zwar eine Vielzahl an wirtschaftsethischen und wirtschaftswissenschaftlichen Forschungen finden lässt, die das Ineinandergreifen ethischer Ansprüche und ökonomischer Notwendigkeiten untersucht. Allerdings konzentrieren sich diese Untersuchungen darauf, Möglichkeiten der Standardisierung von Nachhaltigkeit, der betriebswirtschaftlichen Performances und die tatsächliche ökonomische Leistung nachhaltiger Finanzdienstleistungen zu überprüfen (vgl. Aßländer und Schenkel 2008; Beile et al. 2006). Auch die Business Ethics beschäftigen sich mit der Frage, ob die derzeitige Konstruktion ethischer Investmentfonds überhaupt „ethisch" ist (vgl. Schwartz 2003). Soziologische Forschungen verweisen auf die Widersprüchlichkeit einer Zunahme ethischer Orientierungen bei gleichzeitiger ungebrochener Dominanz einer konventionellen profitorientierten Logik auf Finanzmärkten (vgl. Hiß 2012). Die Erklärungen beziehen sich dann auf ein Nebeneinander unterschiedlicher Profitchancen (vgl. Nessel 2012) oder sehen in ethischen Orientierungen ein vorübergehendes Phänomen, das nur so lange andauert, bis die Profitlogik wieder erstarkt. Solche Aussagen greifen allerdings in zweierlei Hinsicht zu kurz. Zum einen impliziert die Annahme eines temporären Aufscheinens einer nachhaltigen Orientierung auf Finanzmärkten, dass die derzeit dominante Profitlogik ohne spezifische Vorstellungen von Allgemeinwohl und Gerechtigkeit auskommt und somit als anthropologische Konstante gedacht wird, die sich immer wieder durchsetzt. Allerdings ist auch die konventionelle Banken- und Finanzwelt nicht frei von normativen Fundierungen und Gerechtigkeitsansprüchen. Zum anderen ignoriert die Feststellung eines objektiven Widerspruchs die Tatsache, dass dieser in den Wahrnehmungen der Akteure vielleicht gar nicht so widersprüchlich ist. An dieser Stelle setzt die vorliegende Arbeit an. Entgegen einer ideologiekritischen Betrachtung sollen die Herausforderungen und Potenziale einer Transformation im Banken- und Finanzwesen nicht von vorneherein ausgeschlossen werden, sondern mittels rekonstruktiver Verfahren erschlossen werden.

An diese systematische Dimension lässt sich eine gesellschaftspolitische Dimension anschließen, die der Beobachtung Rechnung trägt, dass externe Regulierungen des Bankenwesens seit 2008 nur langsam voranschreiten. Sowohl im proklamierten „Kulturwandel" konventioneller Institute sowie dem Aufschwung ethischer Institute lassen sich Bestrebungen erkennen, die eine normative und eigenständige Regulierung priorisieren. Insbesondere vor diesem Hintergrund besteht die Relevanz der vorliegenden Forschung darin, Aussagen über die Potenziale, Herausforderungen und Schwierigkeiten einer normativen Regulierung des Bankwesens – der Herstellung einer „inneren Solidarität" als Basis für eine „normative Integration" zu treffen (Durkheim 2008, S. 429). Ethische Banken stellen Verdichtungen von Ansprüchen, Vorstellungen und Erwartungen einer Lösung der Legitimationskrise des Bankenwesens dar.

Aufbau des Buches

Im Anschluss an diese Einleitung richtet sich der Blick in Kapitel 2 auf die historische Entwicklung des ethischen Bankgeschäfts. Grundlegend ist die Beobachtung, dass, obwohl ethische Banken derzeit zu Pionieren im deutschen Banken- und Finanzwesen avancieren, die Idee eines moralisch fundierten Bankgeschäfts keineswegs neu ist. So lassen sich bereits seit dem 18. Jahrhundert religiöse Gruppierungen ausmachen, die Geschäfte in den Bereichen des Sklavenhandels, des Tabaks und des Glücksspiels ausschließen. Was als religiös motiviertes Finanzhandeln in den Vereinigten Staaten vor zweihundert Jahren begann, ist heute weltweit zu einer zwar minoritären, aber doch vielfach anerkannten Praxis im Bankenwesen geworden. Der zweite Teil des Kapitels beschäftigt sich mit der Sichtweise, die die Wirtschaftswissenschaften auf das Phänomen einer ethischen Finanzpraxis werfen. Hiernach stehen die Performance und das Ergebnis (Return on Equity, kurz ROE) einer ethischen Bankenpraxis im Fokus. Daran anschließend werden jene Studien vorgestellt, die sich dem Phänomen aus soziologischer Perspektive annähern. Aus den bestehenden Leerstellen, die sowohl wirtschaftswissenschaftliche als auch soziologische Untersuchungen hinsichtlich der normativen Grundlagen ethischer Banken offenlassen, wird die zentrale Fragestellung in Kapitel 3 abgeleitet und theoretisch fundiert.

Eine zentrale Annahme der Wirtschaftssoziologie bildet die Erkenntnis, dass wirtschaftliches Handeln immer als soziales Handeln verstanden werden muss. Das dritte Kapitel der vorliegenden Arbeit rekonstruiert diese zentrale Einsicht zunächst historisch. Seit den 1920er-Jahren etabliert sich eine disziplinäre Arbeitsteilung zwischen der Ökonomie und der Soziologie. Davor war das wirtschaftliche Handeln der wirtschaftswissenschaftlichen Forschung überlassen. Die *New Economic Sociology* US-amerikanischer Prägung, allen voran Marc Granovetter, greift den Einbettungsbegriff von Karl Polanyi auf, um die konstitutive Bedeutung sozialer Beziehungen für ökonomisches Handeln nachzuweisen. Die Einseitigkeit der Netzwerkperspektive und des soziologischen Neoinstitutionalismus auf wirtschaftliches Handeln bilden dann den zentralen Ausgangspunkt für die Auseinandersetzung mit den pragmatisch ausgerichteten Soziologien. Ökonomisches Handeln lässt sich demnach nicht auf soziale Beziehungen und Netzwerke reduzieren. Märkte sind vielmehr a priori in politische und kulturelle Prozesse eingebunden. Diese systematische Leerstelle füllt die Soziologie der Kritik, indem sie den normativen und legitimierenden Elementen in Unternehmen, Märkten und komplexen Formationen wie dem Kapitalismus selbst eine konstitutive Bedeutung beimisst. Der zweite Teil des theoretisch-konzeptionellen Kapitels widmet sich daher der Relevanz und der Umsetzung des Programms der Soziologie der Kritik für die Untersuchung ethischer Geldinstitute in Deutschland. Die zentralen Fragen, Konzepte und die Ziele der Forschung werden im Anschluss zusammengefasst.

Die Erhebung der qualitativen Daten basiert auf zwei Zugängen. In einem ersten Schritt werden zentrale Ziele, Vorgehen und unternehmerische Leitbilder über eine inhaltsanalytisch fundierte Dokumentenanalyse erschlossen (Kapitel 4). Der Vergleich von ethischen Geldinstituten in Deutschland auf Basis von frei zugänglichen Informationen (Nachhaltigkeitsberichte, Offenlegungsberichte, Zeitungs- und Blogartikel) dient der Analyse von

Gemeinsamkeiten und Unterschieden in den öffentlich transportierten Selbstdarstellungen der Banken. Darüber hinaus ermöglicht dieser erste Zugang eine umfassende Erfassung des Feldes ethischer Banken in Deutschland. Neben diesen deskriptiven Aspekten spielt die systematische Auseinandersetzung mit den Selbstbildern ethischer Banken eine zentrale Rolle für die weitere Konzeption der Studie. Das Fazit des Kapitels diskutiert erste Implikationen und Problemlagen eines Bankgeschäfts, das sich nicht ausschließlich nach Kriterien ökonomischer Rentabilität ausrichtet.

Die daraus gewonnenen Erkenntnisse sind gleichzeitig ein wichtiger Bestandteil zur Erstellung des Leitfadens als Orientierungshilfe für die Durchführung von Interviews mit Mitarbeiter_innen ethischer Banken. Kapitel 5 beschäftigt sich demnach mit den Grundlagen und Prämissen des Experteninterviews und der Auswertung dieser mit den Instrumenten der dokumentarischen Interpretation. Das Ziel der dokumentarischen Methode besteht in der Rekonstruktion kollektiver Lebensorientierungen, die sich in einem milieuspezifischen Habitus verdichten und somit handlungsleitende Wirkung entfalten. Die pragmatische Fundierung der Soziologie der Kritik entspricht den methodologischen Grundannahmen der dokumentarischen Methode der Interpretation. Beide Perspektiven messen dem Wissen und den reflexiven Fähigkeiten der Akteure eine besondere Bedeutung für die Gestaltung sozialer Realität bei.

Insgesamt wurden 27 Interviews mit Mitarbeiter_innen ethischer Banken zwischen März 2013 bis Januar 2015 in den Bundesländern Hessen, Nordrhein-Westfalen und Thüringen durchgeführt. Die Kapitel 6, 7 und 8 bilden die zentralen Ergebnisse der Auswertung und Analyse ab, die auf Basis dieser Interviews systematisch erschlossen werden konnten. So widmet sich Kapitel 6 den persönlichen Erfahrungen ethischer Bankmitarbeiter_innen vor dem Hintergrund einer beruflichen Umbruchphase. Im Zentrum dieses Kapitels steht die Frage, wie man zur ethischen Bankerin oder zum ethischen Banker wird bzw. worin sich zentrale berufsbiografische Bedingungen für einen Wechsel ins ethische Bankenwesen zeigen. Die Rekonstruktion von Momenten kritischer Distanzierung (Boltanski und Thévenot 2011) legt eine Typologie frei, die Aufschluss über die zugrundeliegenden Formen von Kritik gibt. Diese Formen von Kritik verdeutlichen die sinnstiftende Bedeutung des Wechsels vom konventionellen zum ethischen Bankenwesen.

Im Verlauf der Analyse zeigt sich, dass über die Konzepte der Soziologie der Kritik hinausgegangen werden muss. Um die beruflichen Selbstbilder in ihrer Relevanz zu erfassen, wurde beispielsweise in Kapitel 7 auf das Konzept der symbolischen Grenzziehungen von Michèle Lamont zurückgegriffen. Während die Typologie des Wechsels die Bedingungen und Ausprägungen der Kritik am konventionellen Bankwesen enthält, zielt das Anliegen des 7. Kapitels auf die Untersuchung symbolischer Grenzziehungen und kollektiver Identitäten. Zentrale Fragen dieses Kapitels lauten: „Worin zeigen sich typische kollektiv geteilte Abgrenzungen gegenüber anderen Bereichen des Bankwesens? Und welche Bedeutung haben diese Abgrenzungen für die Sicherung der eigenen Identität?"

Der Schwerpunkt liegt hier nicht auf der Kritik am konventionellen Bankenwesen, sondern auf der Legitimation des ethischen Bankenwesens. Das Wechselspiel zwischen Identifikation und Abgrenzung ist konstitutiv für die Etablierung einer neuen legitimen

Ordnung. Entlang der Heuristik von Michèle Lamont fokussiert dieses Kapitel zentrale Legitimationsmechanismen eines ethischen Bankenwesens bezüglich moralischer, kultureller und sozio-ökonomischer Grenzziehungen. Der Mehrwert der Verbindung von Konzepten symbolischer Grenzziehungen und dem Konzept der Rechtfertigungsordnung wird folgendermaßen argumentiert: Während die Theorie der Rechtfertigung im Anschluss an Boltanski und Thévenot die Grammatik von Konflikten in modernen Gesellschaften lediglich von spezifischen Situationen her untersucht, bleiben Konflikte, die sich aus den jeweiligen Positionen (als Klassen, Gruppen) im sozialen Raum ergeben, unterbeleuchtet. Im Unterschied dazu akzentuiert das Konzept der symbolischen Grenzziehungen nach Lamont im Anschluss an Bourdieu dieselben sozialen Konflikte ausgehend vom Subjekt und einem milieuspezifischen Habitus. Vor diesem Hintergrund soll die Verwobenheit moralischer, kultureller und sozio-ökonomischer Argumente im ethischen Bankenwesen untersucht werden, um nicht zuletzt Aufschluss darüber zu erhalten, welche Rangordnung bzw. „Wertigkeit" diesen unterschiedlichen Akzentuierungen beigemessen wird. Zudem sollen die variierenden moralischen, kulturellen und sozio-ökonomischen Bezüge analytisch differenziert werden, um ihre praktische Relevanz und Dominanz im Alltagshandeln der befragten Mitarbeiter_innen differenzierter erfassen zu können.

Das 8. Kapitel bindet die qualitativen Interviews an die Erkenntnisse aus der Dokumentenanalyse zurück. Vor dem Hintergrund bereits festgestellter Problemlagen und Implikationen eines ethischen Bankenwesens wird die Analyse von zwei Fragen angeleitet, die Aufschluss über mögliche Konflikte, Herausforderungen und Potenziale eines ethischen Bankenwesens geben sollen. Allgemeiner gesprochen stehen hier die transformativen Potenziale des Bankenwesens im Vordergrund. Im Zentrum der Analyse befinden sich Investitionsentscheidungen in der operativen Praxis und dem alltäglichen Geschäft. Die besondere Herausforderung ethischer Geldinstitute besteht in der Entwicklung und Etablierung von Bewertungskriterien, die als Kompromisse zwischen variierenden Rechtfertigungsordnungen fungieren und die eine gleichberechtigte Berücksichtigung ethischer wie ökonomischer Kriterien erlauben. Dabei beschäftigt sich der erste Teil dieses Kapitels mit den grundlegenden normativen Ausrichtungen, auf die Mitarbeiter_innen ethischer Banken in Investitionsentscheidungen zurückgreifen. Der zweite Teil trägt der Tatsache Rechnung, dass ethische Banken in den zurückliegenden Jahren einen wirtschaftlichen Aufschwung erfahren, der sie mit der Frage konfrontiert, wie sie Marktexpansion erreichen können, ohne in das Dilemma zu geraten, die eigenen ethischen Ansprüche relativieren zu müssen.

Im letzten Kapitel werden schließlich die zentralen Aspekte der Studie rekapituliert und die wichtigsten Analyseergebnisse zusammengefasst. Darüber hinaus werden Desiderate und mögliche weitere Forschungen thematisiert.

Entwicklung und Etablierung des ethischen Bankgeschäfts

Im Unterschied zu konventionellen Geldinstituten orientieren sich ethische Banken an Prinzipien, die nicht ausschließlich in ökonomischer Ertrags- oder Gewinnsteigerung aufgehen. Unter Ethical Banking oder Socially Responsible Investment (kurz SRI) werden im Allgemeinen Finanz- und Bankenpraktiken verstanden, die bankentypische Ziele um moralische Ziele erweitern. Zentrale Leitbilder und handlungsleitende Normen werden durch Prinzipien wie Transparenz, Fairness, gesellschaftliche Verantwortung und Nachhaltigkeit repräsentiert. Zudem verstehen sich jene Geldinstitute selbst als Intermediäre und Treuhänder, die zwischen wertorientierten Kund_innen und den jeweiligen Finanzdienstleistern vermitteln. Vereint unter dem Motto „Mit Geld Gutes tun" (Hampel 2016), beanspruchen sie, gesellschaftliche Entwicklungen durch die gleichberechtigte Berücksichtigung sozialer, ökonomischer und ökologischer Ziele positiv zu beeinflussen. Dabei orientiert sich ethisches Banking unter anderem an den Vorgaben durch das SRI; eine Strategie, die durch Positiv- und Negativkriterien versucht, negative Externalitäten des Bankenwesens zu vermeiden. SRI ist ein „set of approaches which include social or ethical goals or constraints as well as more conventional criteria in decisions over whether to acquire, hold or dispose of a particular investment" (Louche et al. 2012, S. 302; vgl. auch Cowton 1999; Schwartz 2003).

1.1 Entwicklung und internationale Differenzen des ethischen Bankgeschäfts

Auch wenn ethische Banken derzeit zu Pionieren eines alternativen Bankgeschäfts firmieren, ist die Idee eines moralisch fundierten Banken- und Finanzmarkthandelns keineswegs neu, geschweige denn allein ein Produkt der letzten Finanzkrise. Vielmehr haben SRI-Strategien im angloamerikanischen Raum bereits eine lange Geschichte an Institutionalisierungsprozessen zu verzeichnen. Die enge Verbindung zu sozialen und religiösen Bewegungen spielte von Beginn an eine besondere Rolle bei der Diffusion nicht-finanzieller Werte in Finanzmarktstrukturen (vgl. Louche et al. 2012, S. 303 ff.; Hiß 2011; Schwartz 2003; Kreander et al. 2004; Domini 2001). Einige Autoren lokalisieren die

© Springer Fachmedien Wiesbaden GmbH, ein Teil von Springer Nature 2019
S. Lenz, *Ethische Geldinstitute*, Wirtschaft + Gesellschaft,
https://doi.org/10.1007/978-3-658-22390-8_1

Ursprünge des ethischen Bankgeschäfts bereits in der jüdischen Gesetzgebung, welche die Produktion und den Verkauf nicht koscherer Güter, Geschäfte am Sabbat und die Beteiligung an Unternehmungen, die ethische, moralische und religiöse Gesetze unterlaufen, verbietet (vgl. Schwartz 2003). Bereits Anfang des 17. Jahrhunderts lassen sich in den Vereinigten Staaten Geldgeschäfte belegen, die in hohem Maße von religiösen Normen und Wertvorstellungen beeinflusst waren. So waren es insbesondere religiöse Gruppen wie die Quäker, die Sklavenhandel, Geschäfte mit Tabak und Glücksspiel aus ihren Investitionen ausschlossen (vgl. Kreander et al. 2004). In Großbritannien wurde bereits Anfang 1900 der erste ethische Fond durch Methodisten aufgelegt. Vermehrte öffentliche Aufmerksamkeit erlangte moralisch gerichtetes Finanzhandeln allerdings erst in den USA der 1970er- und 1980er-Jahre, als Apartheitskritiker die Beendigung finanzieller Beziehungen von US-amerikanischen Banken zu Unternehmen in Südafrika forderten, die mit der Regierung in Pretoria kooperierten; durch Boykotte und aktive Forderungen wurde SRI erstmalig zum politischen Instrument (vgl. Knoll 2002, Stolle und Micheletti 2013). Erst nachdem SRI in den 1990er-Jahren an politischer Kraft verloren hatte, was sich in einer abnehmenden konfrontativen Praxis niederschlug, wurden auch in Europa zusehends „grüne" Fonds aufgelegt. In den 1970er- und 1980er-Jahren verschob sich der Fokus des SRI von rein moralischen zu breiteren gesellschaftlichen Problemstellungen. Motiviert durch das Bedürfnis nach Standardisierung entstanden erste nachhaltige Ratingagenturen und Indizes. Von besonderer historischer Bedeutung für die Entwicklung des modernen SRI ab den 2000er-Jahren sowie für seine Beförderung „from the fringe to a mainstream activity" (Louche 2006, S. 14) sind jene politischen Regulierungen, die beispielsweise die britischen Pensionsfonds zur Offenlegung ihrer Geschäfte verpflichten (vgl. Sparkes 2010). Früh für die deutsche Entwicklung, vergleichsweise spät aus internationaler Perspektive, markierte die Gründung der GLS Bank (Gemeinschaftsbank für Leihen und Schenken) 1974 in Bochum die einsetzende Etablierung des ethischen Investments auf dem deutschen Bankenmarkt. Das moderne SRI, wie es sich ab den 2000er-Jahren und insbesondere im Zuge der weltweiten Finanz- und Wirtschaftskrise zusehends auch in Europa etablierte, ist gekennzeichnet durch einen „turning point of Responsible Investment" (Louche et al. 2012, S. 303). Grundlegende Motivationen dokumentieren sich nicht mehr ausschließlich in einem aktivistischen Image (vgl. Louche 2004), sondern auch in einer Investmentphilosophie, die wirtschaftliche Tragfähigkeit zu garantieren sucht. Insbesondere seit 2010 äußert sich dieses SRI-Mainstreaming in einer vermehrten Übernahme von SRI-Prinzipien durch konventionelle Investoren wie beispielsweise Pensionsfonds (Louche 2006, S. 9; vgl. auch Sparkes 2001). Außerdem widmen sich Mainstream-Medien wie der Economist der Berichterstattung über ethischen Investmenthandel. Nicht zuletzt popularisieren und legitimieren globale nachhaltige Aktienindizes wie der Dow Jones Sustainable Index, der ÖkoDax oder der Natur-Aktien-Index das Konzept des SRI (vgl. Louche 2006, S. 9).

Allerdings lässt sich keine einheitliche Ausgestaltung oder Anwendung sozialer und ethischer Kriterien im Investment ausmachen. Vielmehr variieren sowohl die übergeordneten Leitprinzipien als auch deren jeweilige praktische Anwendung. So konstatieren auch Louche et al. (2012, S. 302), dass die unterschiedlichen Bezeichnungen, wie sie mit „Socially

Responsible Investment, Ethical Investment, Sustainable Investing, Triple Bottom Line Investing, Green Investing, Best of Class Investing, ESG-Investing, Impact Investing, Responsible Investing" vorliegen, in Teilen die historische Entwicklung des verantwortlichen bzw. ethischen Bankings reflektieren, da sie durch unterschiedliche Fokusse gekennzeichnet sind. Auch im internationalen Vergleich lassen sich deutliche Unterschiede in den Motivationen und Akteurskonstellationen erkennen. Während Gemeinsamkeiten zwischen den USA und Europa vor allem in den sozialpartnerschaftlichen Interessen nach einer Aktualisierung korporatistischer Beziehungen zwischen Unternehmen und Gesellschaft bzw. in der Etablierung von Quasi-Regulierungsmechanismen ohne direkte staatliche Intervention bestehen (Louche 2006, S. 10), werden Unterschiede besonders hinsichtlich der Definition, der Instrumente und der beteiligten Akteure deutlich (ebd., S. 11-19).[7]

Mit 0,3 Prozent am gesamten Volumen der Investmentfonds (Kahlenborn und Dereje 2007, S. 3 in Schäfer 2008, S. 64) liegt Deutschland im Jahr 2007 deutlich hinter den USA (10 Prozent) und GB (22,46 Prozent) in Bezug auf das gesamte professionell verwaltete Anlagevermögen (vgl. ebd., S. 64). In Europa befindet sich das deutsche SRI-Investment und Anlagevolumen hinter Frankreich und Großbritannien mit zusammen 10 Prozent; einen größeren Marktanteil haben lediglich die Niederlande mit einem Anteil von 20 bis 30 Prozent SRI – Anlagen am Gesamtanlagevolumen (Nessel 2012, S. 288). Mögliche Gründe für diese Asymmetrie werden in einem geringeren Anteil von Aktien und Investmentfonds an der gesamtwirtschaftlichen Vermögensbildung und in der umlagefinanzierten Rente gesehen (Schäfer 2008, S. 78; Hiß 2011, S. 656-659). Fehlende politische Anreize sowie bindende Verpflichtungen zur Berücksichtigung ethischer, sozialer und ökologischer Belange bei staatlich oder betrieblich geförderten Altersvorsorgeprodukten wirken sich ebenfalls auf die Unterrepräsentation sozial-ökologischer Anlagestrategien in Deutschland aus. Zudem reduziert die in Deutschland weiterhin verbreitete Praxis der Unternehmensfinanzierung über Kredite die Notwendigkeit der Partizipation an globalen Finanzmärkten (Hiß 2011, S. 659).

Was als religiös motiviertes Finanzhandeln in den Vereinigten Staaten vor zweihundert Jahren entstand, ist heute weltweit zu einer zwar minoritären, aber doch vielfach anerkannten Praxis im Bankenwesen geworden. Im deutschen Bankenmarkt hat sie sich in

---

7   So ist SRI in den USA hauptsächlich durch die Umsetzung religiöser Werte auf Märkten charakterisiert; europäische SRI-Akteure und Programmatiken tendieren zu Pragmatismus und betonen das Gleichgewicht von sozialen, ökologischen und finanziellen Gesichtspunkten, weshalb auch Begriffe und Bezeichnungen variieren – SRI war und ist allerdings die gängigste Bezeichnung. In den USA waren es hauptsächlich einzelne Akteure, die wenig Interesse zeigten, ein Konzept zu unterstützen, „[that] goes beyond the legal and regulatory boundaries imposed on corporate behavior, SRI has failed to capture the imagination of the mainstream financial community" (Louche 2006, 14). In Europa waren es hingegen insbesondere Regierungen, die die Etablierung von SRI stützten und vorantrieben (ebd.). Aus diesen Unterschieden resultiert, dass SRI in Europa etablierter bei institutionellen Investoren ist. Die Steuerung von SRI begünstigt in den USA in erster Linie einzelne Individuen und kleinere Institutionen.

einer ganzen Anzahl selbstständiger ethischer Bankinstitute materialisiert, die seit Jahren allesamt einen ökonomischen Aufschwung erfahren (vgl. Jauernig 2014).

Parallel zum Erstarken ethischer Banken im deutschen Bankenmarkt lässt sich auch eine zunehmende Berufung auf SRI-Programmatiken durch konventionelle Institute beobachten. Während sich ethische Banken aber in der Gesamtheit ihrer Anlage-, Investitions- und Mitarbeiter_innenpolitik als sozial verantwortliche wirtschaftliche Akteure verstehen, dient die Inanspruchnahme ethischer Prinzipien durch konventionelle Institute, wie beispielsweise durch die Deutsche Bank, lediglich der Erweiterung vorhandener Produktpaletten (vgl. Hiß 2011). Auch finden SRI-Programmatiken allein in speziell dafür geschaffenen Nachhaltigkeitsabteilungen Anwendung und sind nicht in übergeordnete Leitlinien integriert. Daher haben ethische Prinzipien in konventionellen Bankinstituten kaum Einfluss auf die Wahrnehmung gesellschaftlicher Verantwortung als Ganzes. So konnten Claudia Czingon und Sighard Neckel (2015) in ihren Forschungen innerhalb des etablierten Bankenwesens feststellen, dass sich die Berufsmoral konventioneller Banker_innen auf eine geschäftliche „Binnenmoral" beschränkt, die gesellschaftliche Dimensionen sozialer Verantwortung weitgehend ausblendet (vgl. auch Honegger et al. 2010).

1.2   Ethische Banken in den Wirtschaftswissenschaften und in der Soziologie

Auch in den benachbarten Wirtschaftswissenschaften wird rege darüber diskutiert, ob ethisches Investment einen besseren Return bzw. eine bessere Eigenkapitalrendite (Return on Equity, kurz: ROE) generiert (vgl. Shank et al. 2005; Boasson et al. 2006), diesen verhindert (vgl. Mueller 1994) oder keinerlei Auswirkungen auf die wirtschaftliche Performance und die Gewinnspanne hat (vgl. Hamilton et al. 1993; Guerard und Stone 2002; Bauer et al. 2005; Kurtz 2009; Naber 2001). So konzentrieren sich wirtschaftswissenschaftliche und -ethische Forschungen entweder auf spezifische Anlage- und Auswahlstrategien, die individuellen Motivationen, die Interessen oder deren Konsequenzen (vgl. DeColle und York 2009). Die Ziele bestehen dann darin, einen Beitrag zur Standardisierung betriebswirtschaftlicher Performances und zur Überprüfung ökonomischer Leistungen nachhaltiger Finanzdienstleistungen zu leisten. Trotz positiver Prognosen durch Ratingagenturen oder andere Akteure des Marktes nachhaltiger Finanzprodukte[8] bleibt nämlich weiterhin umstritten, ob ethisches Investment letztlich ertragreicher als konventionelles Investment ist. Laut Michael Aßländer und Markus Schenkel (2008) liegt dies in der Tatsache begründet, dass es ethischen Investitions- oder Fondskriterien an Möglichkeiten der Quantifizierbarkeit

---

8   www.oekom-research.com/index.php?content=news_20131014142424. Die Studie „Sovereign Bonds and Sustainable Culture" soll demzufolge einen Zusammenhang zwischen dem Risiko des Zahlungsausfalls eines Landes und dessen Nachhaltigkeitskultur nachweisen. Nachhaltigkeitsratings erlangen eine große Bedeutung in der Risikobestimmung von Staatsanleihen.

mangle. Auch Beile et al. (2006) stellen fest, dass eine Vergleichbarkeit von börsennotierten Unternehmen über die jeweiligen Nachhaltigkeits- und Offenlegungsberichte nicht gewährleistet werden kann. Demgegenüber beschäftigen sich auch die Business Ethics mit der Frage, ob die derzeitige Konstruktion ethischer Investmentfonds überhaupt „ethisch" ist (vgl. Schwartz 2003).

Im Unterschied zu den Wirtschaftswissenschaften nehmen soziologische Studien den Widerspruch zwischen der Finanzmarktorientierung und den Grundsätzen nachhaltigen Wirtschaftens zum Ausgangspunkt. Sie befassen sich mit den Mechanismen, Prozessen und den Konsequenzen der Vermittlung von normativen Prinzipien und ökonomischen Erfordernissen. Dieser Widerspruch stellt aus soziologischer Perspektive ein zentrales Handlungsproblem ethischer Finanzmarktorientierungen dar.

So fragt beispielsweise Peifer (2014) nach der Bedeutung und Beschaffenheit symbolischer Grenzziehungen bei religiösen Investmentfonds und kommt zu dem Ergebnis, dass sich die legitimatorische Aktivität der Akteure bei der Vermittlung von Finance und Religion auf „boundary blurring" oder „boundary building", d. h. auf eine Immunisierung gegenüber Konflikten konzentriert. Durch eine Umdeutung von Profiten in wohltätige Spenden legitimieren ethische Investmentfonds ihr Handeln. Der höhere gesellschaftliche Nutzen besteht aus Sicht dieser Investmentfonds insbesondere darin, Menschen dabei zu helfen, ihre finanziellen Ziele zu erreichen. Objektive Widersprüche zwischen Finance und Religion werden vor diesem Hintergrund entproblematisiert und somit handhabbar gemacht: Das Verwischen der Grenzen ist Pfeiffer zufolge dann eine Strategie, ungleiche Kund_innenklientelen vereinbar zu machen.

Ein zentrales Anliegen organisationssoziologischer Forschung besteht darin, die Diffusion gesellschaftlicher Werte in Unternehmensstrukturen nachzuvollziehen. Insgesamt lassen sich sowohl in soziologischen wie wirtschaftsethischen und wirtschaftswissenschaftlichen Forschungen Befunde finden, die auf ein widersprüchliches Verhältnis einer Zunahme moralischer Handlungsorientierungen einerseits und der Dominanz konventioneller, profitorientierter Logiken auf Finanzmärkten andererseits verweisen (vgl. Hiß 2012; Hiß 2014; Senge 2007). Während wirtschaftsethische Forschungen, wie bereits erwähnt, nach den Möglichkeiten der praktischen Umsetzung eines nachhaltigen Banken- und Finanzsegments fragen, liegt das Interesse soziologischer Forschung in der Erfassung und Erklärung des Widerspruches zwischen zunehmender Finanzmarktorientierung und eines erstarkenden ethischen Bankensegments. So konstatiert Sebastian Nessel (2012) ein Nebeneinander unterschiedlicher Begründungsordnungen an Finanzmärkten, welche gleichzeitig finanzielle, moralische, politische und religiöse Profitchancen eröffnen. Demgegenüber stellt Stefanie Hiß fest, dass die Reichweite eines sozialen und ethischen Finanzmarkthandelns an inhärente Grenzen stößt. Sie prognostiziert ein baldiges Verschwinden der derzeitig sichtbar werdenden alternativen und nicht-ökonomischen Rationalitätsordnungen.

Die damit einhergehenden Problematiken sind Gegenstand der Finanzialisierungsdebatte. Unter dem Begriff Finanzialisierung wird im Allgemeinen die Bedeutungszunahme der Finanzmärkte in Bereichen verstanden, auf die sie bisher keine Wirkung hatten (vgl. Windolf 2005; Epstein 2005; Krippner 2005). Grundsätzlich lässt sich argumentieren, dass

Finanzialisierung und Nachhaltigkeit sich gegenseitig ausschließen. Während Nachhaltigkeit auf langfristige Zeithorizonte zielt, impliziert die Finanzialisierung grundsätzlich Kurzfristigkeit (Feist und Fuchs 2014, S. 225). Am Beispiel des nachhaltigen Accountings verdeutlicht Stefanie Hiß (2014) zudem die Problematik der Verbindung der Finanzmarktorientierung mit der Nachhaltigkeitsorientierung. Die Tatsache, dass Investoren die nachhaltige Performance von Unternehmen bewerten und Investitionsentscheidungen zusehends durch nachhaltige Aktienindizes gelenkt sind, denen zudem primär finanzielle Indikatoren zugrunde liegen, triebe die Finanzialisierung von Nachhaltigkeit und Unternehmen voran (ebd., S. 213). Mit anderen Worten: Etwas ist nur dann nachhaltig, wenn es auch rentabel ist.

Das Erstarken nachhaltiger Orientierungen sei lediglich der Diskreditierung der profitorientierten Rationalitätsordnung der Finanzmärkte durch die Finanz- und Wirtschaftskrise geschuldet. Der nachhaltigen Orientierung auf Finanzmärkten kommt dann ausschließlich ein irritierender Status zu. Zwar setze SRI Anreize und mache z. B. Forderungen nach betrieblicher Mitbestimmung und Gendergerechtigkeit sichtbar, so Hiß; problematisch erscheine aber bisweilen die fehlende politische Verpflichtung solcher Regulierungen. Aufgrund des Einflusses finanzmarktinterner Moden und Trends gilt es zu bedenken, dass sich nicht unbedingt das durchsetzt, was als sozial-ökologisch wünschenswert erscheint (vgl. Hiß 2011; Hiß 2014; Hiß und Kunzlmann 2011; Woschnack et al. 2015). Auch Marian Feist und Doris Fuchs (2014, S. 226) fragen auf Basis der Analyse von Nachhaltigkeitsberichten konventioneller Institute danach, wie Nachhaltigkeit durch Banken konstruiert und schließlich finanzialisiert wird. Sie kommen zum Schluss, dass konventionelle Institute zwar ihre Nachhaltigkeits-Performance als gesellschaftlichen Nutzen darstellen, allerdings ohne sich mit der tatsächlichen Ausgestaltung auseinanderzusetzen. Es findet eine rückwirkende Bestimmung der Nachhaltigkeit statt, die keine Auskunft über die tatsächliche Umsetzung von Nachhaltigkeitskriterien gibt. In der Folge werden ökologische und soziale Nachhaltigkeit ökonomisch gerechtfertigt (vgl. ebd., S. 231).

Im Unterschied zu organisationssoziologischen und neoinstitutionalistischen Ansätzen wie auch Konzepten der politischen Ökonomie setzt die vorliegende Studie bei den konkreten Handlungsorientierungen der beteiligten Akteure an. Aus der Perspektive der Wirtschaftssoziologie, deren theoretische und konzeptionelle Grundlagen Gegenstand des folgenden Kapitels sind, stellt sich die Finanzialisierung als ein Einwirken auf Formen der Einbettung dar, die den Wandel des Verhältnisses von Markt und Moral zur Folge hat. Die neopragmatistische Wirtschaftssoziologie tritt also einen Schritt zurück und untersucht die handlungspraktischen Voraussetzungen für die Prozesse der Finanzialisierung auf Meso- und Makroebene. Um nämlich Prozesse der Finanzialisierung sowie die Koexistenz widersprüchlicher Orientierungen im Banken- und Finanzwesen zu verstehen, bedarf es eines Einbezugs der Akteure, ihrer normativen Orientierungen und der Herausforderungen, mit denen sie alltäglich konfrontiert sind.

Während die Beschäftigung mit dem Verhältnis von Markt und Moral durch die Soziologie erst mit der Aufhebung der disziplinären Arbeitsteilung mit der Ökonomie zu Beginn der 1980er-Jahre wieder aufgegriffen wurde, ist die Verbindung und die Wechselseitigkeit von Wirtschaft und Gesellschaft in den Werken der soziologischen Klassiker ein wichtiger Bestandteil. Eine zentrale Gemeinsamkeit in den Arbeiten von Émile Durkheim, Max Weber und Karl Polanyi ist die Abgrenzung von Theorien der klassischen Nationalökonomie und die damit einhergehende Ablehnung des individuellen Eigeninteresses zur Erklärung der Stabilisierung von Marktbeziehungen (vgl. u. a. Smith 2009 [1776]). So stellt Durkheim in seiner Theorie der normativen Integration die Moral als grundlegenden Integrationsmechanismus heraus und verdeutlicht dies beispielsweise an den vorvertraglichen und nicht-marktlichen Bedingungen des Vertrages: „denn nicht alles ist vertraglich beim Vertrag" (Durkheim 2006 [1893], S. 267-272). Ein Vertrag kann demnach nicht ohne das gegenseitige Einverständnis der beteiligten Akteure existieren; wirtschaftliches Handeln müsste notwendigerweise Scheitern, überließe man es den reinen Marktkräften.

Für die Untersuchung ethischer Banken ist das Verhältnis von Markt und Moral insofern von besonderer Bedeutung, da ein potenzieller Wandel des Bankenwesens grundsätzlich von beiden Seiten – der ökonomisch rationalen wie der moralischen – gestützt, begleitet oder konterkariert werden kann. Ethische Banken sind für die Bestimmung des derzeitigen Verhältnisses von Markt und Moral deshalb besonders interessant, weil sie nach einer gleichberechtigten Integration beider Bereiche streben. Die Vorstellung, durch ein verändertes Bankenwesen gesellschaftliche Missstände zu beheben, ist fester Bestandteil ihrer normativen Ausrichtung und der operativen Praxis. Dem „Geist des modernen Kapitalismus" (Weber [1904] 2013, S. 89) kommt demnach eine zentrale Bedeutung für die Transformation gesellschaftlicher und ökonomischer Strukturen zu. Im Anschluss an Max Weber ist es daher unerlässlich, die Frage nach den Triebkräften der Transformation sowie dem Verhältnis von Markt und Moral ausgehend von den moralischen Vorstellungen, Erwartungen und Ideen zu beantworten.

Im Folgenden werden die theoretisch-konzeptionellen Grundlagen der Untersuchung ethischer Geldinstitute hergeleitet und erläutert. Der Fokus richtet sich dabei auf das Verhältnis von Markt und Moral in der Soziologie. Im Anschluss an die einleitende Ausein-

© Springer Fachmedien Wiesbaden GmbH, ein Teil von Springer Nature 2019
S. Lenz, *Ethische Geldinstitute*, Wirtschaft + Gesellschaft,
https://doi.org/10.1007/978-3-658-22390-8_2

andersetzung mit der Rolle von Normen, Glaubenssätzen und anderen Sozialbeziehungen in den Wirtschaftstheorien von Émile Durkheim, Max Weber und Karl Polanyi erfolgt die Rekonstruktion des Einbettungskonzeptes, das als zentrales Konzept der neuen Wirtschaftssoziologie gilt. Die variierenden Akzentuierungen des Einbettungsbegriffes werden zum Anlass genommen, um die jeweiligen damit einhergehenden Verkürzungen zu rekapitulieren. Wird Einbettung beispielsweise lediglich als Geflecht von sozialen Beziehungen verstanden, deren Erfolg sich in der gelingenden Arbeitsplatzsuche oder einer effizienten Befehlsstruktur von Unternehmen zeigt (vgl. Granovetter 2010), so bleiben Fragen nach der Limitierung marktlicher Strukturen, wie Polanyi die Einbettung konzipiert, unberücksichtigt. Zwar wurde diese erste Konzeptualisierung von Mark Granovetter vielfach kritisiert und dementsprechend um kulturelle, politische und kognitive Dimensionen erweitert (vgl. Zukin und DiMaggio 1990). Sofern es aber um die Frage der Entstehung moralischer Orientierungen im ethischen Bankwesen geht, greifen auch diese neoinstitutionalistischen Perspektiven zu kurz, da sie die situativen Aushandlungsprozesse unbeachtet lassen. Anstatt einen objektiven Widerspruch zwischen dem Markt und der politischen Einbettung zum Ausgangspunkt zu nehmen, zielt die vorliegende Studie vielmehr auf eine Rekonstruktion der Kompromisse zwischen Markt und Moral, die es den Akteuren erlauben, trotz kontingenter Anforderungen und Ansprüche sowie Unsicherheiten handlungsfähig zu bleiben. Die Soziologie der Kritik (vgl. Boltanski und Thévenot 2007) löst diesen Anspruch ein, indem sie den Akteuren die grundsätzliche Fähigkeit zur Kritik und zur Reflexion zuerkennt, die sie zur Überwindung kontingenter und unsicherer Situationen benötigen. Die in soziale Situationen eingeschriebene Ambivalenz und das Vorhandensein allgegenwärtiger Konflikte werden zum analytischen Ausgangspunkt der Soziologie der Kritik. Dementsprechend entwickelt die Soziologie der Kritik ihre analytischen Idealtypen, die sich in voneinander unterscheidbaren Rechtfertigungsordnungen bündeln, ausgehend von Situationen, Handlungen und Interaktionen. Auch politische und ökonomische Strukturen sind dann nur ein möglicher normativer Bezugspunkt unter vielen. Die Einbettung ökonomischer Strukturen in das Soziale zeigt sich dann in der konkreten Aushandlung von sich widerstreitenden oder ergänzenden Rechtfertigungsordnungen.

Wirtschaft und Gesellschaft bei den Klassikern der Soziologie

Das grundsätzlich ambivalente Verhältnis zwischen Markt und Moral regte bereits die klassischen Soziologen an. So fragteÉmile Durkheim vor dem Hintergrund zunehmender Anomie der französischen Industriegesellschaft danach, wie eine Gesellschaft mit vermehrter Arbeitsteilung und finanziellem Wachstum eine moralische Legitimation generieren kann, die die Existenz einer Wirtschaftsform sichert. In Übereinstimmung mit Max Weber und später Karl Polanyi argumentiert Durkheim, dass das alleinige Wachstum und das Streben nach finanziellen Gewinnen keine moralische Legitimation generieren. Im Unterschied zur klassischen Ökonomie, die gesellschaftliche Integration allein über den Marktmechanismus proklamiert, sieht Durkheim in der kulturellen Sphäre der Moral die Grundlage gesellschaftlicher Ordnung. Im Kontext zunehmender Differenzierung und Arbeitsteilung garantiert die organische Solidarität den sozialen Zusammenhalt nicht über Ähnlichkeit, wie dies in segmentären Gesellschaftsformen mit einem hohen Kollektivbewusstsein der Fall war. Vielmehr erwächst der organische Zusammenhalt aus den Abhängigkeiten der Funktionsträger innerhalb einer arbeitsteiligen Gesellschaft (Durkheim 2006 [1893], S. 162 ff.).

In diesem Prozess der Herausbildung einer übergreifenden Moral spielen die Berufsgruppen eine bedeutende Rolle (ebd., S. 67-74). So konstatiert Durkheim: „[Wie] die Familie der Ort war, an dem sich die Moral und das Recht des Hauses entwickelt haben, so ist die Korporation der natürliche Ort, innerhalb dessen sich die professionelle Moral und das professionelle Recht entwickeln mußten" (ebd., S. 59). Als Bindeglieder zwischen Markt und Gesellschaft unterstützen sie die Stärkung der Moral und schaffen ein Bewusstsein der Verbundenheit, das Akteure dazu anhält, ihr Handeln sowie ihre Normen, Werte, Regeln und Konventionen aufeinander abzustimmen. Als „moralische Kraft" sollen die Berufsgruppen dazu beitragen, „individuelle Egoismen [zu] zügeln, im Herzen der Arbeiter ein lebhafteres Gefühl ihrer Solidarität [zu] erhalten und das Gesetz des Stärkeren daran [zu] hindern, sich derart brutal auf die gewerblichen und kommerziellen Beziehungen auszuwirken" (ebd., S. 51).

Die Eindeutigkeit, mit der die Theorien des Marktliberalismus ein harmonisches und gleichsam einseitiges Verhältnis zwischen der marktlichen und der gesellschaftlichen Sphäre behaupten, stellt auch Max Weber in Frage. In *Die protestantische Ethik und der Geist des Kapitalismus* (1904) betont er die Bedeutung der Moral als Motor und Bedingung gesellschaftlicher und wirtschaftlicher Entwicklung. Allerdings, so konstatiert Weber, bringt nicht die Kultur ein bestimmtes wirtschaftliches Verhalten hervor. Vielmehr ist die protestantische Ethik eine wichtige Stütze der Rationalisierung derjenigen Institutionen, die ohnehin schon Formen kapitalistischen Wirtschaftens und ökonomischen Kalküls aufweisen; hier nennt Weber das Verlagswesen der Textilindustrie (Weber 2013 [1904], S. 87 f.). Die Sehnsucht nach der göttlichen Gnade und der individuelle Glaubensakt verlieren ihre „mechanische Grundlage" in dem Moment, in dem die Berufsethik den handlungsleitenden Sinn zur Verfügung stellt. Die Bedeutung religiöser Ethiken für eine kapitalistische Lebensführung nimmt mit zunehmendem Institutionalisierungsgrad ab. An ihre Stelle tritt die Orientierung an einem bürgerlichen Lebensstil (ebd., S. 52). In einer in „Wertsphären" ausdifferenzierten modernen Gesellschaft bedarf der Kapitalismus in seiner institutionalisierten Form keiner symbolischen Legitimierung mehr; ökonomisches Handeln folgt nunmehr einer eigenen rationalen Logik (Münnich und Sachweh 2017, S. 6). Es lässt sich argumentieren, dass das Verhältnis von Markt und Moral bei Weber zusehends auf einer weniger starken Wahlverwandtschaft beruht.

Die mögliche Zerstörung der gesellschaftlichen Substanz sieht nicht zuletzt Karl Polanyi in der tendenziellen Entbettung wirtschaftlicher Zusammenhänge aus sozialen Strukturen, wie sie ein selbstregulierender Markt erfordern würde oder wie sie auch Weber andeutet. Eine völlige Trennung von Markt und Moral ist nach Polanyi eine „krasse Utopie" (Polanyi 1995 [1944], S. 19). Dagegen hebt er die grundlegende Bedeutung politischer Interessen und Absichten für die Etablierung des modernen Kapitalismus hervor. Auch die Marktlogik ist neben anderen gesellschaftlichen Integrationsformen wie Reziprozität (Gegenseitigkeit), Distribution (Zentrizität) und Haushaltung nur eine mögliche, historisch gebundene Formation wirtschaftlicher Aktivitäten. Der Markttausch kann mitunter eine untergeordnete Rolle spielen, wenn, so verdeutlicht er es an unterschiedlichen Beispielen, die Einbettung wirtschaftlichen Handelns in andere Sozialbeziehungen (Sitten, Riten, Gesetz, Religion, Magie, Aberglaube, Objekte, Zeit, Gelegenheit) eine begrenzende Wirkung hat (ebd., S. 94).

Polanyi sieht die Gesellschaften dazu in der Lage, den Bedrohungen der gesellschaftlichen Substanz etwas entgegenzusetzen. Sowohl in der sozialdemokratischen Regierung des Roten Wiens der Jahre 1918 bis 1934 sowie im Owenismus identifiziert Polanyi Gegenbewegungen, die eine Limitierung der Marktprozesse und eine „Einschränkung der Freiheit des Marktes" zur Folge haben (ebd., S. 183). Übertragen auf den zeitlichen Kontext der Nachkriegsjahre bedeutet dies, dass auch moderne Marktgesellschaften nicht ohne nicht-marktliche Integrationsformen auskommen. Dies zeigt sich nicht zuletzt in der Existenz wohlfahrtsstaatlicher Institutionen. Ebenso wenig wie der Liberalismus ohne staatliche Unterstützung auskommt, lässt sich eine Marktgesellschaft etablieren, die aus sozialen Strukturen entbettet und durch eine unsichtbare Hand gelenkt wird.

Die neue Wirtschaftssoziologie geht, ebenso wie Durkheim, Weber und Polanyi, davon aus, dass eine vollständige Loslösung des Marktes von seinen moralischen Grundlagen weder möglich noch historisch begründbar oder gar wünschenswert ist. Wirtschaft und Moral mögen zwar durch eine ambivalente Beziehung charakterisiert sein, die aber immer wieder neuer Aushandlungsprozesse bedarf. Der neueste Fall solcher Neujustierungen im Markt-Moral-Verhältnis stellen sicherlich ethische Banken dar. Ohne zu viel vorwegzunehmen, kann argumentiert werden, dass ethische Banken den dominanten Finanzmarktlogiken eine neue Denkweise gegenüberstellen, die sich den Schutz der Gesellschaft vor dem Ausverkauf der Natur und des Menschen zur Aufgabe macht.

2.1   Das Verhältnis von Markt und Moral in der New Economic Sociology

Als eigenständiger konzeptioneller Teilbereich der Soziologie wurde das Verhältnis von Markt und Moral ab den 1980er-Jahren durch die neue Wirtschaftssoziologie US-amerikanischer Prägung wieder aufgegriffen. Im Anschluss an Polanyis Konzept der Einbettung zielt das zentrale Anliegen der *New Economic Sociology* darauf, den unrealistischen Beschreibungen in der ökonomischen Theorie adäquate Beschreibungen der empirischen Realität entgegenzustellen. In Übereinstimmung mit den klassischen Soziologen konstatieren die wichtigsten Vertreter der neuen Wirtschaftssoziologie, Mark Granovetter (1983, 1985), Ronald Burt (1980), Harrison White (1981) und Brian Uzzi (1997), erstmalig wieder, dass Märkte weder perfekt noch selbstregulierend oder rational sind, sondern hoch kontingente Orte des Sozialen (vgl. Swedberg 2005; Beckert et al. 2007; White und Godart 2007). Weder handeln wirtschaftliche Akteure fernab gesellschaftlicher Normen, noch findet wirtschaftliches Handeln in einem Vakuum feststehender Präferenzen statt (vgl. Beckert 1996). Kurz, wirtschaftliches Handeln ist immer soziales Handeln.

Als Begründer der *New Economic Sociology* greift Mark Granovetter erstmals die Einbettungsthese Karl Polanyis auf (vgl. Granovetter 1985). Er kritisiert sie allerdings dahingehend, dass eine umfassende Entbettung wirtschaftlichen Handelns auch für den modernen Kapitalismus nicht zutreffe. Während Polanyi Einbettung als Idealtyp konzipiert, der das regulativ-beeinflussende Verhältnis von Staat und anderen Institutionen gegenüber Märkten beschreibt, konzipiert Granovetter Einbettung als allgemeine Netzannahme, wonach den persönlichen Beziehungen und den daraus resultierenden sozialen Netzwerkstrukturen eine zentrale Bedeutung zukommt. Soziale Beziehungen und Netzwerke tragen so gleichermaßen zur Steigerung der Effizienz eines Unternehmens wie zur Vermeidung von Betrug bei; weder Reputation, institutionelle Arrangements noch eine allgemeine Moral, wie sie Adam Smith in seiner Moralphilosophie konstatiert, bieten einen Schutz vor betrügerischen Absichten und Handlungen, sondern persönliche Informationen und ehrliche Transaktionen (ebd., S. 186). Die Problematik dieser Konzeption des Verhältnisses von Markt und Moral wird allerdings dann deutlich, wenn soziale Beziehungen auf ihre Funktion und ihren Beitrag für den unternehmerischen Erfolg reduziert werden. Mit anderen Worten; soziale Strukturen fungieren aus dieser Perspektive lediglich als „Schmiere" zugunsten des ökonomischen Ergebnisses. Die Möglichkeit der Marktbegrenzung, wie es ethische Banken proklamieren, bleibt hier unberücksichtigt.

Ebenso würde aus der Netzwerkperspektive dem unternehmerischen Umfeld ethischer Banken, wie es sich in NGO, Verbänden und sozialen Bewegungen zeigt, keinerlei Bedeutung beigemessen. Reduziert man das Phänomen eines erstarkenden ethischen Bankensektors auf die sozialen Beziehungen, blieben zentrale Kategorien wie Überzeugungen und Vorstellungen einer gerechteren Welt, die nicht zuletzt von den Kund_innen an die Bank herangetragen werden, unberücksichtigt. Auf diese konstruktivistische Lücke in der netzwerkfundierten Wirtschaftssoziologie weisen auch Vertreter_innen des neuen soziologischen Institutionalismus (NSI) sowie die kultursoziologisch orientierte Wirtschaftssoziologie hin.[9] Die Rationalität von unternehmerischen Handlungen begründet sich aus dieser Perspektive nicht entlang der Effizienz, sondern aus der Legitimität, die gesellschaftliche Akteure den Unternehmen entgegenbringen. Diese als legitim erachtete Praxis verfestigt sich dann in Strategien, Regeln, Mythen und Skripten, die den Handlungsfortgang sichern. Der kulturelle Prozess des „environmental isomorphism" (Meyer und Rowan 1977) hebt die Bedeutung der Adaption von Mythen aus der unternehmerischen Umwelt hervor. Dies gewährleistet Legitimität und bewirkt gleichzeitig eine Homogenisierung strategischer

---

9   Paul Ingram und Victor Nee (2001) zufolge lässt sich die Beschaffenheit ökonomischen Handelns durch das Konzept der Einbettung nur unvollständig erklären. Auch die Feldtheorien von Neil Fligstein und Pierre Bourdieu gehen über Formen sozialer Einbettung hinaus und fragen, wie sich Hierarchien und Heterarchien („trickle down" oder „bottom up") in Unternehmen durchsetzen können.

Verfahrens- und Vorgehensweisen, was DiMaggio und Powell (1983) als institutionellen Isomorphismus beschreiben.

Eine Erweiterung erfährt das Einbettungskonzept durch Sharon Zukin und Paul DiMaggio (1990, S. 14-23). Sie unterscheiden vier Typen der Einbettung ökonomischen Handelns: die strukturelle, die politische, die kognitive und die kulturelle Einbettung. Während strukturelle Einbettung weiterhin die Einbettung in Netzwerke meint, bezieht sich kognitive Einbettung auf das Wissen, die Vorstellungen und Argumente in wirtschaftlichen Bereichen. Die Dimension kultureller Einbettung bezieht sich auf die Legitimität von Strategien, Zielen, Glaubenssätzen, Ideologien und Vorurteilen. Die politische Einbettung hebt die Bedeutung politischer und gesellschaftlicher Machtkämpfe hervor, in die wirtschaftliche Akteure und Institutionen eingebunden sind. Mit diesem Fokus auf die politisch-kognitive Funktion der Einbettung, wie sie die Vertreter_innen des soziologischen Neoinstitutionalismus (vgl. u. a. Krippner 2012) vorschlagen, kann erklärt werden, wie gesellschaftliche Werte und Mythen in ökonomische Strukturen diffundieren; weniger kann aber etwas darüber ausgesagt werden, wie diese tatsächlich entstehen. Auch kann hinsichtlich der politischen Dimension nicht ausschließlich von konträren Positionen zwischen Politik und Markt ausgegangen werden. Vielmehr lässt sich nachvollziehen, dass beide auch miteinander vereinbar sein können; sich also nicht zwangsläufig widersprechen müssen. Ein Beispiel hierfür stellt der ethische Modemarkt dar, der sich insbesondere durch die gemeinsame Verwendung derselben kulturellen Rahmungen und Bedeutungen durch wirtschaftliche Akteure und soziale Bewegungen auszeichnet (Schiller-Merkens 2013).[10] Auch für das ethische Bankensystem liegt die Vermutung nahe, dass eine Übereinstimmung von politischen Forderungen, wie sie sich beispielsweise im Erneuerbare-Energien-Gesetz (EEG) verdichten, nicht im Widerspruch zu den Praktiken und Zielen der Banken stehen, sondern sich gegenseitig ergänzen.

Im Anschluss an die neopragmatistische Theorie der Kreativität der Akteure von Hans Joas (1996) benennt Jens Beckert (1996, S. 142) das handlungstheoretische Defizit der *New Economic Sociology* und insbesondere der neoinstitutionalistischen Perspektive, weshalb er eine soziologische Mikrofundierung derselben vorschlägt. Jens Beckert argumentiert, dass die Antizipation des Ergebnisses ökonomischen Handelns durch die Allgegenwart von Unsicherheit verunmöglicht wird, weshalb Akteure sich entweder an bestehenden Regeln orientieren oder nach kreativen Lösungen suchen. Beckert trägt hier mit Joas der schöpferischen Qualität des Handelns Rechnung und attestiert den Akteuren eine generelle Reflexionsfähigkeit (vgl. hierzu Sparsam 2015).

---

10 An dieser Stelle kann auch kritisch darauf hingewiesen werden, dass eine Marktsoziologie vor dem Hintergrund neuer Phänomene wie „Prosuming" und „Big Data" die Bedeutung der Konsumentenseite für die Produzentenseite nicht mehr als Randerscheinung betrachten kann, wenn sie einen Beitrag zu einem umfassenderen Verständnis wirtschaftlichen Handelns leisten will. Bisher verbleibt die Analyse auf der Ebene der Netzwerke, der Institutionen, der Machtkämpfe und der kulturellen Rahmungen, sprich, sie untersucht Einbettung der Anbieterseite und blendet dabei die Nachfrageseite und die einhergehenden Tauschbeziehungen weitestgehend aus. Was als Marktsoziologie intendiert ist, gleicht so allzu oft einer Branchen- oder Industriesoziologie.

Darüber hinaus tauchen in Beckerts Konzeption der Konsequenzen, die moralische Kategorien in Marktprozessen potenziell haben können, die Auseinandersetzungen um strukturelle, kognitive, kulturelle und politische Einbettung anders akzentuiert wieder auf (vgl. Beckert 2012). Demnach können sich moralische Kategorien und wirtschaftliches Handeln ergänzen, wenn moralische Kategorien eine „marktermöglichende" oder zumindest „marktbegleitende" Funktion übernehmen. Hingegen entfalten moralische Kategorien eine „marktbegrenzende" Wirkung, wenn sie die Etablierung oder Verbreitung bestimmter Güter und Dienstleistungen normativ einschränken; wenn sie beispielsweise als unfair empfunden werden. Die Praxis des Ausschlusses spezifischer Investitionsbereiche (Atomenergie, Kinderarbeit, Pestizide, Suchtmittel etc.), wie sie für ethische Geldinstitute kennzeichnend ist, gilt als typischer Fall dieser marktbegrenzenden Moral im Banken- und Finanzwesen.

An dieser Stelle lassen sich Berührungspunkte zu der für die Untersuchung ethischer Geldinstitute zentralen Perspektive der Soziologie der Kritik erkennen. Diese Nähe lässt sich durch die Wichtigkeit der pragmatischen, handlungstheoretischen Perspektive beider Ansätze erklären. Sowohl die neopragmatistische Marktsoziologie Beckerts als auch die pragmatisch ausgerichtete Soziologie der Kritik gehen davon aus, dass sich Sinn und Zweck des Handelns nicht aus der Orientierung an objektiven Präferenzordnungen ergeben, sondern situativ entstehen. Darüber hinaus verdichten sich in den Wirkungen moralischer Kategorien als marktbegrenzende, marktermöglichende oder marktbegleitende Prozesse jene Gerechtigkeitsprinzipien, die die Grundlage jeder Rechtfertigungsordnung bilden.

Zwar lässt sich mit Beckert nachvollziehen, wann Akteure zur Unsicherheitsreduktion auf bestimmte Ideen und Strategien zurückgreifen. Allerdings bleibt die Frage offen, warum sich bestimmte Ideen durchsetzen, während andere aufgrund eines Mangels an Rationalität ihre handlungsleitende Funktion verlieren. So konstatiert beispielsweise Jan Sparsam (2015, S. 251), dass Beckert keine Gründe dafür angibt, „wann sich Unternehmen unter welchen Bedingungen für welche Handlungsoption entscheiden". Mit dem Konzept der Wertigkeiten in Rechtfertigungsordnungen bietet die Soziologie der Kritik einen geeigneten Anknüpfungspunkt zur Beantwortung der Frage, welche normativen und ökonomischen Bezüge als legitim erachtet werden und sich potenziell in der institutionellen Struktur ethischer Banken verfestigen können.

2.2 Kritik, Rechtfertigung und Kompromiss

2.2.1 Die Soziologie der Kritik als Forschungsperspektive

Dass moralischen Kategorien und Diskursen innerhalb von Marktprozessen eine konstitutive Bedeutung zukommt, ist Stand der heutigen Wirtschaftssoziologie. Die Etablierung von Märkten unterliegt überdies komplexen sozialen Deutungsprozessen, die unter anderem auch über die Marktgängigkeit von Produkten entscheiden (vgl. Vergne 2012). Entgegen der

Erkenntnisse der *New Economic Sociology* und des soziologischen Neoinstitutionalismus lassen sich diese Prozesse nicht auf soziale Beziehungen in Netzwerken (vgl. Granovetter 1985), auf das gegenseitige Beobachten von Unternehmen untereinander (vgl. White 1981) oder eine mechanische Befolgung institutionalisierter Regeln oder politischer Regulierungen reduzieren (vgl. DiMaggio und Powell 1983). Zudem greift die Analyse moralischer, kultureller, struktureller Einbettung zu kurz, wenn sie diese lediglich als „Schmiere" zugunsten des ökonomischen Ergebnisses betrachtet.

Will man hingegen Aussagen über einen Wandel im Banken- und Finanzwesen hin zu einer „Ethisierung" treffen, bedarf es einer offenen Auseinandersetzung mit den Sichtweisen und Vorstellungen der Akteure selbst. Es gilt, die reflexive und kritische Kompetenz der Akteure anzuerkennen, die sie in die Lage versetzt, nicht nur mechanisch auf vorhandene Strukturen zu reagieren, sondern diese auch infrage zu stellen. Eine solche Analyse darf aber nicht auf der Ebene individueller Entscheidungen stehen bleiben, sondern muss über die alltäglichen Konflikte hinausgehend dazu in der Lage sein, generelle Aussagen über mögliche Transformationen treffen zu können. Deshalb muss sie sich mit den Auswirkungen, die kollektiv geteilte und übergeordnete Vorstellung von Gerechtigkeit haben, befassen. Den theoretisch-konzeptionellen Hintergrund zur Untersuchung dieser normativen Orientierungen im ethischen Bankenwesen bildet demnach die Soziologie der Kritik. Durch die gleichzeitige Konzentration auf die Mikroebene der kritischen Urteilskraft der Akteure (vgl. Boltanski und Thévenot 2007) und deren Materialisierungen auf der Makroebene als *Geist des Kapitalismus* (vgl. Boltanski und Chiapello 2006) ist die Soziologie der Kritik dazu in der Lage, Aussagen über sozialen Wandel zu treffen.

2.2.2 Die Soziologie der Kritik als Wirtschaftssoziologie

Mit Blick auf die bisherige Entwicklung der Forschungsperspektiven und in Bezug auf das Verhältnis von Markt und Moral kann zusammenfassend festgestellt werden, dass Netzwerkansätze das Marktgeschehen auf soziale Beziehungen reduzieren, ohne den marktbegrenzenden Eigenschaften Rechnung zu tragen. Auch institutionalistische Ansätze können zwar die Diffusion gesellschaftlicher Normen in Unternehmensstrukturen nachvollziehen und deren Etablierung auf Mythen (vgl. Deutschmann 1997) zurückführen. Nicht erklären können sie indes, wie Werte und normative Orientierungen in wirtschaftlichem Handeln selbst entstehen und welche Bedeutung der Kritik in ihrer Funktion als Gegenbewegung (vgl. Polanyi 1957) zukommt. Institutionalistische Ansätze entbehren eines handlungstheoretisch fundierten Akteurskonzepts und verstehen Institutionen zuallererst als erwartete Handlungsmuster, wie sie sich in Regeln und Standards manifestieren. Die Soziologie der Kritik geht hingegen davon aus, dass institutionalisierte Regeln und Standards interpretationsoffen und notwendigerweise unvollständig sind, weshalb Institutionen von Akteuren in den jeweiligen Situationen pragmatisch beurteilt werden müssen (vgl. Boltanski und Thévenot 2007, S. 97 ff.). Hinzu kommt, dass sich die Akteure auch in kritisierender Absicht auf Leitbilder, Regeln und Konventionen beziehen können, wodurch sie einen wichtigen Beitrag zum institutionellen und sozialen Wandel leisten.

Die französische Soziologie der Kritik[11] argumentiert, dass Märkte, Unternehmen und komplexe Formationen wie der Kapitalismus selbst nur auf Grundlage eines normativ-legitimierten Fundaments existieren und funktionieren können (vgl. Boltanski und Chiapello 2006, Fourcade und Healy 2007). Demnach basiert der Kapitalismus auf einer moralischen Ordnung und bringt diese gleichsam hervor. Besonders eindrücklich weisen Donald MacKenzie und Yuval Millo (2003) diesen Zusammenhang für die Entstehung des Marktes für Finanzderivate nach. Eine erfolgreiche Etablierung dieses Marktes fand erst in dem Moment statt, als die Black-Scholes-Merton-Formel die Berechnung des Preises für Derivate ermöglichte. Die Tatsache, dass die in der Formel bereits angelegten Annahmen zu einem bestimmten Marktergebnis – nämlich Gewinn – führten und somit wiederum die Richtigkeit der Formel belegte, begründet auch die Betrachtung der Ökonomie als „moral science" (vgl. Sen 1982, Zelizer 1978). Ähnlich sieht auch die Soziologie der Kritik das ökonomische Kalkül nur als eine mögliche Konvention unter vielen. Rainer Diaz-Bone (2011) stellt in diesem Zusammenhang fest, dass die Nicht-Bezugnahme auf eine Konvention nicht gleichzeitig deren Unwirksamkeit bedeutet; sie ist nur zu einem bestimmten Zeitpunkt nicht äquivalent.

Der Ausgangspunkt der neuen pragmatischen Wirtschaftssoziologie ist die kritische Auseinandersetzung mit Bourdieus Theoriemodell und dessen Weiterentwicklung. Sie begreift gesellschaftliche Akteure nicht als „unwissende Informanten" (Bourdieu et al. 1991, S. 18; Celikates 2009, S. 47 ff.), die in ihrem Alltagshandeln hinter objektive Strukturen zurückfallen. Ebenso geht es nicht darum, verborgene Wirkungszusammenhänge aufzudecken, sondern um eine Analyse der Fähigkeiten und Ansprüche der Akteure und der dadurch ermöglichten Praktiken.

Hervorgehend aus der Kritik an der deterministischen Lesart des Habitus-Konzeptes konzipieren die französischen Soziologen, insbesondere Luc Boltanski, Michel Callon und Bruno Latour, in den 1980er- und 1990er-Jahren den Zusammenhang von Struktur und Handeln, von Theorie und Praxis neu. Zwar werden hier Netzwerke und Strukturen weiterhin in ihrer strukturierenden Form betrachtet, allerdings verschiebt sich der Akzent auf die Praktiken, Konflikte und Widersprüche, die innerhalb beweglicher und flexibler Netzwerke aufeinandertreffen. Gleichzeitig wird die Vielfältigkeit strukturierender Prinzipien hervorgehoben, weshalb es sich weniger um eine Negierung struktureller Determinismen handelt,

---

11 Auf der Grundlage pragmatischer Perspektiven des symbolischen Interaktionismus und der Ethnomethodologie entwickelt sich die Soziologie der Kritik seit den 1980er-Jahren als französisches Pendant zur US-amerikanischen Wirtschaftssoziologie (Diaz-Bone 2011, S. 22). Rainer Diaz Bone (2009) verweist auf die parallele und miteinander verflochtene Entwicklung der französischen Wirtschaftssoziologie, die in der deutschen Rezeption zu Unrecht mehr von Einzelpersonen abhängig gemacht wird und weniger als ein zusammenhängendes Forschungscluster unterschiedlicher Perspektiven und Zugänge. Insbesondere die umgekehrte Rezeption, wonach „Der neue Geist des Kapitalismus" zunächst mehr Aufmerksamkeit genoss, erschwert die Betrachtung der französischen Pragmatik im Gesamtzusammenhang.

sondern um eine weiterentwickelte Perspektive, die die handlungsleitende Wirkung von Objekten und Wertvorstellungen stärker akzentuiert. Das zentrale Anliegen der Soziologie der Kritik ist es, zu verdeutlichen, wie Handlungskoordination trotz pluraler Rechtfertigungen funktioniert, weshalb der Kritik eine besondere Bedeutung beigemessen wird.

Die Fähigkeit zur Kritik wird aus dieser Perspektive als natürliche soziale Aktivität verstanden (Dubet 2008, S. 11). Institutionen sind dann nicht nur von der Anerkennung und Zustimmung der beteiligten Akteure abhängig, sondern können auch infrage gestellt und kritisiert werden (Streeck 2007, S. 14; Celikates 2009, S. 113). Unumstritten gilt aus Perspektive der Soziologie der Kritik, dass Menschen sich durch die Fähigkeit auszeichnen, ihre Handlungen reflexiv und rückbezüglich zu bewerten. Um ihr Handeln zu rechtfertigen oder um anderes zu kritisieren, können sich Akteure auf eine Vielzahl normativer Ordnungsprinzipien beziehen. Charakteristisch für diese sogenannten Rechtfertigungsordnungen sind unterschiedliche Bewertungsmaßstäbe für Dinge, Personen und Probleme (vgl. Boltanski und Thévenot 2007, S. 191 ff.). Die Soziologie der Kritik unterscheidet letztlich sieben dieser Rechtfertigungsordnungen bzw. Welten: die Welt der Inspiration, die Welt des Hauses, die Welt der Bekanntheit, die staatsbürgerschaftliche Welt, die Welt des Marktes, die Welt der Industrie und die projektbasierte Welt (Boltanski und Thévenot 2007, S. 222-287; Boltanski und Chiapello 2006, S. 147-176). Laurent Thévenot und Claudette Lafaye (1993) fügen darüber hinaus die ökologische oder „grüne" Welt hinzu (vgl. auch Thévenot, Moody und Lafaye 2000, Diaz-Bone 2009, S. 309ff.).

Diese Rechtfertigungsordnungen bieten den Akteuren jene normativen Bezugspunkte, um ihre Umwelt und sich selbst zu bewerten. Diese auf Mikroebene der Aushandlungsprozesse relevanten Bezüge finden sich dann als aggregierte Rechtfertigungsordnungen im „Geist des Kapitalismus" auf der Makroebene wieder. So ist zum Beispiel die Wertigkeit einer Person in der Welt des Hauses abhängig von ihrer Position in der Vertrauenshierarchie als Vater oder Chef. In der projektbasierten Welt wird einer Person hingegen ein besonders hoher Wert zugeschrieben, je aktiver und mobiler sie ist; je häufiger oder effizienter diese Person zwischen anderen Personen und Projekten vermitteln kann. Demgegenüber basiert die Welt der Inspiration auf Authentizität und künstlerischer Kreativität, weshalb der Wert einer Person unabhängig von äußeren Einflüssen ist (Boltanski und Thévenot 2007, S. 222). In der Polis der Meinung fungiert hingegen der Grad der Bekanntheit als zentrales Ordnungsprinzip von Personen und Objekten (ebd., S. 246); der Wert einer Person misst sich hier an der Anzahl derjenigen, die diese Person anerkennen und ihrer Meinung folgen.

Die Besonderheit der staatsbürgerschaftlichen Polis – die eine besondere Nähe zu den öffentlichen Selbstbildern ethischer Banken aufweist – besteht nun darin, dass sie nicht Einzelnen, sondern dem Kollektiv die höchste Wertschätzung entgegenbringt. Hier sind jene Handlungen von Wert, die über den reinen Eigennutz hinausgehen und sich an der Gemeinschaft orientieren.

Eine Besonderheit stellt die Analyse wirtschaftlichen Handelns bei Boltanski und Thévenot dar, da diesem per se zwei Koordinationsformen zugrunde liegen: In der Welt des Marktes sind Reichtum und Geld ausschlaggebend für die Zuordnung von Wertigkeiten; die Beziehungen sind folglich durch Wettbewerb und Konkurrenz charakterisiert. Die Welt des

Marktes nimmt die Unterordnung individueller Interessen unter den kollektiven Nutzen, wie dies typisch für die staatsbürgerliche Polis ist, zurück und weist der marktförmigen Regulierung den Status für die Errichtung einer harmonischen Ordnung zu. In der Welt der Industrie sind hingegen jene Personen und Handlungen wertvoll, die ihr Handeln an der Effizienz, der Standardisierung und der Messbarmachung ausrichten.

In *Der neue Geist des Kapitalismus* fügen Luc Boltanski und Ève Chiapello (2006) die projektförmige Welt hinzu, die den Eigenschaften „Autonomie, Spontaneität, Mobilität, Disponibilität [und] Plurikompetenz" (ebd., S. 145) Wert zuschreibt. Die projektbasierte Polis reagiert auf die kritisierte Starrheit bürokratischer Strukturen der industriellen Polis und hebt die Fähigkeit zur Offenheit, zur Neugierde, zur Rücksichtnahme und das Streben nach zwischenmenschlichen Kontakten hervor. Auch ethischen Geldinstituten liegt ein Rechtfertigungsmuster zugrunde, das sich explizit von den Prinzipien des Wettbewerbes abgrenzt. Darüber hinaus stellen Thévenot, Moody und Lafaye (2000) in Auseinandersetzung mit französischen und US-amerikanischen Umweltkonflikten fest, dass die Kompromisse zwischen marktlichen, industriellen, staatsbürgerlichen und spirituelle Argumentationsformen konstitutiv für die entstehende „grüne" Rechtfertigungsordnung sind. Zentrale Bezugspunkte der „grünen" Rechtfertigungsordnung verdichten sich dann in der Einzigartigkeit der Natur, ihrer unberührten Wildnis, ihrer kulturellen und biologischen Bedeutung als Lebensraum und in einem „Ökozentrismus", der die Bedeutung der Natur um ihrer selbst willen hervorhebt; kurz: Alle Elemente der Rechtfertigungsordnung (Produktion, Distribution, Konsumption) zielen auf die Erhaltung natürlicher Integrität.

Während die unterschiedlichen Rechtfertigungsordnungen historisch gebunden sind und sich in ihren zentralen Elementen unterscheiden, ist ihnen jedoch eines gemeinsam: Jede anerkannte Rechtfertigungsordnung muss Fragen der Selbstverwirklichung, der finanziellen Sicherheit und des gesellschaftlichen Miteinanders beantworten (vgl. ebd., S. 42 ff.). Konstitutiv für die Etablierung einer neuen Rechtfertigungsordnung ist die Kritik an einer alten, als beispielsweise unfair empfundenen Ordnung und ihren Prinzipien; im Konflikt werden also die Elemente der jeweiligen Rechtfertigungsordnungen empirisch sichtbar.[12] Die Kritik zielt dabei auf eine Änderung der bisherigen Ordnung und trägt gleichzeitig zur Legitimierung der gegenwärtigen bei. Auf der Ebene der Situationen schlagen sich diese Konflikte in „moments critiques" (Boltanski und Thévenot 2011, S. 43) nieder. Diese Momente kritischer Distanzierung sind von einer Reflexion auf Vergangenheit und Gegenwart geprägt und zeigen sich – weil Akteure nach der Überwindung

---

12 Während z. B. die Akteur-Netzwerk-Theorie, eine Zwillingstheorie der Soziologie der Kritik (Potthast und Guggenheim 2013), im Anschluss an Latour Kontroversen an bestimmten Orten (z. B. Wissenschaftler im Labor) betrachtet, strebt die Soziologie der Kritik eine generelle Analyse von Konflikten an (Potthast und Guggenheim 2013, S. 160). Ihr Ziel besteht im Entwerfen einer allgemeineren Gesellschaftstheorie. Zwar nehmen die Social Studies of Finance und die Akteur-Netzwerk-Theorie in Anlehnungen an die Science and Technology Studies Praktiken, Wissen und Objekte in den Blick, eine Perspektive auf die Formen und Wirkungen von Kritik bleibt allerdings aus. Letztes Endes bleiben Forschungen der Social Studies of Finance (SSF) bei der Identifizierung der Bedingungen funktionierenden Markthandelns stehen.

des Konfliktes streben – im praktischen Handeln. Der methodologische Zugang zu den Handlungsorientierungen über den Disput macht deutlich, wie Akteure ihr Handeln vor sich selbst und anderen rechtfertigen, wenn sie dazu gezwungen sind, ihre reflexiven und kritischen Kompetenzen unter Beweis zu stellen (vgl. ebd., S. 43-45).

Am Beispiel ethischer Banken soll also untersucht werden, wie eine Kritik beschaffen ist, die für eine Vielzahl der Akteure legitim erscheint und handlungsleitend wirkt. Es ließe sich vermuten, dass sich hier eine neue Rechtfertigungsordnung – ähnlich der von Thévenot und Lafaye (1993) beschriebenen „ökologischen" Ordnung – konstituiert, die ein gesellschaftlich verantwortliches Handeln im Banken- und Finanzwesen zugunsten der inter- und intra-generationalen Nachhaltigkeit zum Ziel hat.

Grundsätzlich lassen sich zwei Modi der Kritik entlang der Position des Kritikers und des Adressaten differenzieren (Boltanski und Chiapello 2006, S. 75-79; Boltanski und Thévenot 2007, S. 293-317; Celikates 2009, S. 160 f.; Stahl 2013, S. 19-34). Akzeptiert eine Kritik die anerkannten Maßstäbe einer Gemeinschaft oder der Rechtfertigungsordnung, während sie aber die Anwendung bestimmter Prinzipien wie beispielsweise die Verwendung bestimmter Instrumente im Banken- und Finanzwesen kritisiert, so heißt sie interne Kritik. Ihr Ziel besteht darin, bestehende Realitäten zu reformieren und diese gerechter zu gestalten (Stahl 2013, S. 30; Boltanski und Chiapello 2006, S. 75): Um die Richtigkeit der Prüfung oder des Prinzips zu bewerten, ist sie nicht auf andere Welten angewiesen. Beruft sich eine Kritik hingegen auf einen Standpunkt, der unabhängig ihres eigenen Selbstverständnisses (Kollektiv oder Individuum) existiert und z. B. als objektive Theorie vorliegt, dann heißt diese Form der Gesellschaftskritik externe Kritik. Diese radikalere Form der Kritik zielt nicht auf die Reformierung der Bewährungsproben, sondern auf deren Abschaffung (Boltanski und Chiapello 2006, S. 75). Zur Umsetzung dieses Anspruches und zur Stärkung ihrer Argumente transzendiert diese Kritik von ihrem Kontext (vgl. O'Neill 2000); die „angewendete Rechtfertigungsordnung selbst oder ihre Angemessenheit in der vorliegenden Situation" stehen zur Disposition (Celikates 2009, S. 149 ff.).[13]

---

13 Als „Geburtshelferin" (Kocyba und Voswinkel 2008, S. 42) einer neuen kapitalistischen Rechtfertigungsordnung kommt der Kritik eine gesellschaftstheoretische Bedeutung zu (Boltanski und Chiapello 2006, S. 86). Als Motor der Veränderung hat die Kritik in der Konsequenz allerdings differenzierbare Folgen (Boltanski und Chiapello 2006, S. 69 ff.): Kritik kann sich in einem Rückzug artikulieren, wenn Arbeiter_innen aus ausbeuterischen Arbeitsverhältnissen abwandern. Von den Unternehmer_innen erfordert dies dann eine Anpassung an die Bedingungen der Konkurrenz, um Gewinneinbrüche zu vermeiden. Eine solche Form der Kritik unterstützt nun eher unintendiert die Legitimierung von befristeten Arbeitsverträgen und Zeitarbeit. Demgegenüber, so konstatieren Boltanski und Chiapello, bleibt die Veränderung des Kapitalismus von der Voice-Kritik, wie sie sich bei öffentlichen Protesten finden lässt, verhältnismäßig unberührt. Diese Form der Kritik, die sich in Empörung äußert, gestaltet sich als eine Art Legitimierungsarbeit kapitalistischer Akkumulation. Die Reflexionsarbeit, die Unternehmer_innen und Arbeiter_innen beispielsweise leisten, um zu einer Einigung in Tarifverhandlungen zu gelangen, erschafft eine „Art Kartographie der Welt zu einem bestimmten Entwicklungsstadium des Kapitalismus, die jenen Kategorien entspricht, die die beiden Akteurstypen teilen". Unintendiert mündet die Voice-Kritik in der Sicherung von

Allerdings ist die Möglichkeit reflexiver Bezugnahme und der Kritik immer auch von den zur Verfügung stehenden Ressourcen abhängig. Robin Celikates (2009, S. 141, 154) verweist entsprechend darauf, dass die Ausbildung und Ausübung kritischer Praktiken nicht zuletzt durch ungleiche Verteilungen oder strukturelle Einschränkungen reflexiver Fähigkeiten eingeschränkt oder blockiert werden können und dass sich „die ungleiche Ausstattung mit materiellen und symbolischen Ressourcen auf die Rechtfertigungssituation selbst aus[wirkt]". Hierdurch verweist er auf die Strukturiertheit der Gesellschaft, wonach unterschiedliche kulturelle, ökonomische und soziale Ressourcen einen Einfluss auf die Positionierung einer Person haben (vgl. Bourdieu 1982). Um „gesellschaftliche[n] Bedingungen, unter denen kritisiert, gerechtfertigt und an Kompromissen gebastelt wird" (Celikates 2009, S. 157), ebenfalls Rechnung zu tragen, erscheint eine Verknüpfung der Theorie der Rechtfertigung und des Konzepts der symbolischen Grenzziehung im Anschluss an Michèle Lamont (1992; Lamont und Molnar 2002) besonders fruchtbar. Eher beiläufig verweisen Michèle Lamont und Marcel Fournier (1992, S. 17) selbst darauf, dass Boltanski und Thévenot in *Über die Rechtfertigung* (2007) indirekt Aspekte der Grenzziehungsarbeit thematisieren, insofern sich die Akteure gegenüber anderen rechtfertigen müssen, wenn sie Situationen als unfair anprangern: „Luc Boltanski and Laurent Thévenot indirectly address the influence of situational factors on boundary work. They provide an analysis of conflicts and negotiation by looking at how individuals succeed in maintaining their status or honor when they are victims of injustice. They achieve this at the discourse level by drawing on various principles of justification to frame their own understanding of the situation against other understandings." Mit anderen Worten: Das Wechselspiel von Identifikation und Anerkennung, das in symbolischen Grenzziehungen zum Ausdruck kommt, verdeutlicht legitime Formen der Kritik im ethischen Bankenwesen.

Während die Soziologie der Kritik den Habitus von Gruppen und Klassen unbeachtet lässt, können durch den Einbezug der symbolischen Grenzziehungen die alltäglichen Praktiken des Kategorisierens, des Vergleichens und Vermessens in Abhängigkeit von der Position der Akteure im sozialen Raum miteinbezogen werden. Eine wichtige Erkenntnis solcher Forschungen besteht nämlich darin, dass sich für unterschiedliche Sozialgruppen typische Selbst- und Fremdidentifikation ausmachen lassen (vgl. Lamont 1992; Lamont und Molnar 2002; Pachucki et al. 2007). Wenn nämlich moralisches Handeln ein Produkt praktischer Aushandlungen von Gerechtigkeitsordnungen ist, so muss der Tatsache Rechnung getragen werden, dass sowohl ethische Banker_innen als auch die Kund_innen ethischer Banken schichtspezifische Merkmale der etablierten deutschen Mittelschichten teilen. Wie sich diese dann auf Rechtfertigungsordnungen beziehen und wie sie sich von anderen Gruppen und Haltungen abgrenzen, ist nicht zuletzt klassenspezifisch beeinflusst.

Koordinationsprozessen und der Erstellung legitimer „Bewährungsproben" des Kapitalismus, die dann die moralischen Grundlagen für Bewertung, Beurteilung, Ausschluss, Einschluss, Sanktionierung und Belohnung bilden (Boltanski und Chiapello 2006, S. 552 f.). Im Prozess der Entstehung und Etablierung solcher Bewährungsproben, die als Grundlagen des Handelns dienen, spielt die Kritik also eine bedeutende Rolle.

Als symbolische Grenzziehungen werden jene Unterscheidungen konzipiert, die Akteure mobilisieren, um Personen, Objekte oder soziale Praktiken zu kategorisieren und zu evaluieren. Diese Unterscheidungen sind von besonderer handlungspraktischer Relevanz, da sich in ihnen die Zuweisung von Menschen zu Gruppen dokumentiert. Sie sind konstitutiv für die Ausbildung von Gefühlen der Ähnlichkeit, Gruppenmitgliedschaft und die Konstitution von Wertigkeiten. Moralische, kulturelle und sozio-ökonomische Grenzziehungen bestimmen in der Folge, was „uns" von „den anderen" unterscheidet (Lamont und Molnar 2002, S. 168). Mit anderen Worten, in der alltäglichen Praxis mobilisieren Akteure kontinuierlich Bewertungen und Kategorisierungen, die die Identifikation mit der eigenen Gruppe sowie die Abgrenzung von anderen ermöglichen. Dabei wird eine Hierarchisierung legitimer Vorstellungen, Praktiken, Personen und Gruppen auf moralischer, kultureller oder sozio-ökonomischer Ebene sichtbar.

Nach Lamont (1992) lassen sich drei relevante Abgrenzungsmodi unterscheiden, die Aufschluss über identitätssichernde, meist implizite Merkmale des eigenen Selbstbildes geben und insbesondere in „valuations" und „evaluations" zum Ausdruck kommen. Für die Untersuchung der Selbstbilder ethischer Bankmitarbeiter_innen bedeutet dies, dass die Legitimierung der eigenen beruflichen Praxis und der Bank als Arbeitgeber immer auch Möglichkeiten der Abgrenzung beinhalten muss, um die eigene Identität zu stärken.

Anschließend an Michèle Lamont werden moralische Grenzziehungen als Bezug auf spezifische Werthaltungen, Charaktereigenschaften analysiert. Kulturelle Grenzziehungen heben hingegen die Bedeutung schulischer Abschlüsse, akademischer Titel und die Vertrautheit mit hochkulturellen Inhalten als Formen kulturellen Kapitals hervor, während sozio-ökomische Grenzziehungen auf Merkmale der sozialen Positionen wie beispielsweise finanzielle Stellung, die soziale Herkunft, Zugehörigkeiten zu elitären Kreise, die Ausstattung mit Macht und Einfluss, beruflichen Erfolg einer Person hindeuten.

Bisherige Befunde zeigen zudem, dass die Legitimierung des eigenen Handelns und die Abgrenzung von Anderen mit Bezug auf sozio-ökonomische, kulturelle und moralische Faktoren in unterschiedlichen Sozialgruppen variiert: Höhere Schichten neigen dazu, sich über sozio-ökonomische und kulturelle Aspekte zu legitimieren, während sich untere Schichten mehrheitlich um moralische Legitimationen bemühen (vgl. Lamont 1992, 2000; Southerton 2002; Sachweh 2013; Jarness 2015). Für die Untersuchung ethischer Banken ist die systematische Differenzierung symbolischer Grenzziehungsprozesse insofern von besonderer Relevanz, weil sie Informationen über Rangordnung und die Relevanz der Bezüge der im Entstehen begriffenen ethischen Rechtfertigungsordnung im Bankenwesen liefert. Darüber hinaus lassen sich milieutypische Grenzziehungen ethischer Bankmitarbeiter_innen in einen größeren gesellschaftlichen Kontext einbetten und verweisen dadurch auf die soziale Strukturiertheit der Legitimationskultur. Zu guter Letzt kann argumentiert werden, dass identitätssichernde und handlungsleitende Elemente der Selbstbilder ethischer Banker_innen nur durch die Rekonstruktion des „Abgelehnten" und Ausgeschlossenen, d. h. der als illegitim wahrgenommenen Rechtfertigungen und Praktiken, angemessen verstanden werden können.

2.2.3 Forschungsfragen

Für die Untersuchung ethischer Banken ergeben sich in Anlehnung an die Soziologie der Kritik drei Fragestellungen, die den Konzepten der Kritik, der Rechtfertigungsordnung und des Kompromisses Rechnung tragen.

1. Wie sind die sozialen und biografischen Bedingungen für eine Tätigkeit im ethischen Bankenwesen beschaffen? (Kapitel 6)
2. Wie gestalten sich berufliche Selbstbilder ethischer Banker_innen? Wie legitimieren und rechtfertigen sie ihr alltägliches Handeln? Welche Bedeutung kommt der Abgrenzung für die Sicherung der eigenen Identität zu? (Kapitel 7)
3. Mit welchen konträren Problemlagen ist das ethische Bankgeschäft konfrontiert, das gleichzeitig ökonomische und moralisch-normative Ansprüche verwirklichen will? (Kapitel 8)

Auf Ebene der Kritik (1) soll die Frage nach den berufsbiografischen und sozialen Bedingungen für eine Tätigkeit im ethischen Bankwesen anhand der Rekonstruktion der Motive und Gründe für einen Wechsel ins ethische Bankenwesen untersucht werden. Zentral ist dabei die Frage nach den jeweiligen implizit wie explizit artikulierten Kritiken und Spannungen, die zu einem Wechsel vom konventionellen ins ethische Bankgeschäft führten. Grundlegend wird davon ausgegangen, dass diese Arbeitgeberwechsel spezifischen Legitimationen bedürfen, die sich insbesondere in den Formen und Praktiken von Kritik verdichten. Von besonderer Bedeutung ist hier auch die zeitliche Dimension, da die befragten Bankmitarbeiter_innen retrospektiv über ihre Erfahrung in der konventionellen Bank reflektieren.

Auf Ebene der Rechtfertigungsordnungen (2) – das heißt in Bezug auf die übergeordneten Ideen – wird der Frage nachgegangen, wie sich in den beruflichen Selbstbildern ethischer Banker_innen Legitimationen und Rechtfertigungen alltäglichen Handelns manifestieren. Von Interesse sind hier jene Bezüge, die ethische Banker_innen mobilisieren, wenn sie sich selbst als ethische Banker_innen und die Bank als ethischen Arbeitgeber beschreiben und bewerten. An dieser Stelle wird das Konzept der symbolischen Grenzziehungen hinzugenommen, um die Abgrenzung einer bestimmten Gruppe von gesellschaftlichen Akteuren, die sich in Haltung und Lebensform der etablierten Mittelschicht zuordnen lassen, zu berücksichtigen. Darüber hinaus trägt das Konzept von Michèle Lamont dazu bei, die Rangordnung legitimer Argumente und Bezüge in einer ethischen Rechtfertigungsordnung angemessen zu systematisieren. Abschließend steht die alltägliche Praxis des Bankgeschäftes im Fokus der Untersuchungen. Durch das Identifizieren von Konflikten und Problemlagen sollen Fragen der spezifischen Aushandlung von Kompromissen (3) zwischen ökonomischen und moralisch-normativen Ansprüchen beantwortet werden. Aus der Perspektive der Soziologie der Kritik können Entscheidungssituationen in ethischen Banken als hochgradig konfliktbehaftet begriffen werden, da diese immer im Spannungsfeld zwischen ethischer Selbstverpflichtung und ökonomischen Sachzwängen oszillieren. Die

Art und Weise, wie solche Spannungen ausgehandelt werden, macht die handlungsleitenden Kompromissfiguren im konkreten Investitionsprozess empirisch fassbar. Letztendlich
besteht ein zentrales Ziel der vorliegenden Arbeit darin, die transformativen Potenziale
und Mechanismen einer Idee zu untersuchen, die sich nicht ausschließlich auf das ethische Bankenwesen erstreckt, sondern im Begriff der Nachhaltigkeit zu einem Leitbegriff
gesellschaftlichen und wirtschaftlichen Wandels avanciert.

Selbstbeschreibungen ethischer Geldinstitute[14]

3

Zur besseren Einschätzung der Lage ethischer Banken in Deutschland sowie der ersten Identifikation möglicher Problemlagen, Konflikte und interessanter Konstellationen sollen im Folgenden die GLS Bank, die Triodos Bank, die UmweltBank, die EthikBank, die Bank im Bistum Essen und als streng konfessionell ausgerichtete Bank die Steyler Bank vorgestellt und im Anschluss vergleichend analysiert werden.

Im Rahmen dieser Arbeit werden dazu all jene Institute gezählt, die sich *erstens* selbst explizit als ethisch (sozial, ökologisch oder konfessionell) verstehen und sich in der Gesamtheit ihrer Unternehmens-, Anlage- und Investitionsstrategien von konventionellen Geldinstituten abgrenzen. Die Definition als ethische Bank ist somit eine Negativdefinition im Sinne von „nicht ausschließlich ökonomisch". Die Deutsche Bank wird beispielsweise auch dann nicht als ethische Bank kategorisiert, wenn sie eine spezielle Nachhaltigkeitsabteilung geschaffen hat und sich partiell den Ideen ethischer Geldanlage gegenüber öffnet. Ein *zweites* Kriterium bezieht sich auf die Darstellung und Etikettierung als ethische Bank durch den öffentlichen Diskurs. Verwandte Phänomene wie beispielsweise Islamic Finance werden in die Untersuchung allerdings nicht einbezogen, da zum Zeitpunkt der Erhebung kein islamisches Geldinstitut in Deutschland institutionalisiert war.[15] Darüber hinaus findet ein islamisch orientiertes Geschäft weniger Anwendung in der regionalen Kreditvergabe, sondern ist in konzentrierter Form auf globalen Finanzmärkten, d. h. im Devisen- und Derivatenhandel sowie im Fondsgeschäft zu finden.

Die Rekonstruktionen basieren auf frei zugänglichen Dokumenten wie Webseiten, Darstellungen in Zeitungen, Broschüren, Bankenmagazinen, Interviews sowie Offenlegungsberichten und Nachhaltigkeitsberichten. Anspruch und Ziel dieser Analyse ist es nicht, Aussagen über das tatsächliche Wirken der Banken zu treffen, sondern vielmehr deren Selbstdarstellungen zu kontrastieren, um darüber hinaus Anhaltspunkte für die weitere

---

14 Die Analyse und Rekonstruktion der Selbstbeschreibung ethischer Geldinstitute stellt eine abgewandelte und erweiterte Form des Textmaterials dar, das bereits im Jahr 2015 in der Zeitschrift *WestEnd. Neue Zeitschrift für Sozialforschung* sowie als Working Paper des Instituts für Sozialforschung in Frankfurt am Main veröffentlicht wurde.

15 Die KT Bank erhielt erst 2015 die Banklizenz: www.kt-bank.de/ueber-uns/kt-bank/.

© Springer Fachmedien Wiesbaden GmbH, ein Teil von Springer Nature 2019
S. Lenz, *Ethische Geldinstitute*, Wirtschaft + Gesellschaft,
https://doi.org/10.1007/978-3-658-22390-8_3

Analyse zu identifizieren. Die Darstellungen der Banken sind Ergebnis einer Inhaltsanalyse im Anschluss an Philip Mayring (1983). Um Redundanzen möglichst gering zu halten, werden Gemeinsamkeiten der Banken, wie sie sich beispielsweise in der Verwendung von Auswahl- und Ausschlusskriterien zeigen, mit der fortschreitenden Analyse nicht wieder aufgegriffen. So ergibt sich für die EthikBank ein geringerer Umfang, der nichts über die Qualität des ethischen Bankgeschäfts aussagt, sondern lediglich auf diesen kumulativen Vorgang der Analyse zurückzuführen ist. Nichtsdestotrotz repräsentiert die EthikBank eine der kleinsten ethischen Banken in Deutschland und ist darüber hinaus bilanziell wie räumlich an die Mutterbank, die Volksbank Eisenberg, gebunden.

Auf Basis eines theorie- und empiriegeleiteten Kategoriensystems wurden die Dokumente systematisch auf bestimmte Merkmale und Strukturen reduziert und im Anschluss mit Blick auf die Gemeinsamkeiten und Unterschiede analysiert. Anhand folgender Kategorien wurde das Material ausgewertet:

- Entstehung, Entwicklung und Position im Feld (u. a. ökonomische Entwicklung)
- Werte, Leitbilder und Selbstverständnisse
- Anlage- und Kreditvergabeprozess zur Umsetzung normativer Ziele
- Unternehmens- und Personalpolitik (Kund_innen, Mitarbeiter_innen- und Unternehmenspolitik)

Über die systematische Analyse der Geldinstitute hinaus dienen die dadurch gewonnenen Erkenntnisse und die Identifizierung erster Problemlagen als Ausgangspunkte für die Erstellung eines Leitfadens, der in den insgesamt 27 Interviews mit Mitarbeiter_innen ethischer Banken als Orientierungshilfe zum Einsatz kam. Die Ergebnisse der Dokumentenanalyse werden nachfolgend dargestellt und im Anschluss diskutiert.

3.1   Gemeinschaftsbank für Leihen und Schenken (GLS Bank)

3.1.1   Entstehung und Entwicklung

Die GLS Bank ist eine Genossenschaftsbank, die im Jahr 2016 rund 190 000 Kund_innen sowie mehr als 40 000 Mitglieder hatte. Ihre Gründung geht auf das Jahr 1958 zurück, in dem die erste Rudolf-Steiner-Schule im Ruhrgebiet vor dem Hintergrund einer anthroposophischen Weltanschauung gegründet und aus Spendengeldern finanziert wurde. Idee für die Gründung war es, „eine Brücke zu bauen zwischen der Geldanlage auf der einen und der gesellschaftgestaltenden Geldverwendung auf der anderen Seite" (GLS Bank 2012). Ausgehend von dieser ersten Idee entwickelte Anfang der 1960er-Jahre Wilhelm Ernst Barkhoff, ein Anwalt aus Bochum, gemeinsam mit Ingo Krampen erstmalig das Modell der Leih- und Schenkgemeinschaft als Gemeinnützige Treuhandstelle e. V. (GTS). 1961 folgt die Gründung der GTS als Bank mit dem Ziel, gemeinnützige Projekte (Kindergärten, Waldorfschulen und landwirtschaftliche Betriebe) zu verwirklichen. 1974 wurde in Bochum die GLS Bank als erste sozial-ökologische Universalbank der Welt[16] gegründet. Die GLS Bank ist wie andere ethische Banken genossenschaftlich organisiert und hat ihr Geschäft seit der Gründung um vielerlei Bereiche erweitert. So ging beispielsweise im Jahr 2000 die *Zukunftsstiftung Landwirtschaft* als erste Stiftung aus der GLS Bank hervor; 2001 folgte die *Zukunftsstiftung Entwicklungshilfe* sowie die Gründung der *GLS Treuhand*. In Zusammenarbeit mit *Bosch Solar Energy AG* eröffnet die GLS Bank 2009 auch eigene Solarparks in Thüringen und Sachsen. Im Jahre 2009 wurde das erste Solarkraftwerk Ronneburg I in Betrieb genommen.[17] Seit 2006 wirkt sie in großem Umfang an der Gründung und Organisation des *Institut of Social Banking* (ISB) in Bochum mit und ist Mitglied des internationalen Dachverbands ethischer Banken *Global Alliance for Banking on Value* (GABV, vgl. auch Wendt 2016, S. 19ff.). Mit der Übernahme der Ökobank im Jahre 2003, die die technische Ausstattung der GLS erweiterte, war die GLS Bank dazu in der Lage, auch Girokonten anzubieten. 2008 wurde zudem die Münchener *Integrabank* eingegliedert. 2012 übernahm die GLS Gemeinschaftsbank die Geschäfte der *BürgschaftsBank für Sozialwirtschaft GmbH* in Köln. Seit 2008 erlebt die GLS Bank – so lässt es sich in zahlreichen Geschäftsberichten nachlesen – ein enormes Wachstum. So sind beispielsweise die Nachkrisenjahre ab 2007/2008 durch ein zunehmendes Wachstum an Kund_innen und Investitionen gekennzeichnet. Insbesondere zwischen den Geschäftsjahren 2011 und 2012 sind die Mitglieder von 21 636 auf 27 439 und die Anzahl der Kund_innen um 2 500 gestiegen. Die Einlagen wuchsen 2012 um 20 Prozent auf 2,53 Milliarden Euro (vgl. Abb. 1).

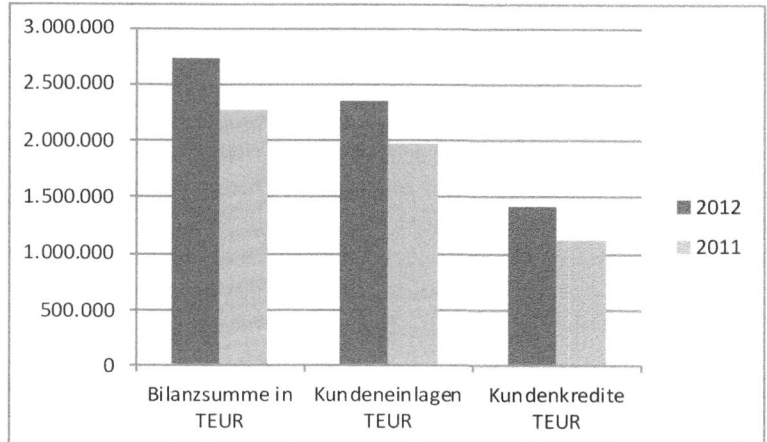

Abb. 1   Kennzahlen in TEUR, GLS Bank, 2011-2012 (eigene Berechnung)

---

16   www.gls.de/privatkunden/ueber-die-gls-bank/presse/pressemitteilungen/gls-bank-sozial-oe-kologisches-bankgeschaeft-hat-hochkonjunktur.

17   www.blog.gls.de/allgemein/gls-bank-eroffnet-neues-solarkraftwerk-ronneburg-i.

Aus einer Pressemitteilung des Jahres 2011 geht hervor, dass die Bank erstmalig eine Dividende an die Genossenschaftsmitglieder ausschüttete.[18] Hierin zeigt sich außerdem, dass dieses Verfahren zur Sicherung des Eigenkapitals und zur Erfüllung der Anforderungen von Basel III, Kontroversen unter Kund_innen und Mitarbeiter_innen ausgelöst hat, da das Prinzip der Gewinnbeteiligung ursprünglich nicht dem normativen Selbstverständnis der Bank entspricht.

Im Jahr 2005 erhielt die GLS Bank von der Ratingagentur *Ethibel* zudem die Bestnote und wurde 2009 zur *Sustainable Bank of the Year Germany* gewählt; 2010 erhielt sie die Auszeichnung als *Social Entrepreneur der Nachhaltigkeit*, einen Marketingpreis sowie den *B.A.U.M. Umweltpreis*. Im Jahr 2011 wurde sie als *Beste Bank des Jahres* ausgezeichnet und gewann den *Fairness Preis* sowie den *European Business Award*. 2012 bekam sie schließlich den *European Sense Investing Award* und den *Deutschen Nachhaltigkeitspreis*. Ebenfalls 2012 erhielt die GLS Bank „als erste Bank den Preis ,Deutschlands nachhaltigstes Unternehmen' und das ungeachtet der turbulenten Zeiten an den Finanzmärkten" (GLS Bank 2012, S. 2).

Darüber hinaus erhielt sie die Auszeichnung *Top Job* für ihre herausragende Personalarbeit und das Gütesiegel *Fair Company* des Job- und Wirtschaftsmagazins *karriere.de*.

3.1.2   Leitbilder und Selbstverständnis der GLS Bank

Unter dem Motto „GLS Bank – das macht Sinn" versteht sich die GLS Bank als Bank, die sich auf den gesellschaftlichen Nutzen eines nachhaltigen Bankgeschäfts bezieht. Prinzipien wie Nachhaltigkeit und Transparenz sollen einen „dreifachen Gewinn" für Mensch, Planet und Profit generieren.[19] Die bereits aus der Gründungsidee hervorgehende enge Verbindung zur Anthroposophie ist gegenwärtig noch präsent, geht aber auch darüber hinaus. So unterstützt und finanziert die GLS Bank auch weiterhin anthroposophische Unternehmen, Landwirtschaft, Bildung und Erziehung, wendet sich aber zusehends auch den Bereichen regenerativer Energien und dem Wohnungswesen zu. Sie fokussiert sich dabei auf die Finanzierung kultureller, sozialer und ökologischer Projekte, die dem Anspruch gerecht werden, kreative Lösungen zu entwickeln, um dadurch gesellschaftlichen Wandel nachhaltig zu verändern. Das Nachhaltigkeitsverständnis der GLS Bank bezieht sich in erster Linie auf die Finanzierung menschlicher Grundbedürfnisse, wozu u. a. Ernährung, Energie, Wohnen, Gesundheit, Kultur und Bildung gezählt werden. Darüber hinaus zielt die Bank mit ihrer Tätigkeit auf die Bewahrung und Weiterentwicklung der natürlichen Lebensgrundlagen und praktiziert ein Ökonomieverständnis, wonach „wirtschaftlicher Gewinn eine Folge, aber nicht Zweck des Handelns" ist. Dementsprechend grenzt sich die GLS Bank explizit von Definitionen ab, die Nachhaltigkeit auf „[...] langfristige Orientierungen der Unternehmensstrategie, das Verfolgen einer Gewinnmaximierung bei

---

18   Vgl. www.gls.de/privatkunden/ueber-die-gls-bank/presse/pressemitteilungen/gls-bank-fuehrt-dividende-ein.

19   www.gls.de/privatkunden/ueber-die-gls-bank/nachhaltigkeit-werte-und-auszeichnungen.

gleichzeitiger Begrenzung sozialer und ökologischer Kollateralschäden bis hin zu einer Gleichberechtigung von sozialen Faktoren, ökologischen Einflussgrößen und ökonomischem Gewinn [reduzieren]"[20].

Wesentlich für das Selbstverständnis der GLS Bank ist ein grundlegend anderes Verständnis von „Geld als soziales Gestaltungsmittel, das uns die Möglichkeit gibt, professionelle Finanzdienstleistungen mit aktuellen Zeitfrage zu verbinden" (GLS Bank o. J.).

Eine Sinnorientierung, wie sie bereits im Slogan der Bank „das macht Sinn", artikuliert wird, widerspiegelt sich in der Ablehnung eines Menschenbildes des Homo oeconomicus, des Menschen als reinen Nutzenmaximierer. Sinn bedeutet aber auch, dass die Kund_innen der GLS Bank durch deren Offenlegungspraxis und die transparente Anlage- und Kreditvergabepolitik einerseits zu jeder Zeit darüber informiert sind, wo „ihr Geld arbeitet". Andererseits können gezielt Anlage- und Kreditwünsche der Kund_innen verwirklicht werden. So können Kund_innen von Anbeginn der Girokontoeröffnung festlegen, in welche Finanzierungsbereiche ihr Geld fließen soll. Zudem hat jedes Genossenschaftsmitglied die Möglichkeit, auf der jährlich stattfindenden Generalversammlung an zukünftigen Entwicklungen der Bank mitzuwirken.

3.1.3 Moralische Avantgarde

In ihrer Funktion als Treuhänder begreift sich die GLS Bank explizit als gesellschaftlichen Akteur, der nicht nur einen entscheidenden Beitrag zur Energiewende, sondern auch zur Geldwende leistet. Insbesondere betont die GLS Bank ihre Allianz mit zivilgesellschaftlichen Bewegungen, weshalb es ihr ebenfalls ein Anliegen ist, sich für ein Verständnis von „Geld als öffentliches Gut" einzusetzen. Sie selbst inszeniert sich betont kritisch und reflektiert, wodurch sie sich von den „sogenannten Experten" der restlichen Banken-, Finanz- und Geldwirtschaft abgrenzt:

> „Als Fundament der Demokratie sind wir legitimiert, unsere Belange selbst in die Hand zu nehmen und uns zu kümmern. Betroffenheit legitimiert zur Einmischung. […] Es sind nicht selbstkritische, fragende Experten, die für die zerstörerische Kraft unserer Geldordnung verantwortlich sind. Es sind vielmehr jene, deren Fragen von mächtigen Interessen zugeschüttet sind. Auch deshalb sind die meisten der sog. Experten nicht Teil der Lösung, sondern konstitutiver Teil des Problems. Von ihnen sind keine Antworten zu erwarten, die unseren nachhaltigen Ansprüchen genügen." (GLS 2014, S. 3)

Bereits im Jahr 2014 organisierte die GLS Treuhand Stiftung als vollständige Tochter der GLS Bank den „GLS Geldgipfel", eine Tagung in Zusammenarbeit mit der Universität Witten/Herdecke. Unter dem Titel „Von der Energiewende zur Geldwende" war es der Anspruch der Bank, einen Wandel der derzeitigen Geldordnung voranzutreiben. Durch die Aufforderungen und ihre aktive Beteiligung an gesellschaftlichen Debatten begreift sich die

---

20 www.gls.de/privatkunden/ueber-die-gls-bank/nachhaltigkeit-werte-und-auszeichnungen.

GLS Bank als Pionierin, die bereits in der Vergangenheit einen Wandel der Energiewende stützte und in der Zukunft ihren Beitrag zum Wandel einer Geldordnung leisten will, in der sie ursächlich soziale Ungleichheiten begründet sieht:

> „Unsere heutige Geldordnung ist nicht gerecht, sie verteilt falsch und sie zerstört vielen Menschen ihre Existenz – auch an den Rändern Europas, insbesondere jedoch außerhalb Europas. Dies müssen wir uns immer wieder vor Augen halten. Wenn wir nicht handlungsunfähig sein wollen, nicht alternativlos vor dem weltweiten Scherbenhaufen einer überlebten Geld- und Finanzordnung stehen wollen, die sich von der realen Wirtschaft und den sozialen und ökologischen Bedürfnissen von Mensch und Natur weit entfernt hat, dann müssen wir als Bürgerinnen und Bürger an den Grundlagen einer neuen Geldordnung mitarbeiten." (GLS 2014, S. 4)

Weil „nachhaltige Veränderungen […] nur global gedacht werden" können, ist die GLS Bank sowohl Mitglied eines weltweiten Bündnisses von Finanzinstituten, die „sich für einen anderen, verantwortungsbewussten Umgang mit Geld" einsetzen. Die Mitglieder der *Global Alliance for Banking on Value* (GABV)[21] fühlen sich einem Bankgeschäft verpflichtet, das sich „an den Menschen und [ihren] Grundbedürfnissen orientieren" will.[22]

> „Our collective goal is to change the banking system so that it is more transparent, supports economic, social and environmental sustainability, and is composed of a diverse range of banking institutions serving the real economy."[23]

Als Gründungsmitglied des *Institut for Social Banking* (ISB) in Bochum unterstützt die GLS Bank auch einen branchenspezifischen Wissenswandel. Das ISB fördert Konzepte des ethischen Bankings, die „specifically orients itself towards a perception of and responsibility for the development of both people and planet"[24]. In berufsbegleitenden Studiengängen, Summerschools und Workshops versucht das ISB gesellschaftliche Bereiche zu wandeln und zu verändern. Dies wird beispielsweise deutlich, wenn das Institut konstatiert: „Bildung ist nicht das Problem, Bildung ist die Lösung."[25] Seit 2010 ist ein Modul „Social Banking" in den BWL-Bachelorstudiengang der Alanus Hochschule in Alfter bei Bonn integriert.

3.1.4 Produkte, Anlage- und Kreditvergabe der GLS Bank

Als Universalbank bietet die GLS Bank alle grundlegenden Bankprodukte wie Tages- geld- und Girokonten, Sparbriefe und Sofortrenten, aber auch Vorsorgeleistungen an.

---

21 www.gabv.org.

22 www.gls.de/privatkunden/ueber-die-gls-bank/gls-netzwerk/gls-partner/gabv.

23 www.gabv.org/about-us.

24 www.social-banking.org/das-institut.

25 blog.gls.de/ausbildung/ausbildungsserie-das-institute-for-social-banking.

Das Kerngeschäft der Bank besteht allerdings in der Anlage von Kund_innengeldern und der Kreditvergabe an spezifische Projekte und Unternehmen. Daneben ist die GLS Bank bereits seit 1986 im Fondsgeschäft[26], im Asset Management und im Bereich des Social Impact Investments, zu dem beispielsweise Mikrofinanzfonds gehören, tätig. Der Fokus des Fondsgeschäfts liegt dabei auf der Förderung von ökologischen, sozialen und kulturellen Projekten. Traditionell fokussiert die GLS Bank anthroposophische Schulen, Demeter-Höfe, Montessori Schulen und Bio-Höfe. Eine Erweiterung des Finanzierungsbereichs erfolgte Ende der 1980er-Jahre im Anschluss an die Ereignisse wie Tschernobyl.[27] Seither etabliert sich die GLS Bank zusehends im Bereich der regenerativen Energien. Im Jahr 2010 erhielt die GLS Bank zudem den Auftrag des *Bundesministeriums* für Arbeit und Soziales, das Mikrofinanznetz in Deutschland flächendeckend auszubauen. Hierfür wurde die Internetplattform *GLS Mikro* für die Vergabe und Verwaltung von Mikrokrediten entwickelt. Auch hinter der Mikrofinanzierung steht ein normatives Ziel, wonach Kund_innen der GLS Bank selbst darüber bestimmen können, „wo ihr Geld wirkt"[28].

Zur Umsetzung ihrer normativen Ziele und Selbstverpflichtungen in allen Finanzierungs- und Anlagebereichen greift die GLS Bank auf Screening Methoden wie Positiv-, Negativ- sowie Best-in-Class-Ansätze zurück (vgl. auch Aßländer und Schenkel 2008, S. 47-51). Die jeweiligen Auswahlverfahren sind meist mehrstufige Prozedere. So werden beispielsweise Unternehmen von der Finanzierung ausgeschlossen, die aus Perspektive der Bank mit kontroversen Geschäftsfeldern in Zusammenhang gebracht werden können wie: Verletzung von Menschenrechten, Verletzung von Grund- und Arbeitsrechten, Kinderarbeit, Tierversuche, kontroverses Umweltverhalten, kontroverse Wirtschaftspraktiken, Atomenergie, Biozide, chlororganische Massenprodukte, Embryonenforschung, Agro-Gentechnik, Pornografie, Rüstung und Suchtmittel (GLS Bank, o. J.).

Die GLS Bank finanziert und investiert in Unternehmen, Menschen oder Organisationen, die eine nachhaltige Entwicklung, d. h. umwelt- und sozialverträgliches Wirtschaften, fördern. Der Anspruch besteht in einer nachhaltigen und ökologischen Ausgestaltung der gesamten Wertschöpfungskette. Ähnlich verhält sich die Zeichnung von Aktien durch die GLS Bank. Die GLS konstatiert in ihren Anlage- und Finanzierungsgrundsätzen, dass Aktien von Unternehmen nur dann in das Anlageuniversum aufgenommen werden, wenn die Langfristigkeit der Investition mit einem überschaubaren Risiko gewährleistet ist und „eine positive Wertentwicklung sowie ein stetiger Ertrag erzielt werden" kann (GLS

---

26 Seit 1986 ist die GLS Bank beteiligt an einem Entschuldungsfonds für Strafgefangene, seit 1989 an mehreren Windkraftfonds, seit 1992 an Landwirtschaftsfonds, seit 1996 an Saatgutfonds, seit 1998 an dem Weleda-Fonds und seit 2009 am Biobodenfonds.

27 Auf einer Konferenz, die durch die GLS Stiftung organisiert wurde, wird darauf verwiesen, dass Atomkraft, die Bewegungen der 1970er-Jahre, Tschernobyl und nicht zuletzt die Ereignisse in Fukushima eine Vorbereitung auf eine historische Situation gewesen sein, die einen grundlegenden Kulturwandel und das Erneuerbare-Energien-Gesetz (EEG) vorangetrieben hätte.

28 www.gls.de/privatkunden/ueber-die-gls-bank/transparenz/mittelverwendung.

Bank 2012, S. 3 f.). Folgende Positivkriterien werden an Unternehmensanleihen angelegt: sozial-ökologisch ausgerichtete Unternehmenspolitik, soziales Engagement, entwicklungspolitische Ziele, Energieeffizienz und erneuerbare Energien, energieeffiziente Transportsysteme, Ressourceneffizienz, anthroposophische Medizin, Homöopathie, Pflanzen- und Naturheilkunde und insgesamt zukunftsweisende sozial-ökologische Geschäftsfelder, zu denen auch Mikrokredite gehören (GLS Bank o. J.).

Seit 1974 bietet die GLS Bank nachhaltige Geldanlagen in Deutschland an und konzentriert sich laut eigener Aussagen seither ausschließlich auf ökologisch, sozial und wirtschaftlich sinnvolle Unternehmen, Projekte und Länder. Das Anlageuniversum der GLS Bank enthält Wertpapiere von Unternehmen, Institutionen, Ländern und Investmentfonds. Für die Bewertung einer bankgerechten Umsetzung durch die Unternehmen hat die Bank ein unabhängiges Gremium geschaffen, das das GLS Anlageuniversum in regelmäßigen Abständen prüft und über neue Anlagen entscheidet. Der GLS-Anlageausschuss setzt sich aus Personen der Bereiche Portfoliomanagement, Beratung und Treasury zusammen und überprüft die Einhaltung der Kriterien auf Basis von Ratings, die durch nachhaltige Ratingagenturen wie die *imug Beratungsgesellschaft für sozial-ökologische Innovation GmbH* zur Verfügung gestellt werden. Die GLS Bank betont, dass dieses Gremium autonom und unabhängig entscheidet. Dabei werden auch bereits getroffene Entscheidungen in regelmäßigen Abständen einer erneuten Evaluierung unterzogen. Eine wichtige Grundlage für die Bewertung des GLS-Anlageuniversums erarbeitet zudem die eigene Research-Abteilung der Bank.

Analog zu den Kriterien für Unternehmen ist auch die Aufnahme von Ländern über Staatsanleihen abhängig von der Entsprechung mit den sozialen und ökologischen Kriterien. Positiv werden dabei Länder bewertet, die einen aus der Perspektive der Bank möglichst hohen Standard von sozialer Gerechtigkeit verwirklichen. Hierzu zählt die Bank die Bekämpfung von Korruption, Armut und wirtschaftlicher Ungleichheit sowie die aktive Umsetzung von Asyl- und Bürgerrechten und Umweltschutzstandards. Entsprechend schließen die Negativkriterien jene Länder aus, die als unfrei oder teilweise frei eingeschätzt werden, die Todesstrafe praktizieren, systematisch Menschenrechte verletzen, gegen demokratische und politische Grundrechte verstoßen und/oder den Atomwaffensperrvertrag oder die Genfer Konventionen nicht unterzeichnet haben.

Zentral für die Beteiligung der GLS Bank an globalen Finanzmärkten ist die Ablehnung von Devisenspekulationen oder spekulativen Investitionen in Rohstoffe und Nahrungsmittel. Einzig zulässig ist die Verwendung derivativer Finanzmarktinstrumente aus Gründen der Absicherung.[29] Darüber hinaus ist es der Bank ein Anliegen, Schattenfinanzzentren weder direkt noch indirekt zu unterstützen.

---

29 Vgl. www.gls.de/privatkunden/service-kontakt/suchen-und-finden/fragen-antworten/angebote/ wertpapiergeschaeft/verwendet-der-gls-bank-aktienfonds-auch-derivate.

3.1.5   Organisation, Struktur und Personalpolitik der GLS Bank

Die GLS besteht aus drei organisatorisch voneinander getrennten Bereichen: die Bank, die Treuhand e. V. und die Beteiligungs-AG. Begründet wird dies mit einer je spezifischen Fokussierung auf Aufgaben, die ein nachhaltiges Bankgeschäft verlangen.[30] Während die GLS Gemeinschaftsbank im Bereich Banking tätig ist, konzentriert sich die GLS Treuhand e. V. auf das Schenken, Vererben und Stiften. Demnach versteht sich die Treuhand als Unterstützerin der „Hilfe zur Selbsthilfe" in Entwicklungsländern. Hierzu gehören insbesondere die umstrittenen Mikrokredite. Die Stiftung stellt den Bildungsauftrag, dem sich die GLS verpflichtet fühlt, in den Vordergrund und erarbeitet entsprechend Unterrichts- und Lehrmaterialien mit dem Ziel, eine alternative ökonomische Bildung an Schulen und Hochschulen zu etablieren. Darüber hinaus sieht die Stiftung ihre Aufgabe in der Unterstützung von Bürgernetzwerken und Bürgergenossenschaften, die sich für eine Demokratisierung der Energiewirtschaft und für eine dezentrale, regenerative Energieversorgung einsetzen. Die Erarbeitung von Beiträgen zu einer neuen Geld- und Finanzordnung fand 2014 erstmalig unter dem Titel „Von der Energie- und Geldwende" statt. Die Intention, die hinter dem GLS-Geldgipfel steht, lautet folgendermaßen:

> „Eine Stiftung, die den Namen einer Bank trägt, die einer nachhaltigen Wirtschaft verpflichtet ist, muss – gerade als Bank – an den Grundlagen einer nachhaltigen Geldordnung mitwirken." (GLS Bank 2014, S. 3)

Entsprechend verweist einer der Veranstalter in der Eröffnungsrede des Geldgipfels 2014 auf die große Resonanz, die die Veranstaltung bereits im Vorhinein ausgelöst hätte. Diese Aufmerksamkeit wird als ein Indiz für ein „Wachwerden" gedeutet: Geld sei, so der Eröffnungsredner, ein öffentliches Gut. Weil aber die Geldfrage ebenso eine Frage der Demokratie sei, sehe die GLS die Demokratie durch die vorherrschende Geldordnung gefährdet. Die GLS Bank proklamiert, dass „sich die Geld- und Finanzordnung an den Bedürfnissen der Menschen orientiert und in den Dienst der Realwirtschaft gestellt wird".[31]

Aus den Dokumenten der GLS Bank geht hervor, dass die Entlohnung der Mitarbeiter_innen auf dem Grundsatz der „gerechten Entlohnung" basiert. Es lässt sich feststellen, dass das Gehalt der Mitarbeiter_innen mehrere Gerechtigkeitsprinzipien gleichzeitig institutionalisiert. Den drei Gehaltsbestandteilen Grundeinkommen (2401€/pro Monat), Sozialanteil (Kinder-, Wohnkosten- und Fahrtkostenzuschlag) und Funktionsanteil liegen das Gleichheitsprinzip, das Bedarfsprinzip und das Leistungsprinzip (Qualifikationsanforderungen und Kompetenzen inklusive einer Senioritätsregelung) zugrunde. Eine zentrale Gemeinsamkeit aller untersuchten Geldinstitute besteht darin, dass sie leistungsbezogene Entgeltregelungen ablehnen. Stattdessen zahlen sie das Monatsgehalt am Anfang des Monats aus, was dadurch begründet wird, „dass das Einkommen für das Leben da ist" (GLS Bank

---

30   www.gls.de/privatkunden/ueber-die-gls-bank/organisation.

31   www.gls.de/privatkunden/ueber-die-gls-bank/organisation/gls-bank-stiftung.

2015, S. 58), aber gleichzeitig als Vertrauensvorschuss interpretiert werden kann. Zusätzlich findet das Solidaritätsprinzip Einzug in die Personalpolitik der Bank. Die Mitarbeiter_innen der Bank haben einen Solidaritätsfond eingerichtet, der denjenigen Mitarbeiter_innen Unterstützung bieten soll, die unverschuldet in finanzielle Not geraten sind (ebd., S. 57).

Die Interessenvertretung der Mitarbeiter_innen wird durch eine Art Betriebsrat gewährleistet. Statt eines Betriebsrates gibt es den Vertrauenskreis, dem insgesamt neun Mitarbeiter_innen angehören. Seine Funktion besteht in der Vertretung der Mitarbeiter_innen gegenüber dem Unternehmen und wirkt an Planungen, die Statusgruppe betreffend, mit. Integriert in den Vertrauenskreis ist der Einkommensausschuss, ebenfalls bestehend aus Mitarbeiter_innen, die die Umsetzung fairer Entlohnung beobachten (ebd., S. 58).

3.2   Triodos Bank

3.2.1   Entstehung und Entwicklung der Triodos Bank

Ebenso wie die GLS Bank ist die Triodos Bank[32] eine sozial-ökologische Bank mit Hauptsitz in den Niederlanden. Im Jahre 1968 wurde das anthroposophisch orientierte Geldinstitut durch vier Personen der Wirtschafts- und Finanzwelt, ein Wirtschaftswissenschaftler, ein Professor für Steuerrecht, ein Unternehmensberater und ein Bankkaufmann, in Form einer Arbeitsgruppe ins Leben gerufen. Seit der Gründung der Triodos Stiftung im Jahr 1971 sowie als Triodos Bank (1980) vertritt das Institut die Idee, durch „positive direct investment" Unternehmen, Institutionen und Projekte, die aus ihrer Perspektive kulturelle Werte, Gewinn und Umwelt vereinen, zu fördern.

Zwar lässt sich die Triodos Bank kaum mit den „big playern" der konventionellen Bankinstitute vergleichen, dennoch ist sie unter den alternativen Banken in Deutschland die einzige, die auch international tätig ist. Auch bilanziell gesehen übertrifft die Bank inhaltlich vergleichbare Institute. Dies mag nicht zuletzt dadurch erklärbar sein, dass die Triodos Bank über ein breiter aufgestelltes Angebot an Fonds und Investmentprodukten verfügt. Im Unterschied zur GLS Bank kann die Triodos Bank deshalb nicht als reine Kredit- und Sparbank bezeichnet werden. Bereits seit den 1990er-Jahren legt sie als eines der ersten Finanzinstitute Mikrofinanzfonds in Entwicklungsländern auf[33], entwickelt grüne Fonds und erweitert das Portfolio um den fairen Handel, Kulturfonds[34] und Immobilienfonds[35]. Neben dem Hauptsitz in den Niederlanden unterhält das Institut Niederlassungen in Belgien (Brüssel, 1990er-Jahre), Großbritannien (Bristol, 1990er-Jahre), Spanien (Madrid,

---

32   www.triodos.de/de/privatkunden.

33   www.triodos.de/de/ueber-triodos/wer-wir-sind/geschichte.

34   www.triodos.de/downloads/pressemitteilungen/pm-ft-award-090605.

35   www.triodos.com/en/investment-management.

2004) und Deutschland (Frankfurt am Main, 2009). 2009 erhielt die Triodos Bank zudem den jährlich verliehenen *Sustainable Bank of the Year Award* der Financial Times (FT 4. Juni 2009).

3.2.2 Ökonomisches Wachstum der Triodos Bank

Obwohl der Marktanteil im Vergleich zu konventionellen Banken bei ethischen Banken vergleichsweise gering ausfällt (Klein 2014, S. 6), lässt sich dennoch ein starkes Wachstum dieses Segmentes beobachten. So ist beispielsweise die Triodos Bank seit den Jahren 2007 und 2008 um mehr als das Doppelte gewachsen (Triodos Bank 28.02.2013). Bereits vor der globalen Finanz- und Wirtschaftskrise verzeichnete die Triodos Bank ein ansteigendes Wachstum der Bilanzsummen. In einem Vergleich der in Deutschland tätigen alternativen Banken lässt sich erkennen, dass die Triodos Bank den erfolgreichsten Zuwachs hinsichtlich zentraler Kennzahlen wie den Bilanzsummen verzeichnet. So ist die Bilanzsumme von 2004 um 1 026 Mio. Euro auf 5 291 Mio. im Jahr 2012[36] gestiegen, was einem Wachstum von 30 Prozent entspricht (vgl. Abb. 2). Entsprechend zählt die Bank 50 000 Neukund_innen (Triodos 25.02.2010). Seit 2002 lässt sich darüber hinaus ein durchschnittliches Wachstum von 17,60 Prozent jährlich ermitteln.

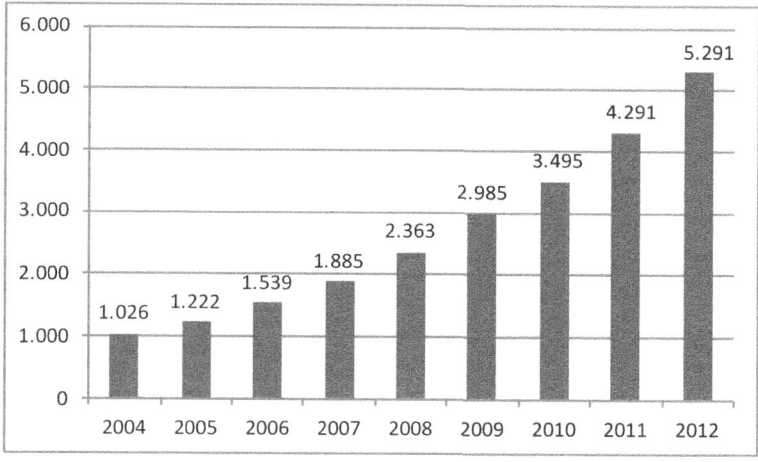

Abb. 2   Bilanzsummen Triodos Bank 2004-2012 in Mio. Euro (eigene Berechnungen)

---

36 blog.triodos.de/2010/09/01/nachhaltigkeitsbanken-auch-in-diesem-jahr-erfolgreich.

3.2.3   Leitbilder, Visionen und Weltbild der Triodos Bank

Ethische Banken wie die Triodos Bank[37] betonen häufig ihre „Krisenfestigkeit" (Winkelmann 2010). Dadurch wird eine Kund_innenklientel angesprochen, die die Sicherheiten konventioneller Institute infrage stellt; darüber hinaus fördert diese Perspektive ein spezifisches Selbstbild ethischer Banken, wonach das Wachstum der nachhaltigen Banken als Beweis für die eigene Legitimität gedeutet wird.

> „Die Finanzkrise hat der Öffentlichkeit die Intransparenz und fehlende gesellschaftliche Verantwortung des Bankensektors sehr deutlich vor Augen geführt. Der Deutsche Nachhaltigkeitskodex hat daher aus unserer Sicht eine wichtige Bedeutung speziell für die deutsche Bankenlandschaft und wir hoffen, dass weitere Banken unserem Beispiel folgen und die Chance nutzen werden, mit Transparenz die Basis für Vertrauen zu schaffen." (Triodos Bank 28.06.2012)

In der Finanzkrise und der öffentlich zunehmenden Kritik sehen ethische Banken wie die Triodos Bank „eine einzigartige Gelegenheit, im Scheitern befindliche Systeme neu zu erfinden und hierbei auf die zunehmende Zahl an Nachhaltigkeitsinitiativen zu bauen" (Triodos 2012). Ein entscheidender Gedanke ethischer Banken verdichtet sich in der Vorstellung, durch das eigene Handeln und das eigene Bankgeschäft einen Beitrag zur Transformation des Bankenwesens zu leisten.

Wie andere ethische Banken in Deutschland definiert sich die Triodos Bank durch ihren starken Bezug zur Nachhaltigkeitsidee, die sie selbst vor dem Hintergrund von Konzepten wie Transparenz, Qualitätssicherung und die Förderung des Unternehmergeists interpretiert. Ihr Ziel ist es, „einen Mehrwert für Mensch, Umwelt und Wirtschaft" zu schaffen. Durch den Anspruch, Geld solle nicht „arbeiten", sondern bewegen, verweist die Bank auf ihr Anliegen, gesellschaftlichen Wandel zu unterstützen.

Dabei distanziert sie sich von gängigen Vorstellungen und Praktiken der weiterhin dominanten Finanzökonomie und konstatiert, dass Werte nicht einfach nur in Zahlen erfasst werden können. Sie überträgt die inter- und intragenerationale Akzentuierung von Nachhaltigkeit auf das Geld, wonach es auch den Kund_innen „um die Menschen und um die Welt gehe, in der wir heute und morgen leben [...]. So genutzt ist Geld ein Weg, um die Gegenwart und die Zukunft positiv zu gestalten."[38]

Im Unterschied zur GLS Bank, die ihre Aufgabe unter anderem darin sieht, die Versorgung der Bedürfnisse nach Bildung und Kultur zu unterstützen, formuliert die Triodos Bank ihr Hauptanliegen als Sicherstellung des Geldtransfers, den sie ebenfalls als „Kernbedürfnis" bezeichnet.[39] Gemeinsam ist der GLS Bank und der Triodos Bank allerdings der

---

37   TRI-ODOS bedeutet „drei Wege" und bezieht sich auf Mensch, Umwelt und Wirtschaft (Triodos o. J.)

38   Vgl. www.triodos.de/de/ueber-triodos/wer-wir-sind/mission.

39   Vgl. www.triodos.de/de/ueber-triodos/wer-wir-sind/mission.

normative Fokus auf die Finanzierung von Unternehmen, Organisationen und Projekten in der Realwirtschaft, die aus ihrer Perspektive zu einem gesellschaftlichen, kulturellen und ökologischen Wandel beitragen. Die Triodos Bank versteht sich als Vermittlerin zwischen Sparern und Investoren, die das gemeinsame Ziel der Schaffung eines nachhaltigen Mehrwerts für Mensch und Umwelt verfolgen. Basierend auf den Konzepten nachhaltigen Bankings soll durch nachhaltige Dienstleistungen, innovative Produkte und Meinungsführerschaft gesellschaftlicher und wirtschaftlicher Wandel positiv beeinflusst werden.

Ein weiterer wichtiger normativer Bezugspunkt stellt der niederländische Bankenkodex dar, der 1.1.2010 in Kraft getreten ist. Dieser ist aus einem im Jahr 2009 vom niederländischen Bankenverband veröffentlichten Bericht zum Thema „Restoring Trust" hervorgegangen. Darin wird das Anliegen formuliert, ein transparenteres und verantwortungsbewussteres Bankenwesen aufzubauen. Gefordert wird eine Form der Corporate Governance, die ihre Geschäftstätigkeit an den Interessen der Kund_innen ausrichtet. Abgesehen von der Praxis, variable Vergütungssysteme zu installieren, verfolgt die Triodos Bank die Empfehlungen und Grundsätze des Kodex. Im September 2014 werden diese Stabilisierungsempfehlungen um Selbstverpflichtungen und Verhaltensempfehlungen erweitert, die aus dem niederländischen Berufseid für den Bankensektor abgeleitet werden. Der niederländische Berufseid lautet folgendermaßen:

> „I declare that I will perform my duties as a banker with integrity and care. I will carefully consider all the interests involved in the bank, i. e. those of the clients, the shareholders, the employees and the society in which the bank operates. I will give paramount importance to the client's interests and inform the client to the best of my ability. I will comply with the laws, regulations and codes of conduct applicable to me as a banker. I will observe secrecy in respect of matters entrusted to me. I will not abuse my banking knowledge. I will act in an open and assessable manner and I know my responsibility towards society. I will endeavour to maintain and promote confidence in the banking sector. In this way, I will uphold the reputation of the banking profession."[40]

Um dem Anspruch gerecht zu werden, den Imageschaden des gesamten Bankenwesens zu beheben und „dafür zu sorgen, dass das Bankgeschäft wieder zu einer angesehenen und geschätzten Tätigkeit wird, die auf einer echten Motivation gründet, Menschen zu dienen", hebt die Triodos Bank (2012) die Bedeutung eines „inneren" Wandels hervor. So konstatiert das Institut einen Wandel der öffentlichen Wahrnehmung des Bankenwesens in Abhängigkeit von der Unternehmenskultur. Dementsprechend schafft die Bank, nach eigenen Aussagen, einen Rahmen für die innere Realisierung von Transparenz, Nachhaltigkeit und Exzellenz. So soll durch attraktive, aber nachhaltige und marktübliche Vergütungsstrukturen die Rekrutierung und Bindung qualifizierter Mitarbeiter_innen gewährleistet werden. Auf Bonifikationssysteme wird hierbei grundsätzlich verzichtet,

---

40 www.nibc.de/investor-relations/niederlaendischer-bankenkodex/moral-and-ethical-con-duct-declaration.html sowie www.nibc.de/investor-relations/niederlaendischer-bankenkodex/bankers-oath.html.

obgleich individuelle Prämienzahlungen möglich sind. Diese können *ex post* als Zeichen der Anerkennung und somit nicht auf Grundlage von Zielvereinbarungen vergeben werden. Außerdem besteht die Möglichkeit, die Gesamtleistung der Mitarbeiter_innen durch eine kollektive jährliche Sondervergütung von max. 500 € pro Person zu honorieren.

3.2.4   Produkte und Auswahlkriterien der Triodos Bank

Zur Umsetzung ihrer normativen Selbstansprüche greift die Triodos Bank ebenso wie die GLS Bank auf Screening-Methoden zurück, die negative Externalitäten des Bankgeschäfts vermeiden sollen. Anhand von Positiv- und Negativkriterien durchlaufen Finanzierungs- entscheidungen ein meist mehrstufiges Auswahlprozedere. Dabei kommen nur jene Kreditanfragen in die nähere Auswahl, die aus den Bereichen der ökologischen Land- wirtschaft, der Bio-Lebensmittel, der Bildung, der Sozialwirtschaft wie Pflege, Betreuung und Gesundheit sowie aus dem Feld der erneuerbaren Energien stammen. Hinsichtlich der Ausschlusskriterien unterscheidet sich das Auswahlverfahren nicht von den Verfah- ren der GLS Bank und anderer ethischer Banken. Auch die Triodos Bank vermeidet die Investition in Unternehmen, die mit der Herstellung von Waffen, Tabak, Tierversuchen, nicht-artgerechter Tierzucht, Verstößen gegen das Arbeitsrecht, Pornografie, Pelzwaren, Glücksspielindustrie und der Herstellung umweltgefährdender Stoffe in Verbindung ge- bracht werden können.[41]

In wesentlich größerem Umfang als die GLS ist die Triodos Bank im Fondsgeschäft tätig. Sie bietet Genussscheine, Genussrechte, geschlossene Fonds, Fair World Fonds wie den Ökoworld und Ökovision Classic an. Diese Produkte werden von der *Stiftung für die Verwaltung der Aktien der Triodos Bank* (Stichting Administratiekantoor Aandelen Triodos Bank, kurz: SAAT) treuhänderisch verwaltet und nicht an der Börse, sondern ausschließlich bankintern gehandelt.[42] Charakteristisch hierfür ist, dass das Stimmrecht pro Inhaber von aktienähnlichen Rechten unabhängig von der Anzahl seiner Rechte auf ein Maximum von 1 000 Stimmen begrenzt ist.[43] Weiterhin werden die Gewinne aus diesen aktienähnlichen Rechten zur Hälfte ausgeschüttet, während die andere Hälfte der Wachstumssicherung und so dem Eigenkapital der Bank zufließt.[44]

---

41   Vgl. ebd., Rubrik Kreditansatz.

42   Vgl. ebd., Rubrik Organisation.

43   Ebd.

44   Die Triodos Bank unterhält durch das Triodos Investment Management als hundertprozentige Tochter auch SRI-Fonds und investiert somit gezielt in börsennotierte Unternehmen und Staaten. Laut Selbstaussage der Bank leiste das Fondsgeschäft – sofern es unabhängig vom Kerngeschäft der Bank sei – einen wichtigen Beitrag zur Schaffung einer Gesellschaft, die die Lebensqualität der Menschen erhöht und ihre Würde in den Mittelpunkt stellt. Auch hinsichtlich der Anlage- und Auswahlkriterien für SRI-Fonds orientiert sich die Triodos Bank an strengen Richtlinien. Ähnlich den Auswahlkriterien für die Kreditvergabe basiert die Aufnahme von Aktien in den SRI-Fonds auf einem Dreistufenmodell. Vgl. www.triodos.com/en/investment-management.

Auch im Bereich der Girokonten strebt die Bank die Unterstützung der Nachhaltig-keitsidee an. So bot sie 2010 in Zusammenarbeit mit der *Grünkauf AG* die Kreditkarte *GrünCardPlus* an, die durch eine Kombination aus normaler Kreditkarte und der Mög-lichkeit des Punktesammelns Spendenmöglichkeiten eröffnen soll. Dadurch strebt die Bank die Förderung eines nachhaltigeren Konsums und der Unterstützung sozialer und ökologischer Projekte durch die Kund_innen selbst an (Triodos Bank 01.12.2010). Hier deutet sich bereits ein zentrales Anliegen ethischer Banken an.

Über die Auswahlprozesse und die Finanzierung hinaus beanspruchen ethische Banken, auf die Unternehmen einzuwirken, indem sie beispielsweise Anregungen zur Verbesserung der Nachhaltigkeit geben. Dieses Engagement gilt nicht nur im Bereich der Realwirtschaft, sondern auch für börsennotierte Unternehmen. Als aktive Shareholder zielen sie auf eine Sensibilisierung von Nachhaltigkeitsthemen und werden ihrem Mandat als Triodos Bank gerecht, indem sie für die Rechte der Anteilseigner_innen durch Abstimmungen, Rede-beiträge und Anteilseigner_innenbeschlüsse eintreten.

3.3 UmweltBank AG

3.3.1 Entstehung und Entwicklung der UmweltBank

Die UmweltBank AG wurde 1994 von Horst P. Popp gegründet und startete 1997 den Geschäftsbetrieb mit der Eintragung in das Handelsregister als Direktbank. In der ersten Ausgabe des Kund_innenmagazins *Bank & Umwelt* (1995) wird die Bank als umweltfreund-liche Alternative zu allen bisherigen Banken in Deutschland eingeführt. Die Gründung der UmweltBank ist sowohl auf den boomenden Umweltmarkt als auch auf den damals enorm expandierenden Bankenmarkt zurückzuführen:

> „Die entstehende UmweltBank schließt die hier klaffende Marktlücke." (Bank &Umwelt 1995)

Popp, der zuvor bei der Ökobank[45] tätig war, sah laut eigener Aussage aufgrund der Tat-sache, dass auch fünf Jahre nach der Gründung der Ökobank „Fundis und Realos nicht grün" waren, keine andere Möglichkeit, als selbst eine professionelle ökologische Bank für Deutschland zu gründen (Bank &Umwelt 1995).

Unter dem Motto „Sicher. Rentabel. Direkt." operiert die UmweltBank auch heute noch als eine „Mischung aus Ökobank und Deutscher Bank"; man wolle „das Ökologische der Ökobank und die Professionalität der Deutschen Bank in einem Institut vereinen" (Bank &

---

45 Unter dem Motto „Nehmt den Banken das Geld weg" verfolgte die Ökobank, gerahmt durch die Umweltbewegung der 1980er-Jahre, das Ziel, Betriebe und Projekte auf dem Gebiet der Selbstverwaltung, des Genossenschaftswesens, der Ökologie und des Friedens zu fördern. Anfang 2002 wurde die Ökobank durch die GLS Bank übernommen.

Umwelt 1995). Auch im Logo der UmweltBank, das grüne Quadrate mit einer Blatt-Form kombiniert, drückt sich diese zweifache Orientierung symbolisch aus: einerseits Ökologie, andererseits Solidität und Wertbeständigkeit (Bank & Umwelt 2007). Als Symbol der Unternehmensphilosophie wurde in der ersten Ausgabe von *Bank & Umwelt* der „Green Pen" vorgestellt. Als täglicher Gebrauchsgegenstand soll er die Philosophie der UmweltBank auf materieller und gesellschaftspolitischer Ebene repräsentieren (Bank & Umwelt 1995). Im Jahr 2009 erhielt die UmweltBank den Nachhaltigkeitspreis *Grüner Bulle* vom Axel Springer Verlag. Die Bank beschreibt sich selbst ausgehend von dieser Auszeichnung als „etwas Seltenes" sowie ausgestattet mit einem „einzigartigen Konzept" (Bank & Umwelt 2009).

Das Kreditinstitut vergibt ausschließlich Darlehen an ethisch-ökologische Projekte. Bereits ein Jahr nach der Gründung (1995) mündeten Idee und Konzept von Horst P. Popp in der Emission der ersten grünen Bankaktien. 1996 zeichneten neben 14 Gründungsgesellschaften 733 Gesellschafter_innen stille Beteiligungen in Höhe von 6,4 Millionen Euro und 3 302 private Aktionär_innen ein Aktienkapital von 19,4 Millionen Euro. Obwohl grüne Aktien laut Aussage der UmweltBank wenig etabliert waren, konnten die „Gründungsgesellschafter mit Mut und unternehmerischem Weitblick gemeinsam etwas erreich[en], was in Deutschland keineswegs an der Tagesordnung ist: Die Gründung einer Bank, die sich erfolgreich für eine lebenswerte Umwelt und die ökologische Zukunft unserer Kinder einsetzt."[46] 1997 erhielt die UmweltBank schließlich die Vollbanklizenz und konnte mit 35 Mitarbeiter_innen in das Bankgeschäft einsteigen. Mit Erreichen der ersten Gewinnschwelle schüttete die UmweltBank 1998 erste Dividenden für die Aktionär_innen aus. 2001 startete sie schließlich im Freiverkehr der Frankfurter Börse (heute „Open Market"). In den Jahren 2005 und 2006 fand eine Kapitalerhöhung und Auflösung der ursprünglichen stillen Beteiligungen statt. 2012 zählte die UmweltBank 95 000 Kund_innen und über 15 675 finanzierte Umweltprojekte mit einer Bilanzsumme von 2,2 Mrd. Euro (UmweltBank 14.08.2012).

Die UmweltBank formuliert, ähnlich wie andere ethische Banken, ihre Ziele dahingehend, integrative Projekte zu fördern und Verbände und Initiativen zu unterstützen und zu beraten. Besonders im Gründungsjahr lassen sich Visionen und Ziele der neuen Bank gut erkennen. So stellte beispielsweise Prof. Frederic Vester (Professor für Biokybernetik und angewandte Ökonomie sowie Gründungsmitglied des Bundes für Umwelt und Naturschutz Deutschland e. V., kurz: BUND) während der Gründungsfeier einen Demokratisierungseffekt durch die Verbindung von Ökonomie und Ökologie fest. Das Konzept der UmweltBank ermögliche ein direktes Einwirken auf die Wirtschaft und erhalte darüber hinaus Zuspruch von Seiten der Gesellschaft:

> „Ich glaube und hoffe daher, daß Sie mit der UmweltBank ein neues Dienstleistungsunternehmen schaffen, dessen Firmenleitbild mit der alten Institution Bank nicht mehr viel gemein hat. Ein Unternehmen, das bei allem Blick auf profitables Wirtschaften die gesellschaftliche Verantwortung nicht aus den Augen verliert und gerade dadurch seine Möglichkeiten erkennt,

---

46 www.umweltbank.de/umweltbank/index_geschichte.html.

steuernd auf das wirtschaftliche Geschehen einzuwirken. Und das wird auch zunehmend von der Gesellschaft honoriert." (Bank & Umwelt 1995)

Auch Clemens Stroetmann, Staatsminister a. D. des Umweltbundesministeriums, sieht die Aufgabe und Funktion der UmweltBank vor allem darin, Emissionen durch die Ausgabe derselben zu bekämpfen, das heißt dem „zunehmenden Bedarf nach Umweltschutzgütern [mit einem zunehmenden] Bedarf an Finanzmitteln und Finanzierungsmöglichkeiten" entgegenzutreten und damit eine Marktlücke zu schließen. Ähnlich beschreibt auch Jochen Flasbarth (Naturschutzbund Deutschland, kurz: NABU) die Aufgabe der Bank dahingehend, einen Nutzen für Natur und Umwelt, aber auch Anleger_innen, Geschäfts- partner_innen und Kund_innen zu generieren: „Die UmweltBank wird als spezialisierte Bank die Aufgabe des Katalysators für den Transfer ökologischer sowie technologischer Kenntnisse in den Wirtschaftsprozess besonders gut wahrnehmen können" (Bank&Umwelt 1995). Auch im Jahr 2009 beschreibt Firmengründer und Vorstandsvorsitzender Popp seine Vision dahingehend, die „Welt dem Paradies ein Stück näher" (Zerbel 2009) zu bringen.

Interessanterweise lassen sich in den Berichten der UmweltBank – vor allem die Grün- dungsjahre betreffend – immer wieder kritische Kommentare in Bezug auf andere alterna- tive Banken finden. So heißt es beispielsweise in einer Pressemitteilung zum Börsengang:

„Unbeeindruckt von den Turbulenzen auf dem Parkett will der Gründer und Vorstandsvor- sitzende Horst P. Popp die junge Bank an die Börse bringen. Denn Ökologie liegt im Trend und das Unternehmen entwickelt sich dynamischer als vorhergesehen. Im Gegensatz zu der älteren Ökobank und der bereits 1974 gegründeten GLS-Bank, die beide genossenschaftlich organisiert sind, bietet die UmweltBank auf Grund ihres Unternehmenskonzepts gute Ren- diten an." (UmweltBank Pressebericht 21.12.2001)

Eine weitere Grenzziehung zu anderen alternativen Banken signalisiert Popp in einer Pressemitteilung vom 4. Juli 2001 insofern, als dass die UmweltBank „aufgrund ihrer kon- sequent ethisch-ökologischen Ausrichtung die ideale Alternative für Ökobank-Kunden" (UmweltBank Pressebericht 21.12.2001) darstelle. Es wird deutlich, dass die UmweltBank seit Beginn mit Professionalität und Rentabilität statt wertbasierten Ideen wirbt.

3.3.2 Unternehmensleitbild, Werte und Selbstverständnis der UmweltBank

Während das Leitbild und die Unternehmensphilosophie der GLS Bank vor allem auf Mensch und Natur, die der EthikBank am ehesten auf (gesellschafts-)politische Fragen und die der Triodos Bank auf die Förderung von Vielfalt und unternehmerischem Denken sowie Handeln bezogen sind, umfasst das Leitbild der UmweltBank ausschließlich die Fi- nanzierung und Förderung ökologisch-nachhaltiger Entwicklungen. Die Adressatin ihres Handelns ist die Umwelt und deren Schutz. Die auf der Webseite der Bank dargestellten Grundprinzipien beziehen sich auf moralische Verantwortung, Aufrichtigkeit, Respekt sowie Bestimmtheit der Geschäftsführung, Kontrolle des satzungsmäßigen Handelns durch Umweltrat, Aufsichtsrat und gesetzliche Wirtschaftsprüfer sowie Nachhaltigkeit, verstanden als Strategie und Trend der Zukunft. Die UmweltBank fordert zudem die Ersetzung der Wegwerf-Gesellschaft, die auf kurzfristigem Gewinn beruht (UmweltBank 2012, S. 33).

In den Selbstdarstellungen der Bank zur Unternehmensphilosophie und zu den Unternehmenszielen wird zudem immer wieder betont, dass die UmweltBank als einzige Bank den Umweltschutz schon in der Satzung verankert hat und ihr Unternehmensziel in jeder Hinsicht darauf bezieht. „Das ist nicht nur für unsere Kunden, sondern auch für unsere Mitarbeiterinnen und Mitarbeiter Motivation, zur UmweltBank zu kommen" (Bank & Umwelt 2002). Nachhaltigkeit als oberstes Ziel der Unternehmenspraxis solle dazu führen, dass der Trend zu einer auf kurzfristigem Gewinn basierenden Wegwerf-Gesellschaft angehalten werde. Die UmweltBank strebt demnach ein zu 100 Prozent ökologisch und nachhaltig gestaltetes Angebot an:

> „Die UmweltBank setzt sich für den Erhalt unserer natürlichen Lebensgrundlagen, insbesondere für klares Wasser, reine Luft und eine gesunde Umwelt ein. Die UmweltBank verwirklicht Ideen, die allen zugutekommen. Sie unterstützt die ökologische Entwicklung unserer Gesellschaft und fördert integrative und vorbeugende Maßnahmen des Umweltschutzes. […] Die UmweltBank engagiert sich darüber hinaus für weitere Maßnahmen des Umwelt- und Naturschutzes sowie für umwelt- und sozialverträgliche Vorhaben." (UmweltBank 2013, S. 6)

Aufgabe und Anspruch der UmweltBank sei es also, den „Erhalt unserer natürlichen Lebensgrundlagen, insbesondere klares Wasser, reine Luft und eine gesunde Umwelt" (ebd.), zu fördern. Die Strategie der UmweltBank bezieht sich dementsprechend auf die Verbindung eines professionellen und erfolgreichen Bankgeschäfts mit ökologischer und sozialer Verantwortung. Zur Durchsetzung des Unternehmensziels hinsichtlich nachhaltigen Wirtschaftens und der dadurch angestrebten Erhaltung der Umwelt orientiert sich die UmweltBank laut ihrer Selbstdarstellung an vier Prinzipien. Diese beziehen sich erstens auf die generelle Erreichbarkeit und Transparenz. Darunter versteht die UmweltBank vor allem die Gewährleistung unabhängiger und kompetenter Beratung, um Ökologie mit Rentabilität, Liquidität und Sicherheit zu kombinieren. Zweitens verspricht die UmweltBank ihren Kund_innen unter dem Motto „doppelte Rendite statt Zinsverzicht" einen zweifachen Profit (finanziell und moralisch), da sich die Kund_innen für den Erhalt der natürlichen Lebensgrundlagen einsetzen. Drittens garantiert die Bank einen hohen Sicherheitsstandard durch die hohe Eigenkapitalausstattung. Die Unabhängigkeit der Bank wiederum würde dadurch garantiert, dass ihre Aktien im Freiverkehr und zudem zu 83 Prozent im Streubesitz von Kund_innen der UmweltBank sowie der UmweltBank selbst seien.[47]

Das Verhältnis von Ethik und Rentabilität scheint für die UmweltBank wenig spannungsreich zu sein. In der Ausgabe *Bank & Umwelt* des Jahres 2002 welche sich unter dem Titelthema „Ethik als Schlüssel zum Erfolg" dezidiert dieser Thematik widmet,

---

47   www.umweltbank.de/umweltbank/unternehmensphilosophie.html.

identifiziert Bankvorstand Horst P. Popp Ethik als Grundvoraussetzung für erfolgreiches wirtschaftliches Handeln und als Basis jeglichen Unternehmertums. „Diejenigen, die keine Verantwortung für Mitarbeiter, Kunden, Lieferanten oder auch die Umwelt übernehmen, werden über kurz oder lang Schiffbruch erleiden" (ebd.). Ethisches Handeln wird dargestellt als etwas, das sich ökonomisch rechnet, und das dazu beiträgt, sich im Kampf um Mitarbeiter_innen zu profilieren. In Anlehnung an Slogans konventioneller Banken konstatiert die UmweltBank sogar:

> „Unsere Kunden können darauf vertrauen: Bei keiner anderen Bank kann man sein Geld so konsequent umweltfreundlich arbeiten lassen wie bei der UmweltBank."[48]

Im Unterschied zu beispielsweise der GLS Bank erscheint das Verhältnis der UmweltBank zur Rendite weniger problematisch. Vielmehr konstatiert sie eine Übereinstimmung zwischen ökologisch-nachhaltigen Vorstellungen und Geldanlage. Rendite wird bei der UmweltBank nicht abgelehnt; sie begreift sich als „Förderbank [, die] im Umweltbereich ökologische Geldanlagen mit guter Rendite anbietet" (UmweltBank 2013, S. 6). Mit Schlagworten wie „Beliebtheit" und „konstante Dividende", nachhaltiger Strategie und Auszeichnungen wirbt die UmweltBank um die Gunst potenzieller Kund_innen und Anleger_innen, die wissen wollen, „was ihr Geld macht. Bei uns arbeitet es rentabel für einen guten Zweck" (Bank & Umwelt 2009).

In der Ausgabe *Bank & Umwelt* aus dem Jahr 2002 bekundet die Theologin Margot Käßmann, die zu diesem Zeitpunkt Bischöfin der Landeskirche Hannover gewesen ist, im Gespräch mit Vorstand Popp ihr Unbehagen gegenüber konventionellen Geldanlagen: „[I]ch bin ja dankbar für Alternativen. Das gilt wohl für viele Christen, die Unbehagen haben, wenn sie Geld anlegen wollen." An dieser Stelle wird die Übereinstimmung zwischen rentabler und ökologischer Geldanlage um eine Orientierung an christlichen Werten erweitert. Unter dem Motto „Erst Moral, dann Rendite" – allerdings unter der Bedingung, dass Rentabilität und Sicherheit stimmen – betont Horst H. Popp im Gespräch mit Käßmann weiter, dass auch der „Aktienkauf [...] unter dem Aspekt der Nachhaltigkeit gesehen werden" (Bank & Umwelt 2002) könne. Diese Argumentation bezieht sich vor allem darauf, dass man als Aktionär_innen imstande sei, nachhaltige Entwicklung zu fördern, indem man sich an Projekten beteiligt, die sowohl gewinnbringend als auch „sinnvoll" seien.

Auch die Zinsvergabe wird in Zusammenhang mit christlichen Werten gebracht. Obwohl Zinsnehmen der christlichen Lehre zuwiderlaufe, könne es dennoch aus der Not heraus begründet werden: Wenn ein Mensch Geld leihen wolle oder müsse, gestehe Luther ein „Notwücherlein" von vier bis sieben Prozent zu. Das Problem sei weniger das Geld an sich, sondern vielmehr der Umgang damit, denn „[d]as biblische Zinsverbot beruht auf dem Gebot, die Armen zu schützen". Ähnlich argumentiert auch Popp, wenn er den Zins als „Preis, quasi [als] ‚Leihgebühr', die der Kreditnehmer für die vorübergehende Überlassung eines Geldbetrags bezahlt", beschreibt. „Natürlich sollte der Kredit auf die

---

48 www.umweltbank.de/umweltbank/default.html.

Möglichkeiten und Bedürfnisse der Kund_innn zugeschnitten sein. Das setzt kompetente und verantwortungsvolle Beratung auf Seiten der Bank voraus" (vgl. ebd., S. 2f.) In diesem Zusammenhang wiederholt Popp noch einmal die Motivation zur Gründung der Umwelt-Bank. Es sei den Gründern darum gegangen, eine Rendite mit Moral zu generieren sowie eine Alternative zur Hausbank zu bieten. Was bedeutet nun „Rendite mit Moral"? Die UmweltBank antwortet darauf: gute Sparzinsen und die Garantie, dass alles in umwelt- und sozialverträgliche Projekte fließt. Die Verantwortung der Zweckverwendung des moralisch erwirtschafteten Gewinns läge dann bei jedem Einzelnen: „[E]r kann sie immer noch an Greenpeace oder Brot für die Welt spenden" (Bank & Umwelt 2002).

3.3.3   Gesellschaftliche Verantwortung aus der Perspektive der UmweltBank

Auf den Internetseiten der UmweltBank findet sich eine gesonderte Thematisierung gesellschaftlicher Verantwortung. Unter gesellschaftlicher Verantwortung versteht die Bank nicht nur die „gelebte Nachhaltigkeit des Unternehmens selbst", zum Beispiel in Form von Spenden an Umweltprojekte beim Neukund_innenerwerb. Laut Selbstdarstellung geht es der UmweltBank vor allem darum, effizientes Wirtschaften mit zukunftsorientiertem, ökologischem Denken zu verbinden.[49] Dies betrifft nicht nur den Bezug von Betriebsmitteln von ausschließlich ökologisch ausgerichteten Lieferanten,[50] sondern auch Mitgliedschaften der Bank in Interessensgemeinschaften und Verbänden zum Schutz der Umwelt[51] und Aktionen wie „Banker on Bike", bei denen Umwelt- und Sozialprojekte durch das Engagement der Mitarbeiter_innen unterstützt werden können:[52]

> „Die UmweltBank zahlt das höchste und sinnvollste Kilometergeld in ganz Deutschland: Jeder geradelte Kilometer auf dem Weg zur Arbeit und zurück wird von der grünen Bank mit zwei Euro vergütet." (Bank & Umwelt 2008)

Es handelt sich dabei um einen firmeninternen Wettbewerb, bei dem pro zurückgelegten Kilometer ein Euro in ein von der jeweiligen Mitarbeiterin oder dem jeweiligen Mitarbeiter frei gewähltes Projekt investiert wird. Des Weiteren soll der Ausbau regenerativer Energien gefördert werden; die Bank beschreibt sich als aktive Förderin und Unterstützerin der Energiewende. Schlussendlich schlägt sich das Prinzip gesellschaftliche Verantwortung der UmweltBank auch in der ökologischen Ausrichtung des Geschäftsbetriebes nieder, wonach sie bemüht ist, entlang aller Abläufe Ressourcen zu schonen und umweltfreundliche Alternativen einzusetzen.

---

49   www.umweltbank.de/umweltbank/index_neukunden.html.
50   www.umweltbank.de/umweltbank/index_lieferanten.html.
51   www.umweltbank.de/umweltbank/gesellschaftliche_verantwortung.html.
52   www.umweltbank.de/umweltbank/index_bankeronbike.html.

Insgesamt strebt die UmweltBank eine intensive Auseinandersetzung mit ihren Anspruchsgruppen, das heißt Aktionär_innen, Geschäftspartner_innen, Kund_innen, Mit-
arbeiter_innen, Initiativen, Verbänden und öffentlichen Institutionen, an. Die Corporate
Governance-Erklärung bezieht sich auf national und international anerkannte Standards
fairer und verantwortungsvoller Unternehmensführung, die das Vertrauen von Kund_innen,
Anleger_innen, Mitarbeiter_innn und Öffentlichkeit sichern sollen (UmweltBank 2012,
S. 68 ff.). Ähnlich wie andere ethische Banken misst die UmweltBank der Transparenz[53],
vor allem der Kund_inneninformation, eine große Bedeutung bei. Die Kommunikation
mit der Öffentlichkeit umfasst bei der UmweltBank mehrere Kanäle (Informationen für
Aktionär_innen, Kund_innen und Interessierte im Internet, regelmäßige Berichterstattung,
Teilnahme an Messen, Kund_innenmagazin).[54] Das Kund_innenmagazin *Bank & Umwelt*
informiert sowohl über gesellschaftspolitische Themen als auch Finanzierungsprojekte der
Bank. Darüber hinaus übernimmt das Magazin eine Berater_innenfunktion hinsichtlich
der Geldanlage. Diese bezieht sich zum Beispiel auf die Riester-Rente, die Abgeltungs-
steuer – das heißt vor allem die Frage danach, wie diese zu sparen ist – sowie attraktive
Zinsangebote und zu erwartende Kursgewinne und sehr detailreiche Anlageberatung.

3.3.4 Das Menschen- und Mitarbeiter_innenbild der UmweltBank

Die Mitarbeiter_innen- und Unternehmenspolitik der UmweltBank schreibt der Mitver-
antwortung jeder einzelnen Mitarbeiterin und jedes einzelnen Mitarbeiters eine besondere
Bedeutung zu. „Lean Management" als grundlegende Verfahrensweise im Wertschöpfungsprozess soll Eigeninitiative und Motivation generieren. „Umweltschutz als ehrliches
Anliegen" lautet eine der Voraussetzungen, die Mitarbeiter_innen der UmweltBank mit-
bringen müssen. Sie sollen „auf dem Gebiet der ethisch-ökologischen Geldanlagen und der
professionellen Finanzierung von Umweltprojekten"[55] engagiert sein, vor allem deshalb,
weil die UmweltBank weltanschaulich ungebunden ist. Interessant erscheint allerdings in
diesem Zusammenhang, dass Personen unterschiedlicher Weltanschauungen gleichsam
als Repräsentant_innen und Unterstützer_innen der UmweltBank auftreten. Dies kann

---

53 Vgl. www.test.de/Gruene-Geldanlage-Umweltbank-korrigiert-sich-4330349-4330354, laut
Öko-Test veröffentlicht die UmweltBank zwar Informationen über soziale und ökologische
Projekte und Wertpapiere (Anlagekriterien und Portfolio der Eigenanlagen), jedoch werden bei
Öko-Krediten lediglich die Gesamtsummen je Verwendungszweck angegeben. Auch machte
im Jahr 2010 ein Windpark-Skandal Schlagzeilen. Der UmweltBank wurde vorgeworfen, nicht
angemessen über die Risiken der Windparkfonds informiert und falsche Risikoeinschätzungen
abgegeben zu haben. Die Kritik an falschen Informationen bezog sich vor allem auf geschlossene
Umweltfonds als Altersvorsorge und die Aussage, dass ein Totalverlust wenig wahrscheinlich
sei.

54 www.umweltbank.de/umweltbank/kommunikation.html.

55 www.umweltbank.de/umweltbank/index_mitarbeiterphilosophie.html.

als Indiz dafür gedeutet werden, dass Umweltschutz und konfessionelle Orientierungen in zentralen Werten wie dem der nachhaltigen Bankwirtschaft übereinstimmen.

Eine als geteilt beschriebene Motivation ist das Streben nach dem „gemeinsamen Erfolg".[56] Mitarbeiter_innen werden dazu angehalten, „über den Tellerrand hinaus [zu] blicken, Eigeninitiative [zu] zeigen und Verantwortung [zu] übernehmen".[57] Dieses Engagement bezieht sich vor allem auf die professionelle Beratung der Kund_innen. Die UmweltBank betont, dass die Kundin oder der Kunde im Mittelpunkt jedes Beratungsprozesses stünde, weshalb jegliche Zielvorgaben fehlten. Stattdessen werden Mitarbeiter_innenbeteiligung, das Job-Ticket, die BahnCard50 sowie Weiter- und Fortbildungsangebote als funktionale Äquivalente zu monetären Anreizsystemen verstanden. Hinsichtlich der Mitarbeiter_innenbeteiligung gibt die UmweltBank an, dass:

> „erstmals im Rahmen der Kapitalerhöhung im Jahr 2001 und zuletzt im Januar 2012 alle Mitarbeiter die Möglichkeit hatten, über ein Beteiligungsmodell Aktien zu erwerben. [...] Mit diesem Modell fördert die UmweltBank die Vermögensbildung der Mitarbeiter und stärkt die Verbundenheit mit dem Arbeitgeber."[58]

An dieser Stelle wird deutlich, inwiefern der UmweltBank an der Identifikation und Zustimmung durch die Mitarbeiter_innen gelegen ist. So bietet die Bank beispielsweise Freizeitaktivitäten an, über die im bankeigenen Magazin berichtet wird. Eine Mitarbeiterin erwähnt die kollegiale Atmosphäre innerhalb ihrer Abteilung und gelegentliche Treffen fernab der (Erwerbs-)Arbeit: „Meine Abteilung trifft sich ab und zu am Wochenende, um gemeinsame Ausflüge zu unternehmen" (Bank & Umwelt 2009, S. 5). In einer Pressemitteilung des Jahres 2012, welche ein erfolgreiches Geschäftsjahr präsentiert, wird indes unter der Überschrift „Erfolg und Zukunft" der Dank an „engagierte[e] Mitarbeiter, schlanke Strukturen und effiziente Prozesse" (UmweltBank Pressebericht 01.02.05) gerichtet. Auch an dieser Stelle werden die Bedeutung und vor allem das Selbstorganisationspotenzial der Mitarbeiter_innen evident. Zukünftiger Erfolg basiere laut dieser Aussage auf Engagement und Effizienz.

Als logische Konsequenz aus der nachhaltigen Orientierung sieht die UmweltBank auch ihre Aufgabe in der Familienförderung. Deshalb werden Teilzeitmodelle zur Vereinbarung von Beruf und Familie angeboten. Im Kunden_innenmagazin der Bank finden sich zahlreiche positive Stellungnahmen sowohl zum kollegialen Zusammenhalt innerhalb der Bank als auch zu verschiedenen familienpolitischen Komponenten:

> „Die Unterstützung der Bank und der Kollegen macht es Mitarbeitern mit Kindern einfacher, Arbeit und Familie gut zu meistern." (Bank & Umwelt 2009)

---

56   Ebd.
57   Ebd.
58   Ebd.

Auffällig ist, dass unter der Rubrik „Unsere Mitarbeiter" des Kunden_innenmagazins *Bank & Umwelt* nicht nur berufliche Interessen und Motivationen der Mitarbeiter_innen dargestellt werden, sondern auch private Interessen. Während ein Mitarbeiter es als beruflich „angenehm" empfindet, umfassend und zur Zufriedenheit der Kund_innen beraten zu können, wird auf der privaten Seite betont, dass er „als naturverbundener Banker gerne mit dem Rad oder in den Bergen unterwegs ist [und] Verantwortung für Kinder und Jugendliche seines Sportvereins" (Bank & Umwelt 2009, S. 7) übernehme.

Unter den Grundprinzipien der Mitarbeiter_innenvergütung finden sich dementsprechend neben den Regelungen zur Familienförderung, zu Arbeitszeiten, betrieblichen Vergünstigungen, Leistungsboni beziehungsweise variablen Vergütungssystemen und innerbetrieblichen Sport- und Gesundheitsangeboten auch die Punkte berufliche Entwicklung und Förderung der Unternehmenskultur durch Schulungen, Betriebsausflüge, Betriebsklima und Kommunikation (UmweltBank 2012, S. 64). Die Personalstrategie der UmweltBank orientiert sich laut Offenlegungsbericht 2012 an den moralischen Grundsätzen der Geschäftsführung: Verantwortung, Aufrichtigkeit, Respekt sowie Bestimmtheit. Die UmweltBank als relativ junges und zugleich stetig wachsendes Unternehmen sei zunächst bestrebt, geeignete Mitarbeiter_innen für den weiteren Aus- und Aufbau zu gewinnen, aber auch die vorhandenen Mitarbeiter_innentalente so zu entwickeln und zu motivieren, dass sie langfristig an das Unternehmen gebunden werden können. In Anlehnung an die Mitarbeiter_innenphilosophie sollen die idealen Mitarbeiter_innen sich als Unternehmer_innen im Unternehmen selbst einbringen und so denken und handeln, dass schließlich Eigenverantwortung, Engagement und angemessene Risikobereitschaft jeden Tag im Einklang stehen (UmweltBank 2012, S. 33).

Es wird deutlich, dass die UmweltBank im Rahmen ihrer Mitarbeiterpolitik ebenso wie die Triodos Bank der Kompetenz und Professionalität eine hohe Bedeutung beimisst, weshalb sie besonders in die Erhöhung des Qualifikationsniveaus vor allem hinsichtlich der Qualität der Beratung investiert. Angeführte Mechanismen, die die Einbeziehung und Akzeptanz der Mitarbeiter_innen als Mitunternehmer_innen generieren sollen, beziehen sich dann auf Wissen und Expertise der Mitarbeiter_innen als „Spezialisten auf dem Gebiet der ökologischen Geldanlagen und der professionellen Finanzierung von Umweltprojekten" (ebd., S. 62).

Durch kontinuierliche Schulungen gewährleistet die UmweltBank ein professionelles Bankmanagement und versorgt ihre Mitarbeiter_innen mit Fachwissen in Umweltfragen. Professionalität wird als Voraussetzung ökologischen Bankings kontinuierlich betont:

> „Wir UmweltBanker sind Spezialisten auf dem Gebiet der professionellen Finanzierung von Umweltprojekten, denn das ist unser Tagesgeschäft." (Bank & Umwelt 2009, S. 5)

3.3.5 Kreditvergabe und Anlagekriterien der UmweltBank

Dem Pressebericht der UmweltBank vom 4. Februar 2014 ist zu entnehmen, dass das Geschäftsvolumen der Bank 2013 auf über 2,7 Mrd. Euro gestiegen ist, womit ein Anstieg des Jahresüberschusses von 11,7 Prozent auf 13,4 Mio. Euro einherging. Die Bilanzsumme hat sich im Jahr 2013 um 7,7 Prozent auf 2,51 Mrd. Euro erhöht. Insgesamt stiegen die Kund_inneneinlagen 2013 um 10,6 Prozent auf 47,7 Mrd. Euro. Das Verhältnis Kund_inneneinlagen/Kreditvolumen, das als „Umweltgarantiedeckungsgrad" bezeichnet wird, liegt bei 112 Prozent. Das Kreditportfolio der UmweltBank bestimmt sich laut eigener Aussage anhand von Positiv- und Negativkriterien (UmweltBank 2013: 6 f.). Es setzt sich aus Solarkrediten (größter Anteil mit 43,3 Prozent an Umweltkrediten), ökologischer Baufinanzierung (30,6 Prozent), Wind- und Wasserkraftprojekten (21,4 Prozent), Biomasseprojekten und ökologischer Landwirtschaft (4,7 Prozent des Gesamtvolumens) zusammen. Somit liegt der Anteil der vergebenen Kredite am gesamten Geschäftsvolumen 2013 bei 77,6 Prozent. Insgesamt wurden über 15 000 Kreditprojekte finanziert und rund 118 000 Mangroven im Rahmen des Neukund_innenprojekts gepflanzt. Das Ziel der UmweltBank sei, auch 2014 „mit Förderkrediten tatkräftig die Energiewende zu unterstützen und [ihren] Kunden zu helfen, den Traum vom bezahlbaren ökologischen Wohneigentum zu verwirklichen", erklärt der Vorstandsvorsitzende Horst P. Popp (UmweltBank 2001). Insgesamt differenziert die UmweltBank ihren Geschäftserfolg nach ökonomischen und ökologischen Kennzahlen und Größen. Ausgewiesen werden vor allem die Reduzierung des Kohlendioxid-Ausstoßes bei finanzierten Projekten sowie Einsparungen bei Strom, Wasser und Papierverbrauch im eigenen Betrieb.

Die konkrete Kreditvergabepraxis erfolgt laut Aussage der Bank ausgehend von einer doppelten Projektprüfung und einem ökologischen Rating. Nach Angaben der Bank lassen sich finanzierte Projekte nach verschiedenen Stufen kategorisieren, von „ökologisch sehr fördernd" bis „ökologisch schädlich" (UmweltBank 2013, S. 6). Allerdings geht aus den Angaben der Bank nicht hervor, welche Kriterien letztendlich ausschlaggebend für die Zuordnung der Projekte und Unternehmen sind.

Die Einhaltung und Kontrolle der Anlagekriterien der UmweltBank beziehungsweise der „Umweltgarantie" wird durch ein unabhängiges Gremium, den Umweltrat, gewährleistet. Grundlage sind die ethisch-ökologischen Vorgaben bei der Kreditvergabe, die von UmweltBank und Umweltrat gemeinsam erarbeitet wurden. Als „ökologisches Pendant zum Aufsichtsrat" (Bank & Umwelt 2010) ist es die Aufgabe des Umweltrates, die Bank bei der Einhaltung ihres „einmalige[n] Versprechen[s]: [der] Umweltgarantie"[59] zu unterstützen. Er firmiert dabei als

> „Garant dafür, dass die gesamte Geschäftstätigkeit der Bank konsequent den eigenen strengen, ökologischen Kriterien folgt und die Umweltgarantie eingehalten wird. Der Umweltrat

---

59 www.umweltbank.de/umweltbank/default.html.

testiert der UmweltBank in seinem Jahresbericht für die bisherige Arbeit eine vorbildliche ökologische Entwicklung."[60]

Der Umweltrat besteht aus insgesamt drei Personen, die nicht aus dem direkten Bankenumfeld stammen. Neben einer selbstständigen Finanzberaterin mit Schwerpunkt Ethik und Nachhaltigkeit sind auch ein Diplomingenieur mit Schwerpunkt Photovoltaik sowie ein Diplomchemiker mit Schwerpunkt Biogas Mitglieder des Umweltrates. Sowohl Vorstand als auch Umweltrat werden durch den Umweltbeirat (20 Mitglieder) als erweitertes Expertengremium beraten. Auch die personelle Besetzung des Umweltbeirates verdeutlicht einen breiten Beratungs- und Expertenanspruch der UmweltBank. So finden sich unter den Personen des Umweltbeirates unter anderem Architekt_innen, Autor_innen, Landtagsmitglieder und Expert_innen für ökologische Landwirtschaft.[61]

3.4 EthikBank

3.4.1 Die Ursprünge und Entstehungsgeschichte der EthikBank

Die EthikBank wurde 2002 als Zweigniederlassung der Volksbank Eisenberg eG in Thüringen gegründet. Initiiert wurde die Gründung durch Sylke Schröder, der damaligen Prokuristin, und Klaus Euler, dem Vorstand der Volksbank Eisenberg. In der Gründungsgeschichte berichtet Frau Schröder davon, wie sie sich „Zeit nimmt, um einen Artikel über ‚Frauen und Geldanlage' zu lesen".[62] Dies habe den entscheidenden Anstoß für die Initiierung ethischer Geldanlagen durch die Volksbank Eisenberg gegeben. Seither bietet die EthikBank spezielle Förderkonten an, die Projekte im Bereich Ethik, Frauen und Umwelt unterstützen sollen.[63] Der Fokus liegt dabei auf der Entwicklungszusammenarbeit in Nepal und Afghanistan in Form von Bildung und im Bereich der Jugendhilfe. Darüber hinaus profitiert der zivilgesellschaftliche Verein *urgewald*[64] von den finanziellen Mitteln der Umweltkonten.

Im Vergleich zu anderen ethische Banken in Deutschland ist die EthikBank mit 75 Mitarbeiter_innen sowie einem Kund_innenvolumen von 449 288 Euro die kleinste ethische Bank.[65] Die EthikBank hat keine weiteren Geschäftsstellen und gehört seit ihrer Gründung

---

60   www.umweltbank.de/umweltbank/index_umweltrat.html.
61   www.umweltbank.de/umweltbank/index_umweltrat.html.
62   www.ethikbank.de/fileadmin/ethikbank/dokumente/Die_EthikBank/gruendungsgeschichte_ethikbank.pdf.
63   www.ethikbank.de/die-ethikbank/foerderprojekte.html.
64   www.urgewald.org/.
65   www.ethikbank.de/service/pressezentrum/zahlen-fakten.html.

ca. 3 900 Mitgliedern aus Eisenberg.[66] Dass die Bank ausschließlich Privatpersonen gehört, wird folgendermaßen begründet und hervorgehoben:

> „[E]ine nachhaltige Bank muss von einer breiten Eigentümerstruktur getragen werden, bei der niemand beherrschenden Kapitaleinfluss hat. Nur so kann eine alternative Bank ihre geschäftspolitische und vor allem geistige Unabhängigkeit wahren.“[67]

3.4.2   Die Anlagekriterien der EthikBank

Ebenso wie sozial-ökologische oder kirchliche Geldinstitute betreibt auch die EthikBank eine charakteristische Anlagepolitik, die sie für ihre Kund_innen veröffentlicht. Über die bereits gängigen Ausschlusskriterien hinaus distanziert sie sich öffentlich von Spenden an politische Parteien.[68] Im Gegensatz zu größeren alternativen Geldinstituten hat die EthikBank keine eigene Researchabteilung und arbeitet mit der *imug*[69] zusammen. Zudem unterliegt die Finanzierung von (Kapitalmarkt-)Unternehmen durch die EthikBank der Entsprechung der Positivkriterien des Best-in-Class-Ansatzes. Die Kriterien beziehen sich auf den Umgang mit Klimawandel, Umweltpolitik, Umweltmanagementsystemen, Leistungen im Umweltbereich, Geschäftspolitik unter Beachtung der Menschenrechte, Förderung von Gleichberechtigung und Vielfalt der Mitarbeiter_innen, Weiterbildung und Personalentwicklung, Schaffung und Erhalt von Arbeitsplätzen und Maßnahmen zur Verhinderung von Korruption und Bestechung.[70] Strikter als die Triodos Bank werden bei der EthikBank auch jene Staats- und Unternehmensanleihen ausgeschlossen, die die Negativkriterien nicht eindeutig verletzen, aber dennoch mit kontroversen Geschäftsfeldern in Verbindung gebracht werden können.

Unter dem Motto „Gläserne Bank“ gewährleistet die EthikBank eine umfangreiche Transparenz ihrer Aktivitäten, die als „Meilenstein“[71] beschrieben wird. Demnach sei die nachvollziehbare Darlegung der Anlagekriterien und Kapitalmarktanlagen ein wichtiger „Schritt, der neue Standards im Bereich des ethischen und ökologischen Bankings“ setzt (EthikBank o. J., S. 20). Seit 2015 veröffentlicht die EthikBank zudem – und betont dabei

---

66   www.ethikbank.de/die-ethikbank/glaeserne-bank.html.

67   www.ethikbank.de/service/pressezentrum/eigentuemer.html.

68   Die EthikBank lehnt Spenden an politische Parteien ab, weil das „finanzielle Geschäftsgebaren einiger politischer Parteien […] gegen soziale und demokratische Grundsätze verstößt“. Vgl. www.ethikbank.de/die-ethikbank/anlagekriterien.html#c740.

69   www.imug.de.

70   Kriteriengeleitet wählt die Bank sowohl DAX- und MDAX-Unternehmen als auch Unternehmen des *Natur-Aktien Index* (NAI) und des *Global Challenges Index* (GCX) aus, in die es investiert.

71   www.ethikbank.de/service/pressezentrum/transparenz.html.

ihre Pionierstellung – eine Übersicht ihrer Eigentumsstruktur, was sie folgendermaßen begründet: „Zu einer nachhaltigen Bank gehört eine demokratische Eigentümerstruktur."[72]

Um den Anspruch der Transparenz umfänglich umzusetzen, beauftragt die EthikBank regelmäßig einen unabhängigen Wirtschaftsprüfer, der die Einhaltung der Grundsätze im Tagesgeschäft überprüft.[73] Die Testergebnisse werden ebenfalls auf der Internetseite der EthikBank veröffentlicht. Im Zentrum steht dabei sowohl die Einhaltung der Anlagegrundsätze im Privatkund_innengeschäft sowie in Kapitalmarktgeschäften. In der Selbstdarstellung der EthikBank kommt der Vorreiterrolle in Sachen Transparenz eine besondere Bedeutung zu:

> „Die Prüfung der Einhaltung unserer Anlagegrundsätze wollen wir auch in den nächsten Perioden fortführen. Damit machen wir unsere ‚gläserne' Bank noch durchsichtiger."[74]

3.4.3 Das gesellschaftspolitische Engagement der EthikBank

„Wir haben gestreikt", betonte die EthikBank im Jahr 2016. Den Anlass begründete die Bank mit der Niedrigzinspolitik der EZB und der „überbordende[n] Kontrollbürokratie der EU". Mitarbeiter_innen und Kund_innen der EthikBank demonstrierten zu Beginn des Jahres 2016 in Berlin, um sich vor ihren Interessenvertretern, dem Bundesverband der Deutschen Volks- und Raiffeisenbanken (BVR), Gehör zu verschaffen. Die Forderungen konzentrierten sich besonders auf die Kritik am BVR, der aus Sicht der EthikBank dem Aussterben der genossenschaftlichen Idee politisch zu wenig entgegensetze (E-Thikker 2016). Darüber hinaus fordert die EthikBank die Einführung einer Finanztransaktionssteuer[75] und engagiert sich im Rahmen der Initiative *Steuer gegen Armut* gemeinsam mit 100 anderen Mitgliedsorganisationen seit 2009 für die gesetzliche Umsetzung dieser Steuer. Aus ihr sollen Maßnahmen zur Armutsbekämpfung und zum Umweltschutz finanziert werden.[76]

In einem Zeitungsartikel macht die EthikBank ihre politische Agenda deutlich. Als Sprecherin der EthikBank konstatiert Sylke Schröder gegenüber der Süddeutschen Zeitung, dass „[w]ir [uns] eine andere Gesellschaftsordnung wünschen". Dass der Kapitalismus auf dem „Holzweg" sei, wisse man doch bereits seit Karl Marx. Mit diesem Verweis bringt sie, radikaler als andere ethische Banken, ihre Forderung nach der Transformation des Kapitalismus zum Ausdruck. Die Idee und Praxis der Nachhaltigkeit, wie sie durch ethische Banken befördert wird, so Schröder weiter, soll ein Gegengewicht zu den negativen Effekten wie „die Ausbeutung des Südens durch den Norden, die immer größere Spreizung zwischen Arm und Reich, die Dominanz des Kapitals" bieten (SZ 20. Juni 2012). Der sozialpolitische

---

72 hwww.ethikbank.de/service/pressezentrum/eigentuemer.html.

73 www.ethikbank.de/die-ethikbank/glaeserne-bank/testat.html.

74 www.ethikbank.de/service/pressezentrum/transparenz.html.

75 www.youtube.com/watch?v=X2Kb1En2fVs.

76 http://www.steuer-gegen-armut.org/home.html.

Anspruch der EthikBank materialisiert sich dabei auch in dem sogenannten *MikroKonto*, das Insolvenzschuldnern die Eröffnung eines Girokontos ermöglicht, da Schulden der Beginn eines „Teufelskreises bis hin zum sozialen Aus"[77] sind. Für ihren „Vertrauensvorschuss" verlange sie lediglich eine ordentliche Kontoführung.[78]

3.5   Bank im Bistum Essen (BIB)

3.5.1   Entstehung und Entwicklung der BIB

Die Bank im Bistum Essen (BiB) wurde 1966 als Darlehenskasse im Bistum Essen eGmbH gegründet. Das damals wenige Jahre alte Bistum Essen habe eine bedeutende Rolle bei der Gründung der Bank gespielt, so heißt es im bankeigenen Magazin (fairbanking 2016, S. 8). Der Initialzünder für die Gründung waren die hohen finanziellen Mittel, die die „Katholiken des Bistums […] für die neue Ortskirche gespendet" hatten. Zudem stiegen die Anzahl der Bistumsmitarbeiter_innen sowie deren eingehender Lohn. Hinzu kam eine 1961 sehr erfolgreiche Spendaktion durch Adveniat: „Alle diese Gelder sollten möglichst effektiv verwaltet werden" (fairbanking 2016, S. 11). Im April 1966 fasste ein Gremium aus Vertretern der Dekanate den Entschluss der Gründung einer Kirchenbank. Man war sich darin einig, „dass eine Darlehnskasse die Solidarität im Bistum stärken könne" (ebd., S. 12). Die Hauptaufgabe der Bank bestand damals hauptsächlich in der Versorgung kirchlicher Einrichtungen mit Krediten und deren Beratung. Binnen weniger Jahre verzeichnete die Bank steigende Bilanzsummen und konnte trotz eines schwachen volkswirtschaftlichen Wachstums bald expandieren:

> „Obwohl sich die Wirtschaftsentwicklung in der Bundesrepublik Deutschland zu dieser Zeit erstmals seit der Währungsreform verschlechtert hatte, standen die Zeichen auf Wachstum. Das Geschäftsvolumen der Darlehnskasse stieg auf die für eine noch neue Bank beträchtliche Summe von 40 Millionen Deutscher Mark." (fairbanking 2016, S. 13)

Die Bilanzsumme der Darlehenskasse stieg 1998 erstmals auf eine Milliarde D-Mark an, was die Bank auf die genossenschaftlichen Prinzipien der Selbsthilfe, Selbstverantwortung und Selbstverwaltung zurückführt (fairbanking 2016, S. 13). Zudem verweist die Bank in ihrer Selbstdarstellung darauf, dass sie in den ersten Jahren ganz bewusst auf das Filialgeschäft verzichtet, um, so heißt es im Bankmagazin weiter, die Kosten gering zu halten. Diese Ersparnisse seien den Mitgliedern zugutegekommen. Im Jahr 1993 wurde die Darlehenskasse in Bank im Bistum Essen umbenannt, „um damit der Entwicklung zu einer modernen Universalbank Rechnung zu tragen" (ebd.). Seit den 1990er-Jahren

---

77   www.ethikbank.de/privatkunden/mikrokonto.html.
78   www.ethikbank.de/privatkunden/mikrokonto.html.

hat die Bank fixierte Grundsätze, auf die sie sich in ihrer Anlagepolitik bezieht. Heute hat die Bank 120 Mitarbeiter_innen und sie ist für viele Bistümer in Deutschland aktiv sowie international tätig.

Trotz des Wachstums fühle man sich heute noch den christlichen Werten verpflichtet, heißt es auf ihrer Internetseite. Als Genossenschaftsbank zählt sie Krankenhäuser, Stiftungen, kirchliche Wohnungsbauunternehmen, Alten- und Behinderteneinrichtungen oder Versorgungswerke, Hilfswerke und andere gemeinnützige NGOs zu ihren Kunden. Privatkund_innen rekrutieren sich zu einem Großteil aus den Mitarbeiter_innen und Mitgliedern dieser Einrichtungen. Während die Bank in ihren Anfangsjahren hauptsächlich die Mitarbeiter_innen kirchlicher Einrichtungen adressierte, stünde die Bank heute

„[g]rundsätzlich natürlichen Personen offen, die unsere auf der christlichen Soziallehre basierende und auf Nachhaltigkeit ausgerichtete Geschäftsstrategie mittragen".[79]

International ist die Bank seit 2006 mit Mikrofinanzinstituten und kirchlichen Einrichtungen in 60 Entwicklungs- und Konversionsländern vertreten. Unter dem Motto „Die BIB ist immer in Bewegung" berichtet das bankeigene Magazin *fairbanking* über das 50-jährige Bestehen der Bank, deren Anspruch es ist, „christliche Werte in den Alltag zu tragen oder den Gedanken der Nachhaltigkeit kontinuierlich weiterzuentwickeln" (ebd., S. 9).

3.5.2 Werte und Unternehmensleitbild der BIB

Unter dem Motto „Engagiert in die Zukunft"[80] betreibt die BiB ein Bankgeschäft, das bereits in den Gründungsjahren mit dem Nachhaltigkeitsgedanken verbunden war. Ebenso wie andere ethische Banken bezieht sich die BiB auf einen Nachhaltigkeitsbegriff, der

„zukunftsfähige Entwicklung in allen Lebensbereichen [anstrebt]. Die vorhandenen Ressourcen – soziale, ökonomische und ökologische – sollen so eingesetzt werden, dass künftige Generationen nicht benachteiligt werden. Dabei sind soziale, ökonomische und ökologische Entwicklungen eng verzahnt und können nicht getrennt voneinander betrachtet werden." (ebd.)

Analog zur nachhaltigen Forstwirtschaft manifestiert sich die Quintessenz der Nachhaltigkeit folgendermaßen: „Übertragen in die Finanzwelt bedeutet es, von den Zinsen zu leben und nicht vom Kapital." Zudem begründet die BiB ihre Nachhaltigkeitsorientierung aus der Religion selbst heraus als „Auftrag zur Bewahrung der Schöpfung". Als Bank sieht sie diesen Gedanken auch durch eine „wertorientierte und nachhaltige Unternehmensführung" realisiert. Demnach dokumentiert sich ein faires Bankgeschäft nicht nur in einem „fairen" Umgang mit Kund_innen und deren individuellen und qualifizierten

---

79   www.bibessen.de/wir-fuer-sie/ueber-uns/profil/unsere-wurzeln.html.

80   www.bibessen.de/wir-fuer-sie/ueber-uns/profil/was-wir-tun.html.

Beratung – also einem „fairen" Preis und einem „guten" Service –, sondern auch in dem „fairen" Umgang mit Mitarbeiter_innen, um Vertrauen zu gewährleisten, das, so die BiB, wiederum selbst die Grundlage einer Neukund_innenakquise darstellt und die Akquise qualifizierter, leistungsbereiter Mitarbeiter_innen erleichtert.

Das Selbstverständnis der BiB beruht in hohem Maße auf der Identifikation mit dem Genossenschaftswesen, wodurch sich die Bank eindeutig vom konventionellen Bankenwesen und einem auf Gewinnmaximierung ausgerichteten Finanzmarkthandeln abgrenzt. So konstatiert die Bank in ihrem Leitbild zum Fair Banking:

> „Gewinnmaximierung hat nie den Genossenschaftsgedanken dominiert. Wir betreiben mit Kundengeldern keine Spekulationen an den Kapitalmärkten und sind der Meinung, dass sich auch bei Geldanlagen Ethik und Rendite nicht ausschließen müssen. Die Geldanlagen der Bank sind zu nahezu 100 Prozent unter ethisch nachhaltigen Gesichtspunkten sauber."[81]

Im Gegensatz dazu versteht die Bank unter dem Begriff *Fair Banking* zuverlässige Bankdienstleistungen zu fairen Konditionen, keine versteckten Kosten, keine Lockangebote, verständliche Beratung, vertrauensvolles Miteinander, attraktive Arbeits- und Ausbildungsplätze sowie der explizite Verzicht auf erfolgsabhängige Vergütungssysteme.[82] Obwohl auch eine kirchlich-ethische Bank von wirtschaftlichen Erfolg abhängig ist, betont sie dennoch, dass

> „[d]as Erwirtschaften von Gewinnen damals wie heute kein Selbstzweck ist. Die gute wirtschaftliche Entwicklung ist vielmehr die Basis, um die Bank auf Grundlage christlicher Werte und eines nachhaltigen Ansatzes zum Wohle der Mitglieder in die Zukunft zu führen. Um es mit Papst Franziskus zu sagen: Das Geld muss dienen und nicht regieren!" (fairbanking 2001, S. 69)

3.5.3 Kund_innen, Partner_innen und Mitarbeiter_innen der BIB

Ihre besonderen Stützen eines ethischen Bankgeschäfts sieht die BiB in der Gemeinschaft christlicher Kirchen und dem genossenschaftlichen Finanzverbund. Durch diese langjährige Partnerschaft profitierten Bank und Kund_innen „mehr denn je von der Stabilität, die diese Partner über Jahrzehnte entwickelt haben".[83] Die Berufung auf eine Gemeinschaft steht im Mittelpunkt der Unternehmensphilosophie der Bank im Bistum Essen. Die Kooperationen und Netzwerke, in die die BiB eingebunden ist, dienen der Gewährleistung eines langfristigen und professionellen Bankgeschäftes durch langjährige Zusammenarbeiten mit „zuverlässigen und hochkompetenten Partnern", auch in Spezialbereichen wie Bausparen, Immobilienkredite und Fondsprodukte.

---

81 www.bibessen.de/wir-fuer-sie/ueber-uns/profil/unser-leitwort.html#!.

82 Vgl. www.bibessen.de/wir-fuer-sie/ueber-uns/profil/unser-leitwort.html#!

83 www.bibessen.de/wir-fuer-sie/ueber-uns/profil/unsere-starken-partner.html.

> „Als kirchliche Genossenschaftsbank ist unsere natürliche Überzeugung, dass sich Erfolg
> aus gemeinschaftlicher Zusammenarbeit gründet und nur so langfristig Bestand hat. Die
> BIB kooperiert daher seit vielen Jahren mit zuverlässigen und hochkompetenten Partnern
> in Netzwerken, die Synergieeffekte erzeugen."[84]

Für die speziellen Bedürfnisse eines kirchlichen Kund_innenkreises verfüge die Bank
andererseits über Partner, die auf diese Bedürfnisse spezialisiert seien. Kund_innen der
BiB sind in erster Linie kirchliche Einrichtungen und deren Mitarbeiter_innen. Partner
der BiB sind beispielsweise Bausparfonds, Investmentfonds und Investmentgesellschaften,
NGO, nachhaltige Ratingagenturen, Vermögensberatungen spezialisiert auf Ordensge-
meinschaften oder Mikrofinanzinstitute.[85]

3.5.4   Ethikverständnis und Investitionspraxis der BIB

> „[D]urch den finanziellen Ertrag der Anlage und das gute Gefühl, anderen Menschen zu
> helfen. Er weiß, dass sein Geld für ihn einen Mehrwert erwirtschaftet und zusätzlich auch
> anderen Menschen eine bessere Zukunft ermöglicht. Es ist ein Beitrag, die Entwicklung der
> Welt aktiv mitzugestalten."[86]

Konstitutiv für das Ethikverständnis der BiB sind die Ideen des Genossenschaftswesens,
die christliche Soziallehre sowie die Kriterien nachhaltiger Geldanlagen. Im Gegensatz zu
anderen ethischen Banken lässt sich auf den Internetseiten der BiB keine konkrete Auseinandersetzung mit Anlage- und Finanzierungsgrundsätzen des eigenen Bankgeschäfts
finden. Die BiB orientiert sich an den Grundsätzen ihrer Partnerinstitutionen und -projekte.
So lassen sich beispielsweise in der Rubrik „Nachhaltige Geldanlangen" Informationen zu
Mikrofinanzierung und KCD-Union Nachhaltig Fonds finden.[87] Mikrofinanz ermögliche
„gute Erträge und gleichzeitig Gutes [zu] tun".[88]

   In Anlehnung an die acht Millenniumsziele der UNO verspricht die BIB, mittels
Mikrofinanzierung „Wege aus der Armutsspirale" anzubieten und „extremen Hunger"[89]
zu bekämpfen, ohne dass der Anleger dabei auf Rendite verzichten muss. Als kirchliche
Bank versteht sie es als ihre Aufgabe, Verantwortung „für eine Zukunft in Solidarität und

---

84 www.bibessen.de/wir-fuer-sie/ueber-uns/profil/unsere-starken-partner.html.
85 www.bibessen.de/wir-fuer-sie/ueber-uns/profil/unsere-starken-partner.html#!
86 www.bibessen.de/nachhaltigkeit/nachhaltige-geldanlagen/mikrofinanzierung/mikrofinanzie-
    rung.html#!
87 www.bibessen.de/nachhaltigkeit/nachhaltige-geldanlagen.html.
88 www.bibessen.de/nachhaltigkeit/nachhaltige-geldanlagen/mikrofinanzierung.html.
89 www.bibessen.de/nachhaltigkeit/nachhaltige-geldanlagen/mikrofinanzierung/mikrofinanzie-
    rung.html#!

Gerechtigkeit" [90] zu übernehmen. Zudem ermögliche die Mikrofinanz die Generierung einer „doppelten Rendite". So betont die Bank, dass Mikrofinanzierungen nicht nur ein „effizientes Mittel der Armutsbekämpfung" darstellen, sondern sich auch im Zuge der weltweiten Finanz- und Wirtschaftskrise als besonders stabil und ertragsreich zeigten.[91] Ähnlich wie die GLS Bank thematisiert die BiB lediglich die Vorteile der Mikrofinanzierung, anstatt auf problematische Implikationen dieses Finanzierungsverfahrens zu verweisen (Klas und Mader 2014). Auch aus Perspektive der BiB zeichne sich die Mikrofinanzierung dadurch aus, dass sie zum einen die Lücke zwischen wirtschaftlicher Teilhabe und durchaus vorhandenem unternehmerischen Wissen in Entwicklung- und Schwellenländern schließe und dadurch notwendige Voraussetzungen für eine „Hilfe zur Selbsthilfe" leiste. Darüber hinaus diene die häufig installierte Sparrate dem Aufbau „ein[es] Polster[s] [im] Krankheit[sfall] oder [in] andere[n] schwierige[n] Situationen", wodurch Mikrofinanz über die reine Kreditvergabe hinausgehe. Legitimität erhalten die Kriterien der Mikrofinanzierung zudem dadurch, dass sie in direkten Zusammenhang mit den genossenschaftlichen Ideen von Hermann Schulze-Delitzsch und Friedrich Wilhelm Raiffeisen gebracht werden:

> „[Denn] bereits damals wurde nach Kriterien gearbeitet, die wir heute als Mikrofinanz bezeichnen. Die Mikrofinanzinstitute in den Entwicklungsländern sind vor Ort präsent und kennen ihre Kunden sehr genau. Sie begleiten deren Entwicklung mit angepassten Produkten und verfügen über spezialisiertes Wissen in diesem Bereich."[92]

Neben der Mikrofinanzierung bietet die BiB auch nachhaltige Aktien-, Renten- und Mischfonds sowie Fondssparpläne mit Nachhaltigkeitsorientierung an, die allesamt durch die *Union Investment* (UI) aufgelegt und verwaltete werden. So bietet die BiB beispielsweise den KCD-Union Nachhaltig Aktien an. Hierbei handelt es sich um einen globalen Aktienfonds mit Nachhaltigkeitskonzept und erhöhtem Risiko.[93] Entsprechend den Ausschlusskriterien der *imug* werden in einem ersten Schritt, wie auch schon bei anderen ethischen Banken, „Unternehmen, die Rüstungsgüter, Alkohol und Tabak produzieren oder Glücksspiele anbieten, grundsätzlich ausgeschlossen".[94] Bei der anschließenden Auswahl der Einzeltitel werden in einem zweiten Schritt traditionelle Auswahlkriterien wie Kurspotenzial und Ertragsaussichten durch die UI geprüft. An dieser Stelle fällt bereits auf, dass der Auswahlprozess ethischer Geldanlagen bei der BiB durch die UI gleichsam weniger komplex

90 www.bibessen.de/nachhaltigkeit/nachhaltige-geldanlagen/mikrofinanzierung/mikrofinanzierung.html#!

91 www.bibessen.de/nachhaltigkeit/nachhaltige-geldanlagen/mikrofinanzierung/mikrofinanzierung.html#!

92 www.bibessen.de/nachhaltigkeit/nachhaltige-geldanlagen/mikrofinanzierung/mikrofinanzierung.html#!

93 www.union-investment.de/-snm-0184244822-1208872413-0000000402-0000000115-120892 8696-enm-handle?action=viewFundPortrait&isin=DE0005326532.

94 www.bibessen.de/nachhaltigkeit/nachhaltige-geldanlagen/kcd-fonds/kcd-union-nachhaltig-aktien.html.

gestaltet ist wie mehrstufige Auswahlverfahren anderer ethischer Banken. Zudem lassen sich teils widersprüchliche Angaben zum Auswahlprozess auf Seiten der UI und der BiB finden. So wird auf der Seite der BiB auf einen zwischengeschalteten Schritt durch Best-in-Class-Auswahl verwiesen[95], während die Union Investment (o. J., S. 12) diesen nicht aufführt. Vorteile der Fonds bestehen laut BiB darin, dass sie einen einfachen und effizienten Zugang zum Thema Nachhaltigkeit bieten, vom Wissen und der Praxis der Investmentprofis profitieren und langfristig einen idealen Baustein für ein diversifiziertes Portfolio bieten. Die Bank weist außerdem darauf hin, dass nicht nur das Risiko der Kursschwankungen besteht, sondern dass die Anlagepolitik von den individuellen Nachhaltigkeitsvorstellungen eines Anlegers abweichen kann.

3.6 Bank für Sozialwirtschaft AG (BfS)

3.6.1 Entstehung und Entwicklung der BfS

Als „Hilfskasse gemeinnütziger Wohlfahrtseinrichtungen Deutschlands GmbH" ist die Bank für Sozialwirtschaft 1923 in Berlin aus dem Gedanken der Selbsthilfe durch Verbände der Freien Wohlfahrtspflege heraus gegründet worden. Die mit Hilfe des Reichsarbeitsministeriums gegründete „Kreditanstalt für die gesamten Wohlfahrtseinrichtungen" machte es sich zur Aufgabe, Wohlfahrtseinrichtungen mit Krediten zu versorgen und beratend zur Seite zu stehen[96]. Als Grund wird in der Unternehmenshistorie angegeben:

> „Nach dem 1. Weltkrieg und durch die Inflation der Nachkriegszeit waren die Reserven der Einrichtungen der Wohlfahrtspflege verbraucht; aus der Substanz ließen sich die Fehlbeträge nicht mehr decken; die Pflegesätze konnten mit der Geldentwertung nicht mehr Schritt halten. Frühere Spender waren verarmt – und zugleich stieg die Zahl der sozialen Aufgaben und der Hilfebedürftigen täglich."[97]

Die Bank bezeichnet sich selbst als „erstes Sozialunternehmen Deutschlands", deren Aufgabe darin bestand, als „Hilfskasse" Lösungen auf die Frage nach der Finanzierung sozialer Arbeit zu finden. Bis heute ist die Bank im öffentlichen Diskurs deutschlandweit als Plattform für Spendenaktionen bzw. als „Spendenbank" bekannt. 1948 wurden mit der Eröffnung einer zweiten Filiale in Köln die Entwicklung zur Universalbank und der Ausbau des Geschäftsstellennetzwerkes angeregt. Bis in die 1960er-Jahre bestand ihre alleinige Aufgabe darin, zweckgebundene Mittel des Bundes an Unternehmen der Sozial-

---

95 www.bibessen.de/nachhaltigkeit/nachhaltige-geldanlagen/kcd-fonds/kcd-union-nachhaltig-aktien.html.

96 www.sozialbank.de/ueber-uns/unsere-geschichte.html.

97 Vgl. ebd.

und Gesundheitswirtschaft auszuleihen. 1997 erfolgte die Umwandlung der Bank in die Rechtsform der Aktiengesellschaft. Heute ist die Bank mit 16 Standorten in Deutschland vertreten. Seit 1998 befindet sich eine Zweigfiliale am Standort Brüssel.

3.6.2 Eigentümer und Kund_innen der BfS

Die BfS ist ein „Spezialkreditinstitut, das seine Leistungen ausschließlich institutionellen Akteuren aus der Sozial- und Gesundheitswirtschaft anbietet".[98]

Die Eigentümerstruktur der BfS ist seit der 1997 vollzogenen AG-Umwandlung dadurch geprägt, dass die meisten Anteile von „Spitzenverbänden der Wohlfahrtspflege" gehalten werden. Den Hauptanteil halten der Deutsche Caritasverband e. V. (Caritas) und die Diakonie Deutschland – Evangelischer Bundesverband Evangelisches Werk für Diakonie und Entwicklung e. V. (Diakonie) mit jeweils 25,3 Prozent, die Arbeiterwohlfahrt (AWO) besitzt 7,8 Prozent, der Deutsche Paritätischer Wohlfahrtsverband-Gesamtverband e. V. (Der Paritätische) 3,5 Prozent, das Deutsche Rote Kreuz (DRK) ist Eigentümer von 1 Prozent der Aktien, die Zentralwohlfahrtsstelle (ZWST) besitzt 0,7 Prozent. Diese Eigentümerstruktur ist ein wesentliches Charakteristikum der BfS, nicht nur hinsichtlich der genossenschaftlichen Ausrichtung, sondern insbesondere auch, weil „[a]uf diese Weise gewährleiste[t] [wird], dass [die] Dividendenausschüttungen gemäß der Herkunft und des Selbstverständnisses der Bank für Sozialwirtschaft überwiegend in ihr Kerngeschäftsfeld zurückfließen"[99]. Zudem ist die Aktie der BfS nicht börsennotiert, sondern vinkuliert, d. h. Kauf, Verkauf oder Übertrag ist nur mit Zustimmung der AG möglich. Aktuell liegt der Wert der BFS-Aktie (Stand Dezember 2015) bei 641,00 Euro.[100]

Um sowohl Eigentümern als auch Kund_innen in Zeiten zunehmender Ökonomisierung beizustehen, hat die Bank, laut eigenen Angaben, in den letzten Jahrzehnten beispielsweise spezialisierte Beratungsleistungen und Seminarprogramme zu Themen der innovativen Produktentwicklungen oder Fundraising, aber auch Arbeitsrecht und Unternehmensführung entwickelt.[101] Zur finanziellen Unterstützung hat die Bank den bundesweit ersten für gemeinnützige Unternehmen geeigneten Mezzanine-Fond aufgelegt. Nicht zuletzt ist die Bank im Zuge der zunehmenden Vermarktlichung mit neuen Herausforderungen konfrontiert, da sozialwirtschaftliche Unternehmen angesichts abnehmender öffentlicher Finanzierung in wirtschaftliche Schwierigkeiten geraten. Dennoch konstatiert die Bank eine innige Verbindung zu ihren Kund_innen. Krisenzeiten müssten demnach gemeinsam bewältigt werden:

---

98   www.sozialbank.de/ueber-uns/verantwortung.html.

99   www.sozialbank.de/ueber-uns/investor-relations.html.

100 www.sozialbank.de/ueber-uns/investor-relations.html.

101 Vgl. www.bfs-service.de/Seminare.

„Sie haben in den mehr als 90 Jahren ihres Zusammenwirkens jede Krise überstanden. Das gilt für die schwierigen Zeiten nach den beiden Weltkriegen ebenso wie für die Bankenkrise im Jahr 1931 und die Finanzmarkt- und Staatsschuldenkrise der letzten Jahre.“[102]

Mit Blick auf die zukünftige Entwicklung betont die Bank ihre positive Sichtweise. Die BfS werde auch zukünftig ihre Kernbranchen beibehalten, nicht zuletzt, weil

„dies eine verlässliche Perspektive ist […]. Die Branchen der Sozial- und Gesundheitswirtschaft gelten angesichts der Bedarfsentwicklung in der Bevölkerung als Wachstumsmärkte.“[103]

3.6.3 Werte, Unternehmensleitbilder und Mitarbeiter_innenpolitik der BfS

Im Gegensatz zu ethischen Banken wie die GLS Bank oder die Triodos Bank konzentriert sich die Werteorientierung der BfS auf die Unternehmen der Sozialwirtschaft. Im Sinne des genossenschaftlichen Gedankens steht die partnerschaftliche Beziehung zu den Kund_innen im Mittelpunkt der Leitlinien der Bank:

„Partnerschaftlichkeit setzt Kundennähe voraus, und die hat bei der Bank für Sozialwirtschaft viele Facetten.“[104]

Die spezifische Werteorientierung der Bank dokumentiert sich in Aspekten der Regionalität, fachlicher Kompetenz, Vernetzung, Nachhaltigkeit, Flexibilität und Fairness. Eine spirituelle Ausrichtung sucht man bei der BfS vergeblich. Das Attribut „ethisch“ spiegelt sich vielmehr in einer praktischen Auseinandersetzung mit den Kernbranchen und der Mitarbeiter_innenpolitik wider. So führt die Bank unter der Rubrik „Expertise“ aktuelle Nachrichten auf, die in den Branchen der Sozial- und Gesundheitswirtschaft von Relevanz sind. Hier finden sich beispielsweise Artikel zur Patientenauslastung stationärer Pflegeeinrichtungen, kritische Auseinandersetzungen mit den Themen Ökonomisierung, Digitalisierung und Industrie 4.0 oder aktuelle wissenschaftliche Erkenntnisse aus den Bereichen Gesundheit und Ernährung.[105]

Die Übernahme gesellschaftlicher Verantwortung ist laut Selbstdarstellung der Bank eine notwendige Folge ihrer Position an der „Schnittstelle zwischen sozialen Organisationen und gesellschaftlichen Fragestellungen“.[106] Die „Finanzdienstleistungen mit hohem sozialem Nutzen“ ergeben sich laut der Bank insbesondere daraus, dass sie selbst als Unternehmen

---

102 https://www.sozialbank.de/ueber-uns/unsere-geschichte.html.

103 www.sozialbank.de/ueber-uns/karriere.html.

104 www.sozialbank.de/service/ihre-ansprechpartner/standorte.html.

105 www.sozialbank.de/expertise/branchen-news.html.

106 www.sozialbank.de/ueber-uns/verantwortung.html.

ein Geschäftsmodell praktiziert, das sich nicht im „Unternehmerischen" erschöpft. Um die Einhaltung der Prinzipien des sog. Corporate Social Responsibility (CSR) zu gewährleisten, unterliegt die BfS regelmäßig der Bewertung durch die *oekom research AG*. Die Bewertung in der Kategorie „Prime" attestiert der Bank ein ökologisch und sozial qualifiziertes Wertpapiergeschäft. Seit 2016 wird die BfS in der Kategorie „Sustainable Finance" geführt und belegt Platz sieben der bewerteten Finanzdienstleister.

Die Grundlage der Geschäfts- und Unternehmenspolitik ist ein *Code of Conduct* (BfS, o. J.), der einen fairen Umgang im Geschäftsleben definiert. Im Zentrum stehen die Unternehmenswerte der BfS Verlässlichkeit, Integrität, Ehrlichkeit, Verantwortung, Respekt, Kompetenz, Professionalität und Leistungsbereitschaft.

> „Mit dem Verhaltenskodex verfolgt die BFS das Ziel, die Bank und ihre Mitarbeiter vor Schaden durch gesetzeswidriges Verhalten zu bewahren. Die BFS erwartet daher von ihren Mitarbeitern, dass sie im Falle rechtlicher Fragen oder zweifelhafter Vorgänge Rat und Hilfe bei Vorgesetzten oder den verantwortlichen Fachbereichen der Bank suchen." (BfS o. J., S. 2)

Spezifische Regelungen beziehen sich beispielsweise auf das Verbot, Spenden an Parteien und Politiker zu leisten. Lediglich gemeinnützige Organisationen aus den Bereichen Bildung, Wissenschaft, Kunst, Kultur, Sport, soziale und humanitäre Projekte dürfen durch die Bank unterstützt werden. Zudem verpflichtet sich die Bank, Umweltaspekte in Betriebsabläufen und Geschäftsentscheidungen einfließen zu lassen. Als Spenderin und Sponsorin behält sich die Bank auch vor, die Auswahl der zu fördernden Anliegen auf ihre Relevanz hinsichtlich zukünftiger Entwicklungen zu prüfen.

Insbesondere durch ihre Mitarbeiter_innenpolitik sieht die Bank ihre soziale Orientierung verwirklicht. Sie selbst beschreibt sich als „ungewöhnliche Bank", weil „engagierte Kunden bei uns auf engagierte Mitarbeiterinnen und Mitarbeiter treffen, die ihre Kenntnisse, Kraft und Einsatzfreude in den Dienst der gemeinsamen Sache stellen".[107] Nicht zuletzt sei der „langjährige Erfolg – auch während der Finanzkrise"[108] – den Mitarbeiter_innen zu verdanken. Was die Die BfS als Arbeitgeber leistet, findet sich unter der Rubrik „Karriere". Demzufolge zeichnet sich die Bank „auch bei steigender Unternehmensgröße [durch] ein familiäres, kollegiales Arbeitsklima bei hoher Arbeitsplatzsicherheit aus".[109] Während die Bank als Leistungen und Benefits flexible Arbeitszeiten, betriebliche Altersvorsorge, Vereinbarkeit von Familie und Beruf sowie gute Verkehrsanbindung und Jobticket aufführt, werden Gehaltsstrukturen weniger thematisiert. Es findet sich lediglich der Hinweis, dass „wer sich engagiert, leistungsgerecht und leistungsorientiert bezahlt wird".[110] Ob es sich dabei um risikoabhängige Bonifikationen handelt oder nicht, wird an dieser Stelle nicht deutlich.

---

107 www.sozialbank.de/ueber-uns/karriere.html.
108 www.sozialbank.de/ueber-uns/karriere.html.
109 www.sozialbank.de/ueber-uns/karriere/arbeitgeberprofil.html.
110 www.sozialbank.de/ueber-uns/karriere/arbeitgeberprofil.html.

3.7   Steyler Ethik Bank

3.7.1   Werte und Mission

Die Steyler Bank mit Sitz in Sankt Augustin bei Bonn bezeichnet sich selbst ganz selbstbewusst als „älteste ethische Bank Deutschlands". Bereits seit ihrer Gründung im Jahr 1964 stelle sie einen „wirkliche[n] Gegenentwurf zur primär profitorientierten Bankenwelt"[111] dar. Zu den 50-jährigen Jubiläen rekapituliert die Steyler Bank ihre Gründungsgeschichte. Während der Großteil der deutschen Bevölkerung in den 1960er-Jahren von einem langen Aufschwung und Wohlstand profitierte, habe sich die Ordensgemeinschaft der Steyler Missionare mit Menschen in „anderen Teilen der Welt" verbunden gefühlt, denen es nicht so gut ging. Der eigentliche Gründer der Bank, Pater Nottebaum, der sich zuvor zinslos Geld geliehen hatte, investierte gewinnbringend und brachte diesen Gewinn in die Förderung von Hilfsprojekten ein. 1962 initiierte er auf Rat des Westberliner Bundesaufsichtsamtes die Gründung der ethischen Bank. Fragen wie „Kapitalismus und christliche Nächstenliebe – geht das zusammen?" stehen ebenso am Anfang der beschriebenen Erfolgsgeschichte wie die Einhaltung der Prinzipien „Gerechtigkeit – Frieden – Bewahrung der Schöpfung". Diese Prinzipien sollten insbesondere in der Anfangsphase, so beschreibt es die Bank, den Widerspruch zwischen dem „Gelübde der Armut" ihrer Schwestern und Missionare und den Tätigkeiten einer Bank harmonisieren.

Unter dem Motto „Wo Geld Gutes schafft" betreibt die Bank ein Geschäft, das durch solidarische und ethische Geldanlagen nicht den Gewinnen von Aktionären, sondern direkt den Hilfsprojekten in den Bereichen Ausbildung, Gesundheit, Soziales und Pastorales durch die Steyler Ordensleute zugutekommt. In ihrer Selbstdarstellung hebt sie diese Verbindung als Alleinstellungmerkmal und wesentlichen Unterschied zu anderen kirchlichen Banken hervor.[112] Die Ordensbank hat sich laut eigener Angabe in den letzten 50 Jahren seit ihrer Gründung zu einer „modernen ethischen Bank" entwickelt. Während andere ethische Banken ein weites Spektrum an Themen und Bereichen abzudecken versuchen und ihr Handeln an einem breiten Ethikbegriff ausrichten, entspricht die Haltung der Steyler Bank konkret den Ordensgrundsätzen der Steyler Missionare („Gesellschaft des Göttlichen Wortes"), in dessen mehrheitlichen Besitz sich die Bank auch befindet. Mit 10 000 Missionaren, Steyler Missionsschwestern und Steyler Anbetungsschwestern in 74 Ländern begreift sich die Bank als Teil einer „Ordensfamilie":

> „Die Steyler Ordensfamilie verkündet die Frohe Botschaft und setzt sich für Gerechtigkeit,
> Frieden und Bewahrung der Schöpfung ein. Die Steyler Ethik Bank ist gemeinsam mit ihr
> auf dem Weg – im Einsatz für eine faire Welt!"[113]

---

111 www.steyler-bank.de/Bank-Profil/Ethisch-handeln/Ethische-Bank/c831.html.

112 www.steyler-bank.de/m1018/um4178/News/Was-die-Steyler-Bank-von-anderen-Kirchenbanken-unterscheidet-.c1661/d240.html.

113 www.steyler-bank.de/leseobjekte.html?id=1172o.

3.7.2   Steyler Finanzethik und Investitionspraxis

Das Investitionshandeln der Steyler Bank[114] folgt dem Grundsatz, „der Gemeinschaft und nicht den Interessen [E]inzelner" zu dienen. Ihre Ethik setzt sie in der Beratung, der Verwendung der Gewinne und in der Geldanlage um. Das Kreditgeschäft der Bank konzentriert sich dabei auf den nachhaltigen Wohnungsbau oder regenerative Energien und wie andere ethische Banken bezieht die Steyler Bank ihre Anlagekund_innen direkt in den Investitionsprozess mit ein, indem „Kunden ihre Geldanlagen auf Basis individueller ethischer Schwerpunkte auswählen" können. Die Beratung gewährleistet die Bank durch zertifizierte ECO-Anlageberater_innen und Expert_innen nachhaltiger Geldanlagen, die sich einen christlichen Berater_innenkodex verschrieben haben. Durch eine faire und ehrliche Beratung sieht die Bank sich in ihrer Funktion als „Botschafter der Steyler Vision einer besseren Welt" verwirklicht. Der ethische Einfluss wird wie bei anderen Ethischen Banken über Ausschlusskriterien gewährleistet. Darüber hinaus verpflichtet sich die Bank dazu, dass „jeder Cent der ausgeschütteten Gewinne [...] direkt und ohne Abzüge in weltweite Hilfsprojekte fließen". Dieser Anspruch wird durch die direkte Verbindung der Steyler Missionar_innen mit den Betroffenen auf der ganzen Welt umgesetzt.

Den Kriterienkatalog für eine ethische Geldanlage hat die Bank in Zusammenarbeit mit den Steyler Moraltheologen entwickelt. Im Zentrum stehen dabei Positivkriterien, die Auskunft über Sozial- und Umweltverhalten der Unternehmen geben (Sozialrating und Umweltrating). Die Ausschlusskriterien decken sich im Wesentlichen mit jenen anderer Banken. Auch bei Staaten verfährt die Bank ähnlich wie andere ethische Banken und sieht davon ab, Regierungen zu finanzieren, die Menschenrechte und Umweltstandards verletzen. Im Jahr 2012 hat die Steyler Bank zudem die Steyler Fondsfamilie gegründet, um auch auf dem Finanzmarkt den Grundsätzen des ethischen Investierens zu genügen. Das gesamte Portfolio ist auf den Seiten der Bank zu finden (z. B. Telekom, SAP SE, Linde AG, Henkel, Deutsche Post). Darüber hinaus werden auch Unternehmen und die jeweiligen Gründe für den Verkauf der Aktien angegeben.[115] Die Einhaltung der ethischen Standards im Investitionsgeschäft aller Aktien-, Renten- und Stiftungsfonds obliegt der Auswahl des Ethik-Anlagerats, der durch ein internationales Netzwerk von „Ethikscouts" unterstützt wird. Dadurch garantiert die Bank „Informationen aus 1. Hand" und leistet aktive Unterstützung des *Shareholder Activism*:

> „Auch, wenn diese Form der Einmischung manchmal wie der Kampf von David gegen Goliath erscheint, wird die Steyler Ethik Bank auch in Zukunft ein aktives Aktionärstum pflegen. Dabei geht es aber natürlich nicht darum, die Riesen zu Fall zu bringen. Es ist schon viel

---

114 Vgl. www.steyler-bank.de/Bank-Profil/Ethisch-handeln/Ihre-Ethik-Garantie/Anlagekriterien/
     c961.html.

115 www.fun-fonds.de/Aktienfonds/Aktienfonds-Portfolio/c1271.html.

erreicht, wenn die Unternehmen ihr Handeln überdenken und ihrer Verantwortung besser gerecht werden."[116]

„Ethik muss gelebt werden" lautet ein weiterer Grundsatz der Bank. Sowohl der Beirat der Bank als auch ein speziell geschaffener Ethikausschuss, der sich aus Vertretern des Ordens, der Finanzwirtschaft und der Wissenschaft zusammensetzt, berät die Geschäftsführung in den Bereichen des nachhaltigen Investments. Seine Aufgabe besteht in der Erarbeitung bindender Ethikstandards und der Beobachtung und Bewertung von Marktentwicklungen. Der Ethikbeirat gibt konkrete Empfehlungen zum Kauf oder Verkauf von Aktientiteln.[117]

---

116 www.steyler-bank.de/Bank-Profil/Ethisch-handeln/Ihre-Ethik-Garantie/Ethik-Anlagerat/ c1791.html.

117 www.steyler-bank.de/Bank-Profil/Ethisch-handeln/Ihre-Ethik-Garantie/Ethik-Ausschuss/ c960.html.

Implikationen und Problemlagen

4.1 Werte und Weltbilder ethischer Banken

Ethische Banken wie die GLS Bank, die Triodos, die UmweltBank, die EthikBank, die BiB oder die BfS unterscheiden sich in ihren Schwerpunktsetzungen, die sich aus ihren jeweiligen ökologischen, sozialen oder konfessionellen ethischen Leitlinien ergeben. Das Leitbild und die Unternehmensphilosophie der GLS Bank beziehen sich beispielsweise hauptsächlich auf Gesellschaft und Natur, die UmweltBank AG konzentriert sich ausschließlich auf die Finanzierung und Förderung ökologisch-nachhaltiger Entwicklungen, die EthikBank versteht sich am ehesten als Sprachrohr (gesellschafts-)politischen Wandels, während sich die Triodos Bank auf die Förderung unternehmerischer Innovationen fokussiert. Die katholische Bank für Kirche und Diakonie eG richtet sich nach den Prinzipien der kirchlichen Sozialverkündigung. Gemeinsam ist ihnen eine ablehnende Haltung gegenüber konventionellen Geldhäusern und deren Geschäftspraktiken, die nicht zuletzt für die weltweite Finanzkrise 2007 verantwortlich gemacht werden. So begründet die EthikBank ihr geschäftliches Profil mit einem Motto, das eine eindeutige Grenze zwischen ethischen und konventionellen Banken zieht: „Wir sind Banker, keine Spekulanten" (Ostthüringer Zeitung 24.06.2014). Und der Vorstandssprecher der GLS Bank grenzt sich in einem Positionspapier von konventionellen Instituten ab, die

> „in der Vergangenheit fast ganze Volkswirtschaften ruinierten und den Steuerzahler Milliarden von Rettungsgeldern kosteten. Zu viele Banker haben sich selbst die Taschen vollgemacht und dabei getrickst, bestochen und manipuliert." (Jorberg 2015)

Ethische Banken verzeichneten in den letzten Jahren ein enormes Wachstum an Kund_innen, Einlagen und Investitionen. Tatsächlich sind im Zeitraum zwischen 2006 und 2011 Kredite und Einlagen der in Deutschland tätigen ethischen Banken um 20 bis 30 Prozent gewachsen (zeb et al. 2012)[118]. Im Jahr 2015 lagen die Kund_inneneinlagen von Banken mit

---

118 Diese zitierte Studie basiert auf den Bilanzsummen der EthikBank, UmweltBank, Triodos Bank und GLS Bank. Die vorliegende Arbeit geht über die rein sozial-ökologisch ausgerichteten

© Springer Fachmedien Wiesbaden GmbH, ein Teil von Springer Nature 2019
S. Lenz, *Ethische Geldinstitute*, Wirtschaft + Gesellschaft,
https://doi.org/10.1007/978-3-658-22390-8_4

Nachhaltigkeitsfokus 2015 bei 29,3 Mrd. Euro.[119] Während konventionelle Banken krisenbedingt vor allem ein negatives Wachstum verzeichneten, kamen ethische Geldinstitute
sehr gut durch die Krisenjahre (GABV 2012). Trotz eines Zuwachses bei nachhaltigen Publikumsfonds bleiben die Marktanteile ethischer Banken im Vergleich zu konventionellen
Instituten gering.[120] Früh für die deutsche Entwicklung, vergleichsweise spät aus internationaler Perspektive, markiert die Gründung der GLS Bank 1974 in Bochum die beginnende
Etablierung des ethischen Investments im deutschen Bankenwesen. Mittlerweile lässt sich
allerdings ein verstärktes Wachstum ethischer Banken in Deutschland erkennen. Obwohl
der Marktanteil nachhaltiger Geldinstitute mit 0,2 Prozent in Deutschland nach wie vor
vergleichsweise gering ausfällt (Klein 2014, S. 6), haben ethische Banken wie die GLS Bank,
die Triodos Bank, die UmweltBank, die EthikBank, die Bank für Sozialwirtschaft oder
die Bank im Bistum Essen ihre Kundenzahl seit 2011 nahezu jährlich verdoppelt (zeb et
al. 2012, S. 1).[121]

Im Unterschied zu konventionellen Geldinstituten orientieren sich ethische Banken
an Prinzipien, die nicht ausschließlich in ökonomischer Ertrags- oder Gewinnsteigerung
aufgehen. Maßgeblich sind hierbei Programmatiken des sogenannten Socially Responsible
Investment (SRI), worunter im Allgemeinen eine Investmentphilosophie verstanden wird,
die bankentypische Ziele um moralische Leitlinien wie Nachhaltigkeit und gesellschaftliche
sowie ökologische Verantwortung erweitert. Über die Integration von SRI-Prinzipien hinaus
beanspruchen ethische Banken unter dem Motto „Mit Geld Gutes tun" (Hampel 2016),
gesellschaftliche Entwicklungen insgesamt positiv zu beeinflussen und einen Gegenentwurf zu den vorherrschenden Finanzmarktstrukturen zu repräsentieren. Dem Anspruch
folgend, solche negativen Externalitäten des Finanzwesens für Wirtschaft und Gesellschaft
zu vermeiden, verwerfen ethische Banken das Menschenbild des Homo oeconomicus und
die dahinterstehende Unternehmensphilosophie. Sowohl die Orientierung am Shareholder-Value als auch monetäre Leistungsanreize in Form variabler Gehaltsvergütungen sind
keine Bestandteile der Unternehmenspolitik ethischer Banken. Entgegen neoklassischer
Annahmen von der optimalen Allokation, die das freie Spiel der Marktkräfte gewährleisten
würde, setzen ethische Banken auf eine moralisch grundierte Verteilung von Geldern, die
nicht einem rein monetären Vorteil, sondern einem gesellschaftlichen Nutzen zugutekom-

---

Institute hinaus und betrachtet ebenfalls konfessionell und ausschließlich sozial ausgerichtete
Institute.

119 www.de.statista.com/statistik/daten/studie/433649/umfrage/kundeneinlagen-nachhaltiger-ban-
ken-in-deutschland.

120 Publikumsfonds sind Investmentfonds, die allen Anleger_innen offenstehen. In Deutschland
verzeichnen diese einen Zuwachs von 2,8 (2008) auf 9,9 (2011) Milliarden Euro (Herzog et al.
2015b, S. 4; Gabriel 2013, S. 91).

121 Im Jahr 2012 lagen die Aktiva der Bankenbranche zu 25,2 Prozent bei Großbanken, zu 16,2
Prozent bei Landesbanken und zu 12,9 Prozent bei Sparkassen. Genossenschaftsbanken, zu
denen viele der „ethischen" Banken gehören, hatten einen Marktanteil von 8,8 Prozent, wobei
der Großteil auch hier wiederum aus ‚normalen' Genossenschaftsbanken besteht, die nicht
ausdrücklich als ethisch auftreten.

men soll. In den offiziellen Stellungnahmen und Leitbildern der ethischen Banken kommt dabei der Betrachtung von Geld als einem Kollektivgut eine besondere Bedeutung zu:

„Ethisches Bankgeschäft lenkt Geld dorthin, wo es eine positive Wirkung entfaltet. Wo Geld Gutes schafft." (Steyler Bank)

„Geld ist für die Menschen da." (GLS Bank)

„Jede Investition ruft Wirkungen hervor – wir setzen uns dafür ein, dass es die richtigen sind." „Denn als Bank mit christlichen Wurzeln setzen wir uns für den Schutz der Umwelt, soziale Gerechtigkeit und die Bewahrung des Friedens ein." (Steyler Bank)

Parallel zum Erstarken ethischer Banken im deutschen Bankenmarkt lässt sich auch eine zunehmende Berufung auf SRI-Programmatiken durch konventionelle Institute beobachten. Während sich ethische Banken aber in der Gesamtheit ihrer Anlage-, Investitions- und Mitarbeiter_innenpolitik als sozial verantwortliche wirtschaftliche Akteure verstehen, dient die Inanspruchnahme ethischer Prinzipien durch konventionelle Institute, wie beispielsweise durch die Deutsche Bank, lediglich der Erweiterung vorhandener Produktpaletten (Hiß 2012). Auch finden SRI-Programmatiken allein in speziell dafür geschaffenen Nachhaltigkeitsabteilungen Anwendung und sind nicht in übergeordnete Leitlinien integriert. Daher haben ethische Prinzipien in konventionellen Bankinstituten kaum Einfluss auf die Wahrnehmung gesellschaftlicher Verantwortung als Ganzes. Ethische Geldinstitute konkurrieren zusehends mit Großbanken, die ihnen finanziell überlegen sind, um nachhaltige Investitionen.

4.2   Die praktische Umsetzung normativer Prinzipien

Zur praktischen Umsetzung der oben genannten Orientierungen greifen ethische Banken auf Screening-Methoden zurück. Sowohl Kreditvergabe als auch Anlagepolitik unterliegen dabei den Vorgaben durch Positiv- und Negativkriterien sowie Best-in-Class-Ansätzen und durchlaufen meist mehrstufige Auswahlprozesse. Zudem fließen Ratings und Rankings nachhaltiger Ratingagenturen und Beratungsunternehmen (z. B. imug, Inrate, Sustainalytics, oekom) in die Entscheidungsprozesse ein. Bei der Finanzierung von Projekten und Unternehmen wird der Schwerpunkt auf die Realwirtschaft gelegt. Das heißt nicht, dass ethische Banken keine Anlagegeschäfte tätigen würden, doch werden auch an Finanzmarktgeschäfte Kriterien angelegt, die den Prinzipien nachhaltiger Geldanlagen entsprechen. Die Analyse von Wertpapieren beispielsweise beruht mehrheitlich auf den Grundlagen des ESG-Ansatzes[122], der analog zu den Kreditvergabeprozessen die Kriterien

---

122 Environment Social Governance – ein Managementansatz, der beansprucht, Umwelt und soziale Kriterien in die Unternehmensführung zu integrieren.

Rendite, Volatilität und Liquidität um Aspekte der Nachhaltigkeit ergänzt und Auskunft darüber gibt, inwiefern ökologische und soziale Aspekte in Firmenanalysen von Finanzdienstleistern eingegangen sind. Dabei lassen sich variierende Grundsätze finden. Einige der untersuchten Banken legen beispielsweise ausschließlich eigene Finanzprodukte und Fonds auf, was etwa damit begründet wird:

> „Nur, weil ein Fonds ESG-Kriterien bei der Auswahl seiner Investments anwendet, heißt das nicht, dass da kein Rüstungskonzern enthalten ist." (Haas 2016)

Laut Anlage- und Finanzierungsgrundsätzen der GLS Bank werden „Finanzmarktgeschäfte, die zu einer Destabilisierung von Märkten und als Folge zu einer Destabilisierung von Volkswirtschaften führen können" (GLS Bank 2015), insgesamt ausgeschlossen. Hierzu werden Devisenspekulationen gezählt, spekulative Investitionen in Rohstoffe und Nahrungsmittel sowie die Finanzierung von Unternehmen mit Sitz in Schattenfinanzzentren. Problematisch erscheint allerdings, dass Ratings und Rankings bezüglich der Nachhaltigkeitsperformance von Unternehmen größtenteils auf der Grundlage jener Informationen erstellt werden, die die Unternehmen selbst zur Verfügung stellen. Zudem ist eine Durchleuchtung aller im Wertschöpfungsprozess beteiligten Akteure schlicht unmöglich. An dieser Stelle zeigt sich besonders evident, dass ein ethisches Bankgeschäft sozialen Konstruktionsprozessen unterliegt. Herauszufinden, welche diese sind, ist Ziel der vorliegenden Studie.

Ein weiteres Problem ethischer Bankenpraxis birgt die Ausschlusspolitik. Demnach werden jene Produkte und Praktiken von vornherein gemieden, die die eigene Praxis infrage stellen. Eine andere Möglichkeit bestünde in einer kritischen Auseinandersetzung, die zu einer kritischen Verwendung problematischer Instrumente führe. Ein Bankgeschäft, dass a priori problematische Instrumente und Produkte ausschließt, bleibt notwendig passiv (Herzog et al. 2015b, S. 54). Aus dieser Perspektive erscheint die Bedienung von Mikrokrediten in der Entwicklungszusammenarbeit durch ethische Geldinstitute widersprüchlich. Waren es doch jene Kettenkredite, die ursächlich an der indischen Subprime-Krise beteiligt waren (vgl. u. a. Cowton 1999). Für die vorliegende Studie besteht also eine weitere zentrale Frage darin, wann etwas als ethisch legitimiert wird und ob auch innerhalb der Kategorie „ethisches Investment" unterschiedliche Klassifizierungen handlungsleitende Wirksamkeiten entfalten.

Ein weiteres mögliches Problem einer Praxis, die sich mehr über Abgrenzung von konventionellen Instituten als über das eigene Handeln legitimiert, besteht darin, dass die Konventionalität eigener Handlungen entproblematisiert und dethematisiert wird. Einen Hinweis hierfür lässt sich bereits in der Aussage einer Fonds-Managerin finden. Sie begründet die Finanzierungswürdigkeit eines großen Textilwarenherstellers folgendermaßen:

> „H&M hat sehr starke Programme für Arbeitsthemen: Es ist im Textilsektor beispielsweise das einzige größere Unternehmen, das versucht, die Löhne der Arbeiter auf ein lebensfähiges Niveau zu verbessern, über dem eventuell vorhandenen lokalen Mindestlohn oder dem existierenden realen, aber unzureichenden Lohnniveau. Und es ist das einzige größere Textilunternehmen, das seine komplette Lieferkette offenlegt. Leider wird es für seine Transparenz

von den NGOs abgestraft: Die stürzen sich auf H&M, eben, weil die alles offenlegen. Ich fürchte, H&M wird irgendwann so reagieren wie Nike: Nike hat auch einst seine komplette Lieferkette veröffentlicht, wurde danach nur noch kritisiert und hat die Listen daher nun wieder unter Verschluss genommen." (Veltmeijer 6. Februar 2015)

Aufschlussreich ist vor allem, dass die Finanzierungen von Unternehmen, die verblüffend nahe an den Bereich des konventionellen Bankgeschäfts herankommen, das Selbstbild der ethischen Banker_innen nicht infrage stellen; im Gegenteil: Sie bestätigen dieses. Ein zentrales Anliegen ist es also, geteilte Bezugspunkte der Identifikation aufzuzeigen, um Brüche und Inkonstistenzen sichtbar zu machen.

4.3 Ethische Kund_innen

Adressat_innen ethischer Banken sind in erster Linie Kund_innen, die sich mit der Kritik am konventionellen Bankenwesen identifizieren können und einem „Lifestyle of Health and Sustainability" positiv gegenüberstehen, wie dies in der Branche selbst beschrieben wird (vgl. Mosch 2001). Auch eine Studie von 2012 zum Gesamtpotenzial des Social-Banking-Marktes in Deutschland stellte fest, dass die Hauptzielgruppen mit seinerzeit etwa 16 Millionen Menschen sozial-ökologisch und nachhaltigkeitsorientiert eingestellt und mehrheitlich weiblich, urban, hochgebildet und überdurchschnittlich einkommensstark sind (zeb et al. 2012, S. 2). Doch bleibt die Kritik an den negativen Effekten finanzwirtschaftlichen Handelns längst nicht mehr auf bestimmte soziale Milieus beschränkt. Sie ist vielmehr anschlussfähig an die weit verbreitete Globalisierungskritik und an die öffentlichen Debatten um Nachhaltigkeit geworden. So hätten 72 Prozent der Zielgruppe noch nie von sozial-ökologischen Banken gehört; dies impliziert, dass sie durch entsprechende Marketingmaßnahmen als Neukund_innen gewonnen werden könnten (ebd.). Nicht zuletzt die zunehmende öffentliche Wertschätzung solch alternativer Wirtschaftskonzepte führt dazu, dass mehr und mehr Privatkund_innen, aber auch institutionelle Investoren auf ethische Anlageformen zurückgreifen (vgl. Hiß 2012, S. 90). Dabei gelten die Großstädte im Allgemeinen und die deutsche Hauptstadt im Besonderen als vielversprechende Märkte, wie etwa die Triodos Bank anlässlich der Eröffnung ihrer Berliner Filiale der Presse gegenüber formulierte:

„Die Hauptstadt und ihre Umgebung ist eine der wichtigsten Regionen für die Triodos Bank. Viele unserer Privat- und Geschäftskunden kommen von dort." (Hild und Wolf 2015)

Eine mögliche Folge der ökonomischen Expansion ethischer Banken könnte in einer Veränderung der Kund_innenstruktur bestehen, die sich wiederum in einer normativen Öffnung der bisher engen Nachhaltigkeitskriterien gegenüber wirtschaftlichen Rentabilitätskriterien niederschlägt. Während ethisch stark engagierte und finanziell verzichtsbereite

Kund_innen Zinsen und Renditen als nicht vereinbar mit einem gesellschaftswirksamen Bankgeschäft betrachten, besteht die Möglichkeit, dass die normative Öffnung eine neue Klientel anspricht, die auf finanzielle Erträge nicht verzichten möchte. Wächst die Zahl der Kund_innen, die veränderte Einstellungen und erweiterte Interessen an ein ethisches Bankgeschäft herantragen, besteht die Herausforderung ethischer Banken darin, neue ethische Investitionsmöglichkeiten zu erschließen, um dieser gesteigerten Nachfrage nach ethischen Geldanlagen gerecht zu werden. Hier konkurrieren sie dann mit finanziell stärkeren konventionellen Instituten. Ein Anliegen der Studie besteht darin, die Frage zu beantworten, wie ethische Banken mit der wachsenden Anerkennung der ethischen Idee bei gleichzeitiger Verknappung adäquater Anlagemöglichkeiten umgehen.

4.4   Gesellschaftliche Verantwortung und öffentliche Wirksamkeit

Auffällig ist außerdem, dass sich insbesondere die Triodos Bank und die GLS Bank als Vorreiter einer Bewegung sehen. So proklamiert die GLS Bank, das Verständnis von Wirtschaft, Gesellschaft und Geld neu definieren und praktisch umsetzen zu wollen. Beide Banken sind stark in der regionalen Öffentlichkeit vertreten und artikulieren ihr Verständnis eines alternativen Wirtschaftens und Bankgeschäfts auf Veranstaltungen wie dem GLS Geldgipfel (GLS Bank) oder dem N Klub (Triodos Bank). Christliche Banken wie die Steyler Bank oder die Bank im Bistum Essen begründen ihre Ethik aus dem Schutz der göttlichen Schöpfung heraus, während die EthikBank ihre Orientierung aus politischen Motiven ableitet. Als zentrale Gemeinsamkeit ethischer Banken kann ein Verständnis der eigenen Tätigkeit als moralische Avantgarde rekonstruiert werden. Alle untersuchten Banken zielen darauf, durch ihr Bankgeschäft gesellschaftliche Missstände zu reduzieren, gar zu beheben. So wirbt beispielsweise die GLS Bank unter dem Hashtag #SHAREDICH-DRUM mit der Rettung der Welt durch ein GLS-Girokonto.[123]

Angesichts dieser variierenden Weltbilder, die die legitimatorischen Grundlagen der Finanzierungen bilden, stellt sich allerdings die Frage, wie konkrete und handhabbare Bewertungsmaßstäbe entwickelt werden, die von allen Beteiligten praktisch umgesetzt werden können. Die vorliegende Studie zielt also – über die präsentierten Ansprüche der Banken hinaus – auf eine Analyse der mikrosoziologischen Aushandlungsprozesse. Im Zentrum stehen die Wahrnehmungen und das implizite Wissen derjenigen, die die interpretationsoffenen Leit- und Weltbilder mit Sinn füllen. Um nachzuvollziehen, welche Reichweite und emanzipatorische Wirkung ein ethisches Bankenwesen haben kann, muss zunächst verstanden werden, auf welcher Grundlage die Akteure in diesem Feld handeln und mit welchen Problemen sie konfrontiert werden.

---

123 blog.gls.de/gls-kampagnen/jetzt-retten-wir-die-welt-sharedichdrum.

Der Forschungsprozess: Erhebung und Auswertung

5.1 Experteninterview und Leitfaden

In Anlehnung an die Prämissen zur Durchführung eines Experteninterviews wurde ein teilstrukturierter Interviewleitfaden verwendet (vgl. Meuser und Nagel 1991, Kaiser 2014; Bogner et al. 2009). Der Vorteil des Experteninterviews besteht darin, dass Narrationen über biografische Ereignisse, subjektive Deutungen und das von allen geteilte „Betriebswissen" evoziert werden können. Die Befragten werden so zu „Repräsentant_innen einer Organisation oder Institution" (Nohl 2006, S. 21; Meuser und Nagel 1991, S. 74). Ziel des Experteninterviews ist es, Erzählungen auf zentrale Themen zuzuspitzen, um Vergleichbarkeit zwischen den Fällen zu generieren. Die zentralen Komponenten des Leitfadens ergeben sich aus der vorangegangenen Dokumentenanalyse ethischer Banken in Deutschland und bereits identifizierten Problemlagen eines ethisch orientierten Bankgeschäfts. So konnte festgestellt werden, dass ethische Banken ein enormes Wachstum verzeichnen. Die Interviews dienen unter anderem einer tiefergehenden Untersuchung der Wahrnehmung dieses Wachstums.

Während der Interviews wurde allerdings von einem akribischen Abarbeiten der Fragen abgesehen; der Interviewleitfaden dient lediglich als „Gedächtnisstütze für den Interviewer" (Meuser und Nagel 2002, S. 269) und wird flexibel gehandhabt, weshalb Narrationen und neue Themen nicht abgebrochen werden. Ebenso wurden suggestive Fragen und Warum-Fragen vermieden, da diese in der Regel Argumente provozieren, die im Regelfall lediglich oberflächliche Common-Sense-Theorien provozieren. Für die Analyse der normativen Tiefenstrukturen im ethischen Bankenwesen sind aber Erzählungen über Erfahrungen und Ereignisse notwendig. Die Aufgabe der Interviewerin besteht darin, die „Selbstläufigkeit der Diskurse" (Bohnsack et al. 2010, S. 13) zu ermuntern oder durch immanentes Nachfragen zu initiieren.

Eine wichtige Voraussetzung für die Generierung von Narrationen ist die erzählgenerierende Gestaltung der Fragen (Nohl 2006, S. 26). Der Einstiegsfrage „Wie sind Sie zu dem geworden, was Sie heute sind?" kommt eine besonders bedeutende Funktion zu, da sie sich auf das gesamte Interview auswirkt. Bohnsack (2013, S. 22) rät, die Fragestellung möglichst offen zu halten, „sodass die Befragten die Kommunikation weitestgehend selbst

© Springer Fachmedien Wiesbaden GmbH, ein Teil von Springer Nature 2019
S. Lenz, *Ethische Geldinstitute*, Wirtschaft + Gesellschaft,
https://doi.org/10.1007/978-3-658-22390-8_5

strukturieren". Hierdurch sind die Befragten dazu angehalten, ihre eigenen Interpretationen offenzulegen.

Im Folgenden soll der Aufbau des Leitfadens dargestellt werden. Insgesamt besteht der Leitfaden aus acht Fragen inklusive der sozialstatistischen Erhebung im Anschluss an jedes Interview. Die in Klammern aufgeführten Ergänzungsthemen stellen weitere Fragen dar, die – sofern sie nicht bereits durch den Interviewten selbst thematisiert werden – im Laufe des Interviews angestoßen werden. Die Darstellung des Leitfadens bleibt allerdings eine idealtypische, da dieser lediglich als Orientierungshilfe für die Interviewerin zum Einsatz kam. Dieser war wie folgt aufgebaut:

1. *Biografische/erzählgenerierende Frage:* Wie sind Sie zu dem geworden, was Sie heute sind? (variierende immanente Nachfragen: Berufsverlauf und Ausbildung, Gründe und Erfahrungen mit dem Wechsel, Reaktionen von außen, persönlicher Erfolg, persönliche Wahrnehmung und Auswirkungen der Finanzkrise)
2. *Beschreibung der derzeitigen beruflichen Tätigkeit:* Wie würden Sie Ihre derzeitige Tätigkeit beschreiben? Wie kann ich mir Ihre Tätigkeit vorstellen? (variierende immanente Nachfragen: Unterschiede, Antrieb, persönliche und berufliche Ziele, Herausforderungen, Bedeutung der Tätigkeit für das Private, Konflikte)
3. *Legitimation und Abgrenzung:* Wie würden Sie die besondere Aufgabe der Bank beschreiben? (variierende immanente Nachfragen: wahrgenommene Unterschiede zwischen dem ethischen und konventionellen Bankgeschäft, Bonifikationen)
4. *Umsetzung der Prinzipien:* Ethische Banken sind ja mit bestimmten Grundsätzen ausgestattet. Wie setzen sie diese denn um? (variierende immanente Nachfragen: harmonische Entscheidungen, Marktumfeld, Sicherheit in der Beurteilung, schwierige Entscheidungen, Fehler, geistige Orientierung)
5. *Wachstum:* Hat das Wachstum Auswirkungen? Wenn ja, inwiefern? (variierende immanente Nachfragen: Auswirkungen der Krise auf die Bank, soziale Verantwortung, aktuelle Herausforderungen, Umgang mit Zielkonflikten, Veränderungen bezüglich Finanzierung und Vermögensstruktur)
6. *Verhältnis zu Anspruchsgruppen:* Wie gestalten sich die Beziehungen zu anderen Banken/anderen? (variierende immanente Nachfragen: zu konventionellen Banker_innen, Kund_innen, Bankenaufsicht, Verpflichtungen, Umgang mit Regulierungen)
7. *Verhältnis Privates und Berufliches:* Wie wirkt sich die Tätigkeit bei der Bank auf Ihr Privatleben aus? (variierende immanente Nachfragen: Freizeit, Freund_innen, Kolleg_innen, Konsum, konventionelle Banker_innen, private Wahrnehmung der Kritik an Banker_innen allgemein, Beschreibung des eigenen Umfeldes)
8. *Sozialstatistik*

5.2 Vorbereitung und Durchführung

Die Kontaktierung möglicher Interviewpartner_innen erfolgte im Sinne des Schneeball-verfahrens über private Kontakte, Karrierenetzwerke (Xing.de) und durch eine direkte Adressierung über die firmeneigenen Homepages. Außerdem wurden mehrere Veranstal-tungen der Banken und verwandter NGOs besucht, um direkt vor Ort mit Personen ins Gespräch zu kommen (40. Geburtstag der GLS, Mitgliederversammlung, Bilanzpressekon-ferenzen, GLS Geldgipfel, N Klub, Heldenmarkt). Darüber hinaus erfolgte anschließend an die Gespräche eine Nachfrage mit der Bitte, zu interessanten Aspekten des eigenen Interviews mögliche weitere interessierte Personen vorzuschlagen. Das Schneeballverfahren stellte sich als effektivste Methode heraus, weitere Personen zu bestimmten inhaltlichen Schwerpunkten zu ermitteln.

Die personalisierten Anschreiben und Interviewanfragen enthielten eine grobe Be-schreibung der eigenen Forscherinnenpersönlichkeit sowie eine Skizze des Projektes. Dabei wurde darauf geachtet, dass die jeweiligen Personen als Expert_innen ihrer jewei-ligen beruflichen Aufgabe angesprochen und darauf aufmerksam gemacht wurden, dass die Gespräche zu Forschungszwecken aufgezeichnet und anonym transkribiert werden. Durchgeführt wurden die Interviews in der Regel am Arbeitsplatz. In Ausnahmefällen, d. h. auf ausdrücklichen Wunsch, fanden die Interviews in der Adorno-Bibliothek des Frankfurter *Instituts für Sozialforschung* statt.

Das Sample wurde theoretisch ausgewählt und entsprechend schrittweise im Forschungs-prozess erweitert, wodurch sich eine breite Anlage der narrativ angelegten Interviews von den Kreditberater_innen bis zur Vorstandsposition ergibt. Diese Auswahl weit auseinan-derliegender Funktionen und Positionen ist aber notwendig, um die alltäglichen Praktiken und Deutungen umfassend bestimmen zu können. Obwohl sich die Kontaktaufnahme mit möglichen Interviewpartner_innen insgesamt als unproblematisch herausstellte, zeigte sich bereits zu Beginn der Erhebung eine analytische Problemlage: um bestimmte Sachverhalte zu erläutern, greifen Personen der höheren Hierarchieebenen (z. B. Vorstände und Abtei-lungsleiter) bedeutend öfter auf Common-Sense-Theorien bzw. gesellschaftlich-theoretisches Wissen zurück. Die für die Analyse wichtigen Erzählungen über subjektive Erfahrungen und Konflikte waren hier weniger ausgeprägt, weshalb sich weitere Kontaktaufnahmen besonders auf den Bereich der Kreditberatung konzentrierten. Die in diesem Bereich tä-tigen Personen schilderten insgesamt mehr persönliche Erfahrungen und Erlebnisse aus der alltäglichen Praxis, die wichtig für die weitere Analyse der Interviews war.

5.3   Methodologie und Grundbegriffe der dokumentarischen Methode

Historisch geht die dokumentarische Methode auf die Studie *Das Gruppenexperiment* von Friedrich Pollock (1955) am Frankfurter *Institut für Sozialforschung* zurück. Der Anspruch dieser frühen Forschungen war es, sich von objektivistischen und subjektivistischen Standpunkten, wie sie insbesondere die quantitative Sozialforschung repräsentierte, zu befreien. Ziel der Analyse sollte es sein, den subjektiv gemeinten Sinn, den die Akteure artikulieren, zu transzendieren, um die dahinterliegenden Sinnstrukturen freizulegen. Während es Pollock allerdings in der Untersuchung des politischen Bewusstseins im Deutschland der Nachkriegszeit nicht gelang, eine Analyse zu präsentieren, die von Einzelmeinungen losgelöst war, unterzog Werner Mangold (1960) die Daten einer Sekundäranalyse. Mit der Rekonstruktion der Gruppenmeinung als Produkt kollektiver Interaktion legte Mangold den Grundstein für die dokumentarische Methode.

Die Beliebtheit des dokumentarischen Auswertungsverfahrens lässt sich aus den breiten Anwendungsmöglichkeiten in den Sozial- und Erziehungswissenschaften und der Möglichkeit, verschiedene Textsorten und Formate als Datengrundlage einzubeziehen, erklären. Das Analyseverfahren eignet sich sowohl für die Auswertung von Gruppendiskussionen, natürlichen Gesprächen, offenen biografischen Interviews und Feldforschungsprotokollen (Bohnsack 2013, S. 31 ff.). Zwar zeigt die dokumentarische Methode hinsichtlich des kontrastierenden Vorgehens von Fällen eindeutige Parallelen zur Grounded-Theory-Methodologie auf, im Unterschied zu dem Ansatz von Anselm Strauss und Barney Glaser (1998) können mittels des dokumentarischen Verfahrens überlappende Typiken identifiziert werden (Nohl 2006, S. 56). Die dokumentarische Methode ist in dieser Hinsicht mehrdimensionaler, weshalb ihr ein höherer Grad an Generalisierbarkeit attestiert wird.

Die methodologischen Grundannahmen der dokumentarischen Methode gehen auf Mannheims Wissenssoziologie, die Ethnomethodologie, den symbolischen Interaktionismus und die Kultursoziologie Pierre Bourdieus zurück. Bereits Mannheim konstatierte in seiner Wissenssoziologie, dass Sozialität in Interaktion und Kommunikation immer erst hergestellt werden muss. Insofern proklamiert er, dass die Rekonstruktion und Interpretation die Wahrnehmungen von Akteuren nicht einfach zur Kenntnis nehmen darf, sondern den schöpferischen Prozess der Herstellung von Wahrnehmungen nachzeichnen muss, um dadurch den Zugang zu fremden Erfahrungsräumen zu erhalten (Bohnsack 2013, S. 33). Für die Konzeption der dokumentarischen Methode, wie sie durch Bohnsack (2013, S. 57 ff.) maßgeblich beeinflusst wurde, kommt der Ethnomethodologie Harold Garfinkels eine ebenso große Bedeutung zu, indem eine Erscheinung, ein Phänomen, eine Äußerung als „,Dokument', als ,Hinweis auf', als etwas, das anstelle und im Namen eines vorausgesetzten zugrundeliegenden Musters steht" (Bohnsack 2013, S. 57; Garfinkel 1981), behandelt wird. Das Ziel der dokumentarischen Rekonstruktion von Interviews oder Gruppendiskussionen besteht in der Identifikation und Typologisierung kollektiver (Lebens-)Orientierungen.

Die methodologische Grundannahme der dokumentarischen Methode beruht auf dem Prinzip des gegenseitigen Verstehens, von dem die Existenz konjunktiver bzw. geteilter

Erfahrungsräume und somit gemeinsamer Realitäten abgeleitet wird. Bohnsack (2013, S. 59 ff.) konstatiert, dass Personen, die einen Erfahrungsraum teilen, ihre Aussagen unmittelbar – ohne sie vorher zu interpretieren – verstehen, wohingegen die Kommunikation von Personen, die nicht über einen konjunktiven Erfahrungsraum verbunden sind, dem Modus wechselseitiger Interpretation unterliegt. Was ein Erfahrungsraum ist und wie Wissen analytisch differenziert werden kann, illustriert Mannheim am Beispiel des Schuhknotens. Das Knoten der Schnürsenkel wird als Metapher herangezogen, um die Wirkung des intuitiven Verstehens, die Beschaffenheit des a-theoretischen Wissens und die Voraussetzungen des habituellen Handelns aufzuzeigen (Nohl 2006, S. 9): „Knüpft man einen Schuhknoten, so kann man die Absicht haben, seine Schuhe zu binden." Einem Außenstehenden ist dieser immanente Sinngehalt als intentionaler Ausdruck von Absichten oder Motiven nicht zugänglich. Intentionen können hier nur unterstellt und nicht empirisch erfasst werden. Hingegen kann der Knoten selbst, das Gebilde, im Falle von Texten die Erzählung, das Erzählte, als objektiver Sinngehalt, was gesagt wird, empirisch erfasst werden. Der Dokumentensinn und die Handlungspraxis dokumentieren sich im Prozess des Herstellens. Die Art und Weise, wie dieser Herstellungsprozess verbalisiert wird, gibt Einblick in das konjunktive Wissen und die zugrundeliegenden Orientierungsrahmen (Nohl 2006, S. 9). Um den Knoten verstehen zu können und um ihn selbst zu knoten, müssen wir den Herstellungsprozess nachvollziehen können. Der besondere Vorteil der dokumentarischen Methode für die Untersuchung des ethischen Bankenwesens besteht nun darin, dass sie nicht nur danach fragt, *was* gesagt oder kritisiert wird, sondern auch *wie* etwas kritisiert wird, *wie* Kompromisse ausgehandelt werden, *wie* etwas gerechtfertigt wird und welcher handlungsleitender Sinn sich dahinter verbirgt. In der Art und Weise, wie die Befragten im Erzählen die Realität des ethischen Bankings konstruieren, zeigen sich die Elemente dieses spezifischen Erfahrungsraums.

Entsprechend unterscheidet die dokumentarische Methode zwischen kommunikativem (gesellschaftlichem) Wissen und konjunktivem (milieuspezifischem) Wissen: Kommunikatives Wissen gibt Auskunft über gesellschaftliches „objektiviertes" Wissen und ist zudem eng verbunden mit der Textsorte der Argumentation, mittels derer Personen Handlungsmotive (Um-zu-Motive) artikulieren und Common-Sense-Theorien untermauern (Nohl 2006, S. 49 ff.). Hingegen ist konjunktives Wissen in die Handlungspraxis eingebunden und tritt in den Textsorten der Erzählung, der Beschreibungen und der Narrative als unmittelbar erlebte Erfahrungen in Erscheinung. Während das kommunikative Wissen den meisten Gesellschaftsmitgliedern zugänglich ist, bleibt das konjunktive Wissen milieuspezifisch begrenzt und muss interpretativ erschlossen werden. Damit nämlich das Orientierungswissen ethischer Bankmitarbeiter_innen für Außenstehende verständlich und nachvollziehbar wird, müssen sie konjunktives Wissen in kommunikatives Wissen übersetzen. An dieser Stelle wird der Herstellungsprozess besonders sichtbar.

Zwar sind beide Formen des Wissens in allen Kommunikationen gegenwärtig; Unterschiede lassen sich aber in ihrer jeweiligen Einbettung in erlebte Kontexte finden. So verweist der Begriff „Familie" auf der Ebene des immanenten Sinngehalts auf rechtliche Definitionen und spezifische Rollenerwartungen, die einen hohen Grad der Verallgemeinerbarkeit beinhalten. Auf Ebene des dokumentarischen Sinns ist die Verwendung des Begriffs „Familie" abhängig von der erlebnismäßigen Einbettung gemeinsamer Erfahrungen und Erlebnisse und bildet ein Universum konjunktiver Erfahrungen derjenigen ab, die in diesen Kontext als beispielsweise Familienmitglieder eingebunden sind. Konjunktive Erfahrungsräume setzen ein gegenseitiges Verstehen voraus, werden mit anderen geteilt und Außenstehenden über Kommunikation bzw. kommunikatives Wissen explizit gemacht. Ziel der reflektierenden Interpretation ist es, diese Erfahrungen als Dokument der milieuspezifischen Orientierung zu rekonstruieren. Grundlegend für diesen Analyseschritt ist die Frage danach, wie im Text eine berichtete Handlung, Erfahrung konstruiert wird.

Die Differenzierung der Wissensformen in kommunikatives Wissen und konjunktives Wissen ist für die Untersuchung ethischer Banken von großer Bedeutung. Insbesondere vor dem Hintergrund der inflationären und vielfältigen Auslegung des auch für ethische Banken konstitutiven Nachhaltigkeitsbegriffes ist es wichtig zu ergründen, wie die soziale Praxis und Deutungen beschaffen sind, die sich hinter diesem Begriff verbergen. Die dokumentarische Methode ermöglicht die Rekonstruktion einer milieuspezifischen Auslegung und Deutung des ethischen Bankings.

5.4   Analyseschritte

Die Unterscheidung zwischen kommunikativem Wissen und konjunktivem Wissen findet ihre Entsprechung in zwei voneinander getrennten Analyseschritten. Die formulierende Interpretation fragt danach, *was* gesagt wird (immanenter Sinngehalt) und entspricht der Ebene des kommunikativen Wissens, wohingegen die reflektierende Interpretation aus den Annahmen des konjunktiven Wissens abgeleitet wird und sich auf den Herstellungsprozess des Gesagten (dokumentarischer Sinngehalt) konzentriert. Der dokumentarische Sinngehalt weist als kollektive Orientierung über den Fall hinaus und verdichtet sich in einem milieuspezifischen Habitus (Przyborski 2004, S. 47). Das Ergebnis des reflektierenden Interpretationsschrittes ist die Rekonstruktion von Orientierungen und des Habitus (vgl. Bohnsack und Przyborski 2007) über Fälle hinweg. Die Kontrastierung einzelner Fälle gibt Aufschluss über geteilte Sinn- und Handlungsstrukturen. Die reflektierende Interpretation bietet die Grundlage für die Rekonstruktion kollektiv geteilter Orientierungsrahmen und Typologien. Im Folgenden werden diese Schritte für die Analyse des Interviewmaterials detaillierter dargestellt.

In der Regel beginnt die formulierende Interpretation mit einer thematischen Auswertung und der Erstellung von Themenverläufen. Im Unterschied zu anderen qualitativen Verfahren (z. B. der qualitativen Inhaltsanalyse) gehen die Interviews nicht in ihrer vollen Länge in die Analyse ein. Vielmehr wird eine Auswahl an Textsegmenten getroffen, die die folgenden Kriterien erfüllen (Nohl 2006, S. 46): Die identifizierten Textsegmente sollen dem Interesse der forschungsleitenden Fragen entsprechen. Hierbei liegt eine thematische Orientierung an den Leitfragen nahe. Darüber hinaus sind jene Passagen von Interesse, die durch die Befragten selbst angesprochen werden. Dies kann sich in einem besonderen emotionalen Engagement bei bestimmten Themen zeigen oder durch die Verwendung von „Fokussierungsmetaphern" (Bohnsack 2011, S. 67), die die Bedeutung und Intensität des Gesagten hervorheben. Während Passagen bei Gruppendiskussionen und narrativen Interviews insbesondere nach markanten Themenwechseln identifiziert werden, dienen die Leitfragen im Optimalfall als Anker zur Identifikation zusammenhängender Narrationen. In der Regel zeichnen sich diese Passagen durch besonders dichte Narrationen aus.

In diesem ersten Schritt legt die Analyse der Interviews mit Mitarbeiter_innen ethischer Banken jene Themen frei, die in ähnlicher Art und Weise in mehreren Interviews angesprochen und thematisiert wurden. So brachte beispielsweise die offen formulierte Einstiegsfrage „Wie sind Sie zu dem geworden, was Sie heute sind?" ganz unterschiedliche Relevanzsetzungen hervor, die sich aber in einem Punkt überschneiden. Ohne dass die Befragten nach diesem Kriterium ausgewählt würden, stellte sich heraus, dass viele vor ihrer Tätigkeit in der ethischen Bank bei einer konventionellen Bank gearbeitet hatten; im beruflichen Wechsel verdichtet sich hier also ein zentrales „tertium comparationis" – ein gemeinsames Drittes – der Interviews mit ethischen Banker_innen (vgl. Kapitel 6).

Anschließend an die Auswahl der relevanten Passagen zielt die formulierende Feininterpretation auf die Identifikation von Ober- und Unterthemen innerhalb der ausgewählten und thematisch zusammenhängenden Passagen. Die formulierende Interpretation orientiert sich an der Frage: „Was wird gesagt?" Die Erstellung sachlich gehaltener Paraphrasen dient dazu, die Gehalte der Kommunikation zu erfassen, „für [die] sich die Untersuchten verantwortlich machen lassen" (Przyborski 2004, S. 54). Während die formulierende Feininterpretation des ersten Falles lediglich vor dem Erfahrungshintergrund der Interpretin durchgeführt wird, stellt sich mit zunehmender Interpretation weiterer Fälle eine empirische Kontrastierung ein, die für den weiteren Verlauf der Interpretation von großer Bedeutung ist. Im Unterschied zur dokumentarischen Interpretation von Gruppendiskussionen beginnt die Kontrastierung der Fälle zur Spezifizierung gemeinsamer Handlungsprobleme und -orientierungen bereits vor dem Hintergrund eines empirischen Vergleichsfalls, d. h., forschungspraktisch verlaufen formulierende und reflektierende Interpretation nahezu parallel. Hinzu kommt, dass die Kontrastierung der Fälle untereinander wesentlich früher einsetzt als bei der Analyse von Gruppendiskussionen. Während bei letzterer die Rekonstruktion des konjunktiven Wissens als „Einpendeln" des gemeinsam Erlebten im Vordergrund steht, ist dies auf Basis von Interviews, an denen nur zwei Personen (inkl. Interviewerin) beteiligt sind, nicht realisierbar. Die Textsortentrennung ist hier ein wesentliches Analyseinstrument (vgl. Nohl 2006, S. 48ff.). Um zu den erlebten Erfahrungen der Befragten zu gelangen, ist die Unterscheidung zwischen Erzählung, Beschreibung, biographischen Entwürfen, Argumentation und Bewertung notwendig (vgl. Bohnsack 2014, S. 67). Während sich insbesondere in Stegreiferzählungen Erfahrungen kondensieren und verdichten, bestehen argumentative Passagen aus theoretisiertem Wissen, dass lediglich auf kommunikatives bzw. gesellschaftlich-objektiviertes Wissen verweist und Motive sowie Einstellungen zum Ausdruck bringt. Das Ziel der dokumentarischen Methode ist es aber, die in die Beschreibungen und Erzählungen eingelassenen Erfahrungen und die korrespondierenden Handlungspraktiken freizulegen (Nohl 2006, S. 26). Nichtsdestotrotz können Argumentationen mit Erzählungen und Beschreibungen verwoben sein und über diesen Weg Einzug in die Analyse finden (Nohl 2006, S. 48). Im Unterschied zur Analyse von Gruppendiskussionen, in der man davon ausgeht, dass sich der kollektive Charakter einer Orientierung ebenso in der performativen Struktur bzw. der Art und Weise des formalen Bezugs von Redebeiträgen aufeinander dokumentiert (Bohnsack 2014, S. 126), lässt sich der kollektive Charakter auf der Basis von Interviews ausschließlich über die kontinuierliche Komparation variierende Sequenzen bestimmen.

Demgegenüber zielt die reflektierende Interpretation auf die Identifikation des dokumentarischen Sinngehalts und folgt den Fragen: „Was zeigt sich hier über den Fall? Welche Bestrebungen und/oder welche Abgrenzungen sind in den Äußerungen, den Diskursbewegungen impliziert?“ und „Auf welche Art und Weise wird ein Thema oder Problem bearbeitet?“ (Przyborski 2004, S. 55). Den Ausgangspunkt der Analyse bilden Beschreibungen oder Stegreiferzählungen, in denen die Befragten versuchen, ihre Erfahrungen und Erlebnisse verstehbar zu machen. Das zentrale Anliegen besteht also in der Identifikation gemeinsamer Sinngehalte in unterschiedlichen thematischen Äußerungen. Praktisch lässt sich die reflektierende Interpretation als Suche nach „Strukturmerkmalen von Orientierungen“ (Przyborski 2004, S. 56) oder den konstituierenden Rahmungen des Erfahrungsraums (Bohnsack 2014, S. 138) beschreiben. Während positive Vergleichshorizonte eine angestrebte Richtung oder Ideale anzeigen, dokumentiert sich in negativen Vergleichshorizonten hingegen die Ablehnung einer bestimmten Orientierung. Bei der Rekonstruktion der ethischen Rechtfertigungsordnung, d. h. derjenigen Bezüge, die ethische Bankmitarbeiter_innen bemühen, wenn sie sich selbst als ethische Banker_innen oder die Bank als Arbeitgeber beschreiben, kommt der Differenzierung in positive und negative Vergleichshorizonte eine wichtige Bedeutung zu. Diese sind nämlich durch ein spezifisches Wechselspiel von Identifikation und Abgrenzung charakterisiert, das Aufschluss über die innere Logik des ethischen Bankenwesens gibt.

Ziel der Rekonstruktion mittels der dokumentarischen Methode ist die Bildung von Typologien. Durch eine vergleichende Interpretation des Umgangs der Befragten mit den zur Diskussion gestellten Themen und artikulierten Problemen wird die Art und Weise, wie diese bearbeitet werden, analysiert und zu Typen zusammengefasst. Dabei unterscheidet die dokumentarische Methode grundsätzlich zwei Formen der Typologisierung: Das Ziel der sinngenetischen Typenbildung ist es zu zeigen, „in welch unterschiedlichen Orientierungsrahmen die erforschten Personen jene Themen und Problemstellungen bearbeiten, die im Zentrum der Forschung stehen“ (Nohl 2006, S. 57). Die soziogenetische Typenbildung geht hingegen der Frage nach, wie die Bedingungen und sozialen Zusammenhänge (z. B. soziale Herkunft, Geschlecht etc.) dieser unterschiedlichen Verarbeitungsformen beschaffen sind.

5.5   Sozialstatistik und Sample

Insgesamt wurden 27 Interviews mit Mitarbeiter_innen ethischer Banken im Alter zwischen 25 und 64 Jahren (Jahrgang 1953 bis 1992) durchgeführt, wovon siebzehn der Befragten männlich und zwölf weiblich waren. Die befragten Personen leben im Rhein-Main-Gebiet, im Raum Köln und Bochum sowie in Thüringen. Auf Basis des Klassenschemas von Eriksson, Goldthorpe und Portocarero (vgl. Erikson und Goldthorpe 1992, Goldthorpe 2000) werden die Befragten der oberen und unteren Dienstklasse zugeordnet. Die obere Dienstklasse ist dabei durch die interviewten Vorstände und Vorstandsvorsitzenden repräsentiert; Personen der unteren Dienstklasse werden als Angestellte der ausführenden manuellen Klasse mit beschränkten Entscheidungsbefugnissen kategorisiert. Diese zeichnen sich dennoch durch hohe berufliche Qualifikationen und Leitungspositionen im Privat- und Geschäftskund_innenbereich, dem Vermögensmanagement und der Administration aus. Alle Befragten lassen sich entsprechend der etablierten Mittelschicht zuordnen. Die Tabellen 1 und 2 zeigen die beruflichen Bereiche, aus denen die befragten Personen stammen: sechs Personen sind im strategischen und operativen Geschäft (Führungsebene) tätig, drei bankexterne Berater sind mit rein strategischen Aufgaben bedacht, während je zwei Personen dem internen und externen Service zugeordnet werden können (Presse, Marketing, Organisation). Die Tabelle 2 differenziert zusätzlich die beratenden Tätigkeiten nach ihrer jeweiligen Funktion.

Tab. 1   Personen mit strategischen und Service-Aufgaben

Geschäftsleiter	Führung	Strategische Aufgaben und operatives Geschäft (6)
Vorstandsvorsitz	Führung	
Geschäftsleiterin	Führung	
Geschäftsleiter	Führung	
Vorstandssprecher	Führung	
Vorstand	Führung	
Aufsichtsrat	Kontrolle	Strategisch (3)
Aufsichtsrat GLS Treuhand	Kontrolle	
Umweltrat	Kontrolle	
Organisation	Admin/Service	Service intern (2)
Manager IT & Operations	Admin/Service	
Presse	Presse/Marketing	Service extern (2)
Marketing	Presse/Marketing	

Tab. 2   Personen in beratenden Bereichen

Kreditberaterin	Beratung
Firmenkund_innenberater	Beratung
Vermögensmanagement	Beratung
Vermögensmanagement	Beratung
Assistent Vermögensmanagement	Beratung
Leiterin Firmenkund_innenberatung	Beratung
Regionalleiter, Kreditberatung	Beratung
Kund_innenbetreuung/ Stiftung/Projekt-finanzierung	Beratung
Regionalleiter/Kreditkund_innen-beratung	Beratung
Kreditberatung	Beratung
Firmenkund_innenberatung	Beratung
Privatkund_innenbetreuer	Beratung
Firmenkund_innenberater	Beratung
Business Analyst	Beratung

(operatives Geschäft (14))

Die Sozialstatistik sowie die Analyse der qualitativen Daten verdeutlicht, dass in den Herkunftsmilieus der Befragten wenige Arbeiter_innen und wenige Beamt_innen vertreten sind, während Angestellte und die akademisch freien Berufe deutlich dominieren (vgl. Tab. 3). Vor dem Hintergrund der derzeitigen sozialstrukturellen Verteilung des Samples lässt sich darauf schließen, dass soziale Mobilität in der Generationenfolge nur minimal ausgeprägt ist (Vergleich Spalte 2 mit Spalte 3). Allerdings lässt sich mit Blick auf die berufliche Laufbahn der Befragten feststellen, dass dort keine Abstiege zu verzeichnen sind. Im Gegenteil, nahezu alle Befragten konnten ihre Positionen vor dem Wechsel mit dem Übergang in die ethische Bank verbessern. Möglicherweise ging der Wechsel weniger mit Statusverlusten als vielmehr mit finanziellen Einbußen einher.

Tab. 3   Inter- und intragenerationale Mobilität und Schichtzugehörigkeit

	Bildungsstand	Herkunftsmilieu/ Schicht	Berufliche Mobilität
001, 1960er	Abitur, kaufmännische Lehre, Hochschulabschluss	Techniker (Angestellte)	*Berufliche Position vor Wechsel:* Leitungsfunktion Private Banking, konventionelle Privatbank *Derzeitige berufliche Position:* Führungsposition, ethische Bank
002, 1950er	Bankausbildung, Hochschulstudium (VWL)	k. A.	*Berufliche Position vor Wechsel:* Ausbildung ethische Bank *Derzeitige berufliche Position:* Führungsposition, ethische Bank

	Bildungsstand	Herkunftsmilieu/ Schicht	Berufliche Mobilität
003, 1960er	Mittlere Reife, Bankbetriebswirtin	Landwirte	*Berufliche Position vor Wechsel:* Administration Unternehmen *Derzeitige berufliche Position:* Kreditberaterin, ethische Bank
004, 1960er	Abitur, Hochschule Dipl. Kaufmann	Musiker	*Berufliche Position vor Wechsel:* konventionelle Privatbank, temporäre Selbstständigkeit *Derzeitige berufliche Position:* Führungsposition, ethische Bank
005, 1960er	Fachhochschulreife, Sparkassenbetriebswirtin, Bankfachwirtin	Landwirte	*Berufliche Position vor Wechsel:* öffentlich-rechtliches Kreditinstitut *Derzeitige berufliche Position:* Kreditberatung, ethische Bank
006, 1950er	Abitur, Hochschulabschluss (Sozial- und Geisteswissenschaften, Volkswirtschaftslehre)	Deutsche Bundesbahn/Zahnarzthelferin	*Berufliche Position vor Wechsel:* konventionelle Privatbank *Derzeitige berufliche Position:* Führungsposition, ethische Bank
007, 1950er	Abitur, Hochschulabschluss und Promotion (Biologie)	Arzt	*Berufliche Position vor Wechsel:* außerhalb der Bankenbranche *Derzeitige berufliche Position:* externe Beraterin in Kontrollgremium, ethische Bank
008, 1960er	Mittlere Reife, kaufmännische Lehre Bankkaufmann	Maurer	*Berufliche Position vor Wechsel:* Leitungsfunktion, konventionelle Privatbank *Derzeitige berufliche Position:* Leitungsfunktion, ethische Bank
009, 1950er	Abitur, abgeschlossene kaufmännische Lehre	Berufssoldat/ Krankenschwester	*Berufliche Position vor Wechsel:* öffentlich-rechtliches Kreditinstitut, konventionelle Privatbank *Derzeitige berufliche Position:* Führungsposition, ethische Bank
010, 1950er	Abitur, abgeschlossene kaufmännische Lehre, Hochschulabschluss (Haushaltsökonomie)	Kaufmann	*Berufliche Position vor Wechsel:* öffentlich-rechtliches Kreditinstitut *Derzeitige berufliche Position:* Abteilungsleitung, ethische Bank
010, 1980er	Abitur, Fachhochschulabschluss	Informatiker/ Bäckerfachverkäuferin	*Berufliche Position vor Wechsel:* konventionelle Privatbank, Privatkundengeschäft *Derzeitige berufliche Position:* Abteilungsleitung Vermögensmanagement, ethische Bank

	Bildungsstand	Herkunftsmilieu/ Schicht	Berufliche Mobilität
011, 1980er	Mittlere Reife, kaufmännische Lehre IHK	Versicherungskaufmann/ Stenokontoristin, Versicherungssachbearbeiterin	*Berufliche Position vor Wechsel:* konventionelle Privatbank *Derzeitige berufliche Position:* Vermögensmanagement, ethische Bank
012, 1960er	Abitur, Hochschulabschluss BWL	Schiffsbauer, Bürokaufmann, Versicherungskaumann/Krankenschwester	*Berufliche Position vor Wechsel:* konventionelle Investmentbank *Derzeitige berufliche Position:* Abteilungsleitung Vermögensmanagement, ethische Bank
013, 1960er	Abitur, abgeschlossene kaufmännische Lehre, Bankkaufmann	Bauarbeiter/ Hausfrau	*Berufliche Position vor Wechsel:* öffentlich-rechtliches Kreditinstitut *Derzeitige berufliche Position:* Regionalleiter, Kreditabteilung, ethische Bank
014, 1950er	Fachhochschulreife, Fachhochschulabschluss	Elektriker, Lokführer/Steuerfachgehilfin	*Berufliche Position vor Wechsel:* ethische Bank *Derzeitige berufliche Position:* Nicht-Regierungsorganisation
015, 1970er	Abitur, Hochschulabschluss (Jura)	Professor/ Lehrerin	*Berufliche Position vor Wechsel:* außerhalb der Bankenbranche *Derzeitige berufliche Position:* außerhalb der Bankenbranche, externe Beraterin in Kontrollgremium, ethische Bank
016, 1960er	Abitur, Berufsschulabschluss Bankkauffrau	Bäcker, Fleischwurstwarenverkaufsfahrer	*Berufliche Position vor Wechsel:* konventionelle Privatbank, Privatkundengeschäft *Derzeitige berufliche Position:* Kreditberatung, ethische Bank
017, 1970er	Fachhochschulreife, Berufsschulabschluss Bankkauffrau	Eisenbahnerin	*Berufliche Position vor Wechsel:* öffentlich-rechtliches Kreditinstitut, Anlageberatung *Derzeitige berufliche Position:* Organisation und Administration, ethische Bank
018, 1960er	Fachhochschulreife, Berufsschulabschluss Bankkauffrau	Angelernter Verwaltungsangestellter	*Berufliche Position vor Wechsel:* konventionelle Privatbank *Derzeitige berufliche Position:* Regionalleitung Kreditgeschäft, ethische Bank
019, 1960er	Abitur Hochschulabschluss (Germanistik)	Kaufmännische Angestellte (beide)	*Berufliche Position vor Wechsel:* außerhalb der Bankenbranche *Derzeitige berufliche Position:* Presseabteilung und Öffentlichkeitsarbeit, ethische Bank

	Bildungsstand	Herkunftsmilieu/ Schicht	Berufliche Mobilität
020, 1950er	Mittlere Reife, abgeschlossene kaufmännische Lehre, Bankkauffrau	Ingenieur	*Berufliche Position vor Wechsel:* öffentlich-rechtliches Kreditinstitut *Derzeitige berufliche Position:* Abteilungsleitung Kreditberatung, ethische Bank
021, 1960er	Abitur, abgeschlossene kaufmännische Lehre, Fachwirtin für Finanzberatung (IHK)	Fernmeldeingenieur, Postangestellte	*Berufliche Position vor Wechsel:* konventionelle Investmentbank, Devisenhandel *Derzeitige berufliche Position:* externe Beraterin in Kontrollgremium
022 1950er	Abitur, Hochschulabschluss (Soziologie, Master Social Finance)	Justizamtmann	*Berufliche Position vor Wechsel:* konventionelle Privatbank *Derzeitige berufliche Position:* Manager IT & Operations, ethische Bank
023, 1970er	Abitur, abgeschlossene kaufmännische Lehre, Fachhochschulabschluss	Textilmeister/ Weberin	*Berufliche Position vor Wechsel:* konventionelle Privatbank, Firmenkundengeschäft *Derzeitige berufliche Position:* Firmenkundengeschäft, ethische Bank
024, 1990er	Mittlere Reife, abgeschlossene kaufmännische Lehre, Weiterbildung Personalfachkaufmann	Arzt/Ergotherapeutin (selbstständig)	*Berufliche Position vor Wechsel:* Ausbildung ethische Bank *Derzeitige berufliche Position:* Kreditberatung, ethische Bank
025, 1980er	Abitur, Hochschulabschluss (Volkswirtschaftslehre)	IT-Administrator (Ausbildung)	*Berufliche Position vor Wechsel:* deutscher Versicherungskonzern *Derzeitige berufliche Position:* Business Analyst, ethische Bank
026, 1960er	Abitur, FH (Betriebswirtschaftslehre)	Lehrer/ Schneiderin	*Berufliche Position vor Wechsel:* öffentlich-rechtliches Kreditinstitut *Derzeitige berufliche Position:* Firmenkundenberatung, Finanzierung, ethische Bank
027, 1970er	Abitur, Hochschulstudium (nicht abgeschlossen)	Dipl. Ingenieur/ Lehrerin	*Berufliche Position vor Wechsel:* Marketing, nachhaltiges Unternehmen *Derzeitige berufliche Position:* Marketing, Öffentlichkeitsarbeit

Praktiken der Kritik in Phasen der beruflichen Umorientierung[124]

In der gesellschaftlichen Wahrnehmung erhalten ethische Banken derzeit und vor allem seit der weltweiten Finanz- und Wirtschaftskrise großen Zuspruch und Anerkennung. Sie bieten nicht nur für Kund_innen, sondern auch für konventionelle Banker_innen die Möglichkeit, ihrem Unmut gegenüber dem konventionellen Bankenwesen Ausdruck zu verleihen. Die Beschreibung beruflicher Werdegänge ethischer Banker_innen und speziell deren Rechtfertigungen für den beruflichen Wechsel lassen spezifische handlungsleitende Orientierungen erkennen, die es im Folgenden differenziert zu analysieren gilt. Die narrativen Rekapitulationen beruflicher Werdegänge beinhalten immer auch Deutungen, d. h. positive und negative Vergleichshorizonte der jeweiligen Unternehmen, in denen die Akteure tätig waren und sind. Diese Erzählungen versprechen eine gewinnbringende Grundlage zur Analyse von Rechtfertigungsstrukturen und geben somit Auskunft über handlungsleitende Orientierungen im ethischen Bankenwesen.

Um kritische Kompetenzen und reflexive Fähigkeiten, wie sie sich aus dem Interviewmaterial heraus ergeben, empirisch fass- und beschreibbar zu machen, wählen Boltanski und Thévenot spezifische, durch einen Konflikt geprägte Situationen als Ausgangspunkte. Zentral ist dabei, dass der aktuelle handlungsleitende Sinn einer Situation, einer Handlung oder einer Routine infrage gestellt wird. Dieser Bruch bzw. das „Feststellen, dass etwas falsch läuft" (Boltanski und Thévenot 2011, S. 43), ist gekennzeichnet durch eine hohe Reflexivität der Akteure und schlägt sich in konkretem Handeln nieder. Der methodologische Zugang zu den Handlungsorientierungen über den Disput macht deutlich, wie Akteure ihr Handeln vor sich selbst und anderen rechtfertigen, wenn sie dazu gezwungen sind, denn in solchen Situationen werden ihre reflexiven und kritischen Kompetenzen unter Beweis gestellt. Dabei beziehen sie sich auf allgemein anerkannte und historisch gebundene Rechtfertigungsordnungen mit dem Ziel, den krisenhaften Moment – den *moment critique* – zu überwinden, um zum Alltäglichen zurückzukehren (Boltanski und Thévenot 2007, S. 43; Celikates 2009, S. 138). Der Argumentation Boltanskis und Thévenots folgend, ergibt sich

---

124 Die folgenden Ausführungen und Ergebnisse basieren auf einer differenzierten Bearbeitung des Materials, wie es bereits im Jahr 2015 veröffentlicht wurde (vgl. Lenz 2015).

© Springer Fachmedien Wiesbaden GmbH, ein Teil von Springer Nature 2019
S. Lenz, *Ethische Geldinstitute*, Wirtschaft + Gesellschaft,
https://doi.org/10.1007/978-3-658-22390-8_6

aus dem Zusammenspiel dieser inneren reflexiven Wendung mit konkretem kritischem Handeln ein neuer angemessener und handlungsleitender Sinn.

Dieses Kapitel widmet sich vor diesem Hintergrund der Rekonstruktion der *moments critiques* ethischer Bankmitarbeiter_innen im Kontext einer beruflichen Umbruchphase. Im Zentrum steht die Frage, worin sich zentrale berufsbiografische Bedingungen zeigen, die zu einem Wechsel ins ethische Bankenwesen führen. Dabei wird davon ausgegangen, dass sich in diesen Beschreibungen unterschiedliche Formen von Kritik verdichten.

Grundsätzlich lassen sich zwei Formen der Kritik differenzieren, die hinsichtlich des Standpunktes, von dem aus kritisiert wird, und des Adressaten, an den sich die Kritik wendet, unterschieden werden können (Celikates 2009, S. 160 f.; Stahl 2013, S. 19-34). Wenn die Kritik im Selbstverständnis der Kritisierenden verankert ist und bestehende Normen des Standpunktes nicht infrage gestellt werden, ist der Bezug auf einen äußeren Standpunkt obsolet; sie ist nicht auf ihn angewiesen. Boltanski (2013, S. 106) bezeichnet dies als „Zweifeln" an der Angemessenheit als Realitätsprüfung. Zielt die Kritik auf eine Korrektur bestehender Realitäten und erkennt dabei aber das vorherrschende Rechtfertigungsregime an, so nennt sie Boltanski reformistische Kritik. Diese, auch als intern bezeichnete Form der Kritik, geht nicht über ihren gesetzten normativen Rahmen hinaus. Beruft sich eine Kritik hingegen auf einen Standpunkt, der unabhängig ihres eigenen Selbstverständnisses (des Kollektivs oder des Individuums) existiert und zum Beispiel als objektive Theorie vorliegt, dann heißt diese Form der Gesellschaftskritik externe Kritik. Um legitimierbar zu sein, muss sich externe Kritik auf ein ihr fremdes Gerechtigkeitsprinzip beziehen, weshalb sie auch kontexttranszendierende Kritik genannt wird. Boltanski schreibt dieser Form einen radikaleren Modus zu, da die „angewendete Rechtfertigungsordnung selbst oder ihre Angemessenheit in der vorliegenden Situation" (Celikates 2009, S. 149 ff.) infrage gestellt wird. Auch ethische Banken distanzieren sich von den normativen Grundlagen des herkömmlichen Bankenwesens, indem sie beispielsweise die Verteilung von Geld auf Basis des Marktmechanismus kritisieren. Diese Kritik kann zunächst als transzendierende, also externe Kritik gedeutet werden, da das normative Prinzip „mit Geld Gutes tun" kein Bestandteil des derzeitig dominanten Bankwesens ist. Um sich dem kritischen Handeln der befragten Bankmitarbeiter_innen anzunähern, werden im Folgenden die subjektiven Gründe und Motivationen ethischer Banker ins Zentrum der Analyse gestellt.

Ausgehend von diesen analytisch differenzierten Modi der Kritik ergeben sich drei für das empirische Material spezifische Typen von *moments critiques*. Diese lassen sich entlang der Ansprüche nach mehr Autonomie, dem Streben nach einer Übereinstimmung zwischen sozialen und beruflichem Umfeld und dem Wunsch differenzieren, Anerkennung für die eigene berufliche Qualifikation zu erhalten. Diese variierenden Typen des Wechsels verweisen gleichsam auf die je spezifischen Legitimationen des eigenen Handelns, die sich in einem beruflichen Wechsel verdichten. Die Befunde verweisen zum einen darauf, dass ein Wechsel durch „Langeweile" getrieben sein kann. Hier plausibilisiert der Mangel an kreativen Gestaltungsspielräumen und das Streben nach Selbstverwirklichung die berufliche Umorientierung (Typ 1). Stehen die berufliche Tätigkeit als Banker_in und außerberufliche Orientierungen, Lebensstile, Interessen und Erfahrungen im Konflikt miteinander und dient dieser Konflikt der Legitimation des Wechsels ins ethische Bankenwesen, dann handelt es sich um den Typ 2 „Wechsel für Übereinstimmung zwischen sozialem Umfeld und beruflicher Tätigkeit". Typ 3 „Wechsel gegen Degradierung und Dequalifizierung" beinhaltet alle Orientierungen, die die Folgen von Verkaufsdruck und Zielvorgaben als kritischen Wendepunkt der Berufsbiografie thematisieren. Die ethische Bank bietet insofern einen positiven Bezugspunkt, da die Befragten eine Art Reaktivierung ihrer Qualifikation als Berater_innen beschreiben, während sie sich in der konventionellen Bank zu Verkäufer_innen degradiert sahen. Dort hatten sie keine Kenntnis von der Zusammensetzung der Produkte, die zu verkaufen sie gezwungen waren. Im Folgenden werden die drei Typen rekonstruiert. Daran anschließend werden die Befunde hinsichtlich der Formen von Kritik gedeutet.

6.1 Wechsel für Autonomie, Enthierarchisierung und Selbstverwirklichung

Ein gemeinsames Merkmal aller befragten ethischen Banker_innen besteht darin, dass sie ihre berufliche Karriere nicht in einer ethischen Bank begonnen haben, sondern aus je unterschiedlichen Gründen einen Arbeitsplatzwechsel weg vom konventionellen Bankwesen vollzogen haben. Für die Zeit nach der weltweiten Finanz- und Wirtschaftskrise, mit der ein durch die mediale Öffentlichkeit gestützter, Anerkennungs- und Reputationsverlust konventioneller Banken einherging, könnte erklärend die wachsende Bestätigung ethischer Banken als „die Guten" – wie ethische Banker_innen ihr Geldinstitut nicht selten beschreiben – herangezogen werden. Eine andere Deutung, die sich aus dem empirischen Material ergibt, bezieht sich auf eine wachsende „Reservearmee" an Banker_innen, die die Gelegenheit einer Kündigung zum Anlass nehmen, um sich neu zu orientieren:

> „[M]an darf eins auch nicht vergessen, die gesamte Bankbranche ist unter einem wahnsinnigen Umstrukturierungsdruck und da werden auch Leute freigesetzt, das ist komplett normal, weil die einfach die Personalzahlen immer nach unten bringen wollen und dann spült es einfach auch Leute mal raus aus so Großunternehmen, ist komplett normal. Und die sich neu orientieren, die stellen sich dann die Frage: Hm, will ich nochmal in so einer konventionellen Großbank arbeiten oder will ich vielleicht doch was Anderes?" (12, 207)

Frau Evers ist seit 2013 als Firmenkundenberaterin in einer ethischen Bank tätig. Ihre berufliche Karriere begann sie, trotz anfänglicher Abneigung gegenüber der Banktätigkeit und der Befürchtung, es sei „unaufregend" und „trocken", in einer konventionellen deutschen Bank. Auch in weiteren Interviews lassen sich Argumente finden, die der konventionellen Banktätigkeit „Langeweile" und „fehlende Herausforderungen" zuschreiben oder die „Schaltertätigkeit" als eine Funktion, „die dann auch nicht so viel fordert", bezeichnen.

„Ich wollte eigentlich ein bisschen was Bunteres haben und hab eigentlich die Überlegung gehabt, ich würde gerne in den Bereich Marketing gehen. Ich hab das auch im Hauptstudium studiert und fand das, ja naiv im Nachhinein, eigentlich eine ganz tolle Idee. Das hat sich im Nachhinein Gott sei Dank anders rausgestellt, das ist ein Zufall gewesen, dass ich dann zur Bank gegangen bin." *(12,5)*

Trotz ihres anfänglichen Wunsches, eine Tätigkeit im Bereich des Marketings aufzunehmen, entschied sich Frau Evers für einen Berufseinstieg in einer konventionellen Bank. In der Beschreibung des früheren Arbeitgebers, dessen Entwicklung Frau Evers von einer „relativ kleinen Regionalbank" durch „verschiedene Übernahmen und Fusionen zu einem internationalen Konzern" beschreibt, wird deutlich, dass persönliche Weiterentwicklung, Herausforderungen und Abwechslung im beruflichen Alltag eine besondere Bedeutung zukommen. So betont sie an mehreren Stellen des Interviews, wie „toll [sie es] immer gefunden" habe, „in einem größeren Laden zu arbeiten und da immer wieder neue Herausforderungen zu haben". Weniger ablehnend der Entscheidung gegenüber, als junger Mensch überhaupt eine Tätigkeit in einer Bank aufgenommen zu haben, beschreibt auch Frau Schmidt-Speicher, die derzeitig in der Kreditvergabe einer ethischen Bank tätig ist, rückblickend ihre Eindrücke dieser ersten Berufsjahre. Mehrere Jahrzehnte habe sie bei einer konventionellen Bank – einer „konservativen Sparkasse" gearbeitet, im Jahr 2006 sei sie dann aber zur GLS gewechselt. Sie berichtet, dass ihre Motivation für eine Ausbildung zur Bankerin gewesen sei, dass „man viel mit Menschen in Kontakt kommt und gute Einblicke in Situationen bekommt und vielleicht was bewirken kann"; darüber hinaus sei sie immer schon ein „Zahlenmensch" gewesen. Während diese Mischung aus Kundenkontakt und professionellem rationalem Bankgeschäft einst ihre Grundmotivation begründete, die Tätigkeit der Bankkauffrau auszuüben, habe sich das „Bild des Bankers in den letzten Jahren geändert". Zwar distanziert sich Frau Schmidt-Speicher an dieser Stelle von den Vorgehensweisen und Tätigkeitsfeldern einer konventionellen Bank – konkret kritisiert sie den Anforderungswandel der „qualifizierten Beratung" in den letzten Jahrzehnten hin zu einer strengeren Renditeorientierung:

„Rendite, Rendite und noch mehr Rendite. Was mich zunehmend gestört hat, dieses Thema, gar nicht mal darauf zu blicken, was braucht denn eigentlich der Kunde, was braucht das Unternehmen, sondern eher im Fokus zu haben, womit kann ich denn das höchste Provisionsergebnis erzielen." *(20, 20-24)*

Im weiteren Verlauf des Interviews wird allerdings deutlich, dass es nicht die Kritik an den Strukturen und dem Wandel des Bankensystems bzw. am neoliberalen Kapitalismus mit seiner „Wachstum-um-jeden-Preis"-Mentalität ist, die sie dazu bewegte, sich von der konventionellen Bank abzuwenden. Die zentrale Grundlage ihrer Motivation des Wechsels von der konventionellen Bankertätigkeit zu einer ethischen Bank beruht vielmehr auf einer empfundenen „Gleichförmigkeit", die sich mit der Hinwendung zur Renditeorientierung einstellte:

„Zumindest in den Anfängen, als ich jung war, ja, da war das auch so [mangelnde Motivation, ,dass ich das gerne mache', S. L.]. Aber in den letzten zehn, fünfzehn Jahren, wo sich, wie gesagt, auch, ich finde, gerade das Bild eines Bankers auch sehr verändert hat, kann ich das nicht mehr unbedingt sagen. Also ich will jetzt nicht sagen, dass ich unmotiviert immer zur Arbeit gegangen bin. Das wäre jetzt auch übertrieben. Schon mit einer gewissen Motivation auch, sonst hätte ich sicherlich da auch nicht Karriere gemacht. Nein, aber es ist schon so, dass bei so einer gesattelten Sparkasse war es sehr gleichförmig zum Schluss. Hatte nicht mehr viel etwas Spannendes. Und die Frage, was man da wirklich tagtäglich macht, die konnte man sich wirklich immer stellen." (20, 69-77)

Die Wahrnehmung zunehmender Gleichförmigkeit und der Reduktion des eigenen Handlungsspielraums in Folge der politisch-ökonomischen Entwicklungen, die sich als Übergang vom organisierten zum flexiblen Kapitalismus beschreiben lassen (Windolf 2005), verdichten sich in den Erzählungen von Frau Evers in einem Wandel, den sie selbst als „kulturellen Wandel der Bankenwelt" beschreibt. Dieser Wandel bestärkte sie im Jahr 2013 darin, sich jenseits der konventionellen Großbank beruflich neu zu orientieren. Merkmale dieses kulturellen Wandels verdeutlicht sie vor allem an zunehmenden Regulierungen (hier Basel III) sowie der Orientierung am Shareholder-Value[125], die sich in „Konkurrenz, sehr starke[m] Denken und Fokussierung auf Rentabilität [sowie] Personalverschiebungen, Personalfreisetzung und Restrukturierungen" äußern. Interessant ist, dass die Ablehnung beider Mechanismen – sowohl Regulierung als auch De-Regulierung – auf eine Wahrnehmung starker externer Kontrolle verweist: nicht nur in Form von staatlicher, sondern auch marktlicher Begrenzungen der eigenen Handlungsfreiheit. Die Ähnlichkeiten in den Argumentationen von Frau Evers und Frau Schmidt-Speicher machen deutlich, dass der Kritik an der Verengung von Handlungsspielräumen eine zentrale Bedeutung zukommt. In der Folge erlebt sich Frau Evers selbst gefangen in einer Art „Sandwich-Position", in der der Freiraum für eigene strategische Entscheidungen immer kleiner wurde:

„Ähm, es hat sich in den Banken, und da ist die konventionelle Bank keine Ausnahme, ein sehr starker kultureller Wandel vollzogen. Ähm, also hin, also einfach getrieben durch Bankenregulierung und durch immer stärker werdende Konkurrenz, ein sehr sehr starkes Denken und Fokussierung auf Rentabilität und was dann auch zur Folge hatte, weil die Banken, ähm, ja die haben en großen Kostenblock auf der Personalkostenseite und das, das zur Folge hatte, dass eine Umstrukturierungsmaßnahme nach der nächsten äh umgesetzt wurde. Immer auch verbunden mit Personalverschiebungen, Personalfreisetzung, und das hat mich irgendwann auch ein Stück weit ermüdet als Führungskraft." (12, 57-64)

---

125 Unter dem Begriff Shareholder-Value werden allgemein Unternehmens- und Finanzmarktpraktiken verstanden, deren primäres Interesse in der kurzfristigen Profitmaximierung für die Anteilseigner liegt.

„Was man in einem Großkonzern, selbst wenn man da auf einer Führungsebene ist, ähm, ist man immer in einer klassischen Sandwich-Position, das bedeutet, der Freiraum für strategische Entscheidungen, der ist immer kleiner geworden, das hab ich vorhin nicht erwähnt, das war für mich aber ein ganz wesentlicher Punkt, weil man hatte da am An- fang, als ich das angefangen habe, in der Führungsposition zu arbeiten, einen sehr hohen Freiheitsgrad in der Bank, man konnte noch sehr viel selber machen und entscheiden, das ist zunehmend immer stärker eingegrenzt worden und da war meine Idee wirklich zu sagen: Geh lieber in ein kleineres Unternehmen, da ist das unter Umständen mehr gegeben, ähm, da kannst du für dich auch nochmal was lernen und dich weiterentwickeln für m- mit Themen, mit denen ich bislang gar nix zu tun hatte.“ (12, 121-131)

Die Attraktivität der Tätigkeit in einem kleinen mittelständischen Unternehmen (kurz: KMU) beschreibt Frau Evers als „einfach die Seite zu wechseln". Hinter dieser Aussage steckt die Vorstellung, nicht als Firmenkundenberaterin die strategischen Entscheidungen der Unternehmen zu beobachten und gegebenenfalls zu finanzieren, sondern aus dem eigenen unternehmerischen Interesse heraus relevante Entscheidungen selbst zu treffen und tragen zu können:

„Es ist ein Unterschied, ob ich eine Bilanz nur lese oder ob ich die selber mitgestalte, ja? Das ist ein totaler Unterschied. So, und also insoweit war so für mich echt die Überlegung mehr ins Tun zu kommen und nicht nur von außen drauf zu gucken, mehr Gestalten und mehr äh Mitwirken ja, also aktives ja, strategisches Mitwirken, das war so die Idee." (12, 129-133)

Frau Evers empfindet sich in ihren Entscheidungsspielräumen als Führungskraft durch externe Regulierungen und Shareholder-Value-Orientierungen eingeschränkt und ge- hemmt, weshalb sie ein KMU als Arbeitgeber aufgrund vermuteter Freiheit von Markt- und Staatszwang präferiert. Ihren Wechsel von der konventionellen Bank in eine ethische Bank begründet sie schließlich mit dem Wunsch nach „Selbstverwirklichung nach der Karriere, die ich bereits in der konventionellen Bank hatte". Schließlich habe sie wie andere das Fernweh, die „Abenteuerlust" gepackt. Selbstverwirklichung im mittleren Lebensalter scheint nicht selten eine legitime Rechtfertigung für einen Wechsel zur ethi- schen Bank zu sein. Gemeinsamkeiten hinsichtlich des konkreten Wechselaktes bestehen sowohl bei Frau Evers wie auch bei Frau Schmidt-Speicher zunächst in einem externen Impuls, der beide dazu anregte, sich mit der Idee, die konventionelle Bank zu verlassen, auseinanderzusetzen. Während Frau Evers keinerlei eigene Anstrengungen unternahm, sondern durch einen Headhunter abgeworben wurde, resultiert die Idee der beruflichen Umorientierung bei Frau Schmidt-Speicher aus ihrem privaten Umfeld bzw. sie liegt in ihren privaten Interessen und der daraus erfolgenden Lebensführung begründet. Durch Zufall, so berichtet sie, sei sie auf die ethische Bank aufmerksam geworden. In den Be- schreibungen Frau Schmidt-Speichers dokumentiert sich ein *moment critique*, der von ihr selbst als Begeisterung für ein alternatives Bankgeschäft beschrieben wird. Sie selbst habe mit ihrem beruflichen Wechsel erkannt, dass „es auch anders geht". Letztendlich sei sie von der Idee der Bank, „im Kreditgeschäft was bewegen können", überzeugt worden. Das habe sie „total begeistert". Obwohl sie „überhaupt nicht vorgehabt [habe], die Stelle zu wechseln" – vielmehr sei sie bereits „unkündbar" als stellvertretendes Vorstandsmitglied in der konventionellen Bank gewesen –, habe sie sich dennoch dazu entschieden, „sich nochmal auf das Wagnis [einzulassen], eine ganz neue Bank kennenzulernen", um u. a. ihren „Marktwert" zu prüfen. Die empfundene Richtigkeit dieser beruflichen Entscheidung trotz anfänglicher Skepsis unterstreicht sie an mehreren Stellen des Interviews. So habe sie es „nie bereut" und sei, im Gegensatz zu früher, nun „ganz anders motiviert", weil sie „jeden Tag merke, wie viel ich selbst bewegen kann". Als besonders anziehend beschreibt sie den Umstand, dass man „jeden Tag ganz andere Facetten des gesellschaftlichen Tuns mitbekommt". Die Tätigkeit bei der ethischen Bank empfindet sie als „Bereicherung" und sieht in ihr die Möglichkeit gegeben, „den letzten 15 Jahren [ihres] Berufslebens nochmal einen anderen Sinn [zu] geben". Der zentrale *moment critique* Frau Schmidt-Speichers verdichtet sich in der Vorstellung – selbstverständlich vor dem Hintergrund beruflich und finanziell gesicherter Verhältnisse –, „ein Wagnis" einzugehen, um etwas Neues zu erleben:

> *„[A]lso da gab es so viele Themen, einfach eine ganz andere Welt, die ich plötzlich entdeckte hier. Und das hat mich total beflügelt." (20, 292-293)*

Während Frau Evers lediglich die Überlegung äußert, ihren unternehmerischen Interessen nachzugehen, diese aber nicht in die Tat umsetzt, verlässt Herr Menke die konventionelle Bank, um sich selbstständig zu machen. Im Nachhinein stellt er diese Phase als eine Art Übergangsstadium dar. Die durch Frau Evers vermutete „Trockenheit des Bankgeschäfts" wird durch Herrn Menke konkreter und detailreicher geschildert. Er berichtet, dass er seine Tätigkeit im Zahlungsverkehr einer deutschen Universalbank als unpersönlich und standardisiert wahrgenommen habe: „Zahlungsverkehr, Rückschriften im Akkord bearbeiten, 150 Checks oder Lastschriften händisch durchtippen". Durch die Aufzählung verdeutlicht er das Tempo der als starr empfundenen Arbeitsabläufe, die strenge Disziplin sowie Kontrolle und vermittelt zudem den Eindruck mechanischer und entfremdeter Fabrikarbeit:

> *„Muss man gut im Griff haben den Ringfinger, drei und neun darf man nicht verwechseln und so, das muss stimmen. Und wenn das nicht stimmt und es ist Viertel vor vier, kommen gleich drei Damen und dann machen wir das alles nochmal, und zwar zusammen, und in fünf Minuten ist es durch, weil das ja dann in den Lauf muss. [...] Aber eine sehr gute, auch wieder, Grundlage und Schulung, um einfach arbeiten zu lernen." (4, 101-107)*

Als junger Familienvater sah Herr Menke sich damit konfrontiert, „Geld [zu] verdienen", obwohl die Tätigkeit „unter seinem Niveau" gewesen sei; positiv hebt er allerdings hervor, dass ihm dadurch ermöglicht worden sei, „erst einmal in die richtige Arbeit einer Bank ein[zu]steigen". Zwar beschreibt er seine Tätigkeit einerseits als eintönig und wenig fordernd, andererseits als eine Phase, in der er das „Arbeiten in einer Bank" erlernen konnte, und bezieht sich dabei auf die bankkaufmännische Fähigkeit des Rechnungswesens:

> *„[...] da habe ich aber gelernt, mit Zahlen umzugehen und auch das schöne Erlebnis zu haben, man rechnet einmal so und man rechnet auch einmal so, und wenn das stimmt, da kann man sicher sein, dass man richtig gerechnet hat. Also dieses Element, immer die Gegenprobe auch zu machen, aus einem anderen Gesichtspunkt heraus, war für mich so ein Lernelement."* (4, 123-127)

Mit Anfang dreißig, nachdem Herr Menke ein Trainee und eine anschließende zweijährige Tätigkeit in einer Filiale der Deutschen Bank absolviert hatte, verließ er schließlich die Bank und gründete eine Gesellschaft für erneuerbare Energien. Seine Begründung kommt der von Frau Evers insofern nahe, als sich beide auf mangelnde Möglichkeiten der eigenen Entwicklung durch hierarchische Strukturen beziehen:

> *„Ich fand es dann schon auch stark hierarchisch und hatte irgendwie das Gefühl, ich kann mich da nicht genügend entwickeln, wie ich mich so damals dann gefühlt hab', mit Anfang dreißig."* (04, 141-143)

Ähnlich wie Frau Evers begründet Herr Menke die Attraktivität der unternehmerischen Tätigkeit in einem kleinen Unternehmen durch den Verweis auf die Unabhängigkeit von internen Hemmnissen, wie sie Hierarchien und Konkurrenz oder externe Restriktionen durch den Markt und Marktregulierungen darstellen. Das Ziel „selbst einen Fonds zu gründen", begründet Herr Menke mit der Wunschvorstellung von „einem Topf Geld, wo ich da dann an der Spitze sitze und entscheide und das Geld vergeben kann".

Nach dem Scheitern der selbstständigen unternehmerischen Tätigkeit kehrte Herr Menke in das Bankgeschäft – diesmal in das ethische – zurück. Seine Erzählungen deuten darauf hin, dass die Wiederaufnahme seiner Bankertätigkeit dadurch motiviert war, eine Verbindung zwischen eigenen unternehmerischen Interessen und dem Bankgewerbe herzustellen. Seine Mitarbeit am Aufbau einer Beteiligungsgesellschaft für Venture Capital (Risikokapital), die später eine Banklizenz erhalten sollte, kommt seiner ursprünglichen Idee und Ausrichtung der Finanzierung nachhaltiger Unternehmen über Fondskapital sehr nahe, sodass er seine Erfahrungen als hilfreich und anschlussfähig erachtet:

> *„Also eigentlich die gleiche Idee von Erneuerbaren, die ich schon mal hatte. Also ich hatte schon mal 'ne gewisse erste Erfahrung, wie man so 'nen Fonds aufbaut, das verwendet, aber natürlich weiterentwickelt."* (4, 168-172)

Flankiert werden die normativen Bezugspunkte der Selbstverwirklichung und der Weiterentwicklung von der Vorstellung, dass insbesondere die Gründungsphase einer Bank durch flache Hierarchien geprägt sei, die der erwarteten Selbstverwirklichung mehr Raum gebe als die Unternehmensstrukturen bereits etablierter Geldinstitute. Wesentliches Argument und Bestandteil der Abgrenzung vom konventionellen Bankenwesen ist das Gefühl, diese Ansprüche nur eingeschränkt realisieren zu können. Herr Menke verweist auf mangelnde Entwicklungsmöglichkeiten durch hierarchische Strukturen und Kontrolle. Frau Evers empfindet sich in ihren Entscheidungsspielräumen als Führungskraft durch externe Regulierungen und Shareholder-Value-Orientierungen eingeschränkt.

Zudem fällt auf, dass sowohl Herr Menke als auch Frau Evers die positive Klassifikation der Tätigkeit in einer ethischen Bank rückbeziehen auf eine grundlegende Unterscheidung zwischen konkret und abstrakt bzw. aktiv und passiv oder anders: produktiv und unproduktiv, die gleichermaßen Differenzierungsmerkmale des konventionellen und ethischen Bankwesens materialisieren. Während Frau Evers in Abgrenzung zur Funktion konventioneller Großbanken die aktive und produktive Teilhabe an strategischen Entscheidungen als „nicht nur von außen drauf gucken" betont, wird bei Herrn Menke die sinnstiftende Unterscheidung zwischen abstrakter Kopfarbeit in einer Großbank und konkreter Handarbeit in der „kleinen ethischen Bank" deutlich. Daraus kann geschlossen werden, dass die wahrgenommene Mittelbarkeit der Produkte ethischen Bankings – wozu auch die Beziehungen zu den Mitarbeiter_innen gehören – einen wesentlichen sinnstiftenden Bezugspunkt impliziert. Herr Menke macht auf eine Art Entfremdung aufmerksam, die sich u. a. in einer Trennung zwischen Hand- und Kopfarbeit artikuliert. Während er die Tätigkeit in einer „Großbank" als abstrakt (lesen, beurteilen, reisen) beschreibt, bezieht er sich positiv auf die „kleine Bank", die durch einen unmittelbaren, konkreten Kontakt mit Kund_innen, Mitarbeiter_innen und dem Bezug zur Landwirtschaft geprägt sei.

> „Das Bankgeschäft ist natürlich einerseits sehr menschlich, mit Kunden, mit Mitarbeitern. Und andererseits auch irgendwo sehr abstrakt, weil man ja sehr viel lesen muss, sehr viel Papier hat, stark auf Papierbasis auch die Dinge beurteilt. Dann viel reist […]. Das ist schon 'ne gewisse Abstraktion dieses Leben, so als Banker. Vielleicht in einer ethischen Bank nochmal etwas weniger, oder vielleicht in einer kleinen Bank etwas weniger, so muss man sagen, als wenn man in einer Großbank ist. Aber der Bezug zum realen Leben, wozu für mich die Landwirtschaft gehört, ist ganz wichtig." (4, 83-92)

In Herrn Menkes Beschreibung und Deutung seiner berufsbiografischen Entwicklung verdichtet sich eine Form von Kritik, die sich auf die hierarchischen Strukturen des konventionellen Bankgeschäfts als Hemmnis der Selbstentfaltung und fehlender autonomer Handlungsspielräume bezieht. Herrn Menkes kritische Bezugspunkte bilden vor allem die standardisierten und wenig flexiblen Strukturen des konventionellen Bankgeschäfts, die einen direkten, d. h. persönlichen und sozialen Bezug zur Tätigkeit und den Kolleg_innen blockieren. Diese als konflikthaft empfundene und durch Entfremdung ausgelöste Situation überwindet Herr Menke erst mit einem Branchen-, dann mit einem Arbeitgeberwechsel.

Das als „abstrakt", „hemmend" (Herr Menke) und „eingegrenzt" (Frau Evers) wahrgenommene konventionelle Bankenwesen verweist auf Entfremdungserfahrungen in der konventionellen Bank. Die Ansprüche auf Selbstentwicklung, Selbstverwirklichung und

autonomes Handeln in der beruflichen Tätigkeit sind unter den gegebenen Umständen
nicht mehr realisierbar.

Alle drei Interviews machen deutlich, dass eine Kritik am konventionellen Bankenwesen
auf eine zunehmende Renditeorientierung fokussiert ist. Allerdings wird diese nicht in
ihrer politischen und ökonomischen Reichweite kritisiert, sondern persönlich gewendet.
Während Frau Evers und Herr Menke bereits zu Beginn ihrer beruflichen Tätigkeit das
„Aufregende" im konventionellen Banking vermissen, relativiert sich die Faszination für das
Bankenwesen bei Frau Schmidt-Speicher erst an dem Punkt, an dem sich der Renditedruck
auf ihre persönliche Arbeitssituation auswirkt. Im Zentrum der vorgebrachten Kritiken
steht der Verlust an Handlungsautonomie durch zunehmende Kontrollen.

6.2   Wechsel für Übereinstimmung zwischen sozialem Umfeld und beruflicher Tätigkeit

Während die Gemeinsamkeiten des ersten Typus sich in *moments critique* verdichten, die
sich in erster Linie auf Selbstverwirklichung durch Autonomie und Enthierarchisierung
beziehen, ist dem zweiten Typ eine Orientierung gemein, die sich in dem Wunsch nach
einer Übereinstimmung zwischen beruflichem und privatem Umfeld verdichtet. Gemeinsam ist den Fällen eine spezifische Form von Kritik am konventionellen Bankenwesen, die
sich weniger auf mangelnde Autonomie, Selbstverwirklichung und entfremdete Arbeit
bezieht. Gründe und Motive für eine Abkehr vom konventionellen Bankenwesen liegen
hier vielmehr darin begründet, einen authentischen bzw. normativ stimmigen Zusammenhang zwischen lebensweltlichen und beruflichen Sphären zu schaffen, wodurch das
familiäre und soziale Umfeld in den Fokus gerät (z. B. das studentische Milieu, die DDR,
die eigene Naturverbundenheit). Ebenfalls im Unterschied zum ersten Typus verweisen
die Fälle des zweiten Typus weniger auf eine intrinsische Motivation zur Aufnahme der
ursprünglichen Tätigkeit als Bankkaufmann oder Bankkauffrau. Es lässt sich rekonstruieren, dass berufliche Orientierungen in den meisten Fällen mit Bezug auf materielle
Sicherheit oder in anderer Weise als extern angestoßen begründet werden. So berichtet
beispielsweise Herr Baum (Leiter der Kreditabteilung), dass er „gar nicht so richtig wusste,
was [er] eigentlich machen soll". Nachdem er eine Ausbildung bei der Finanzverwaltung
gemacht hatte, schloss er auf Wunsch seiner Eltern die Banklehre an. Weiter legitimiert
er diese berufliche Orientierung mit Bezug auf die generelle Arbeitsmarktstruktur und
die damit verbundenen kulturellen Orientierungen in den 1970er- und 1980er-Jahren,
die sich auf den Wandel beruflicher Orientierung auswirkte: Während man nämlich
heute viel mehr an der einmal eingeschlagenen Richtung festhalten müsse, sei früher der
berufliche Werdegang „offener" und weniger von „Existenzängsten" geprägt gewesen.
Seinen beruflichen Werdegang beschreibt er gewissermaßen als eine Abfolge von „trial
and error" insofern, als dass er „einfach was Anderes ausprobiert hat, bis [er irgendetwas
fand], was passt[e]".

Eine ähnliche Orientierung lässt sich bei Frau Thiel (Bereich Organisation) rekonstruieren. Sie ist in der DDR aufgewachsen, hat 1974 ihre kaufmännische Lehre abgeschlossen
und absolvierte danach eine Ausbildung in einem öffentlich-rechtlichen Kreditinstitut.
Ihre Motivation, eine Ausbildung zur Bankkauffrau aufzunehmen, beschreibt sie nicht als
ihre eigene Entscheidung, sondern als von außen beeinflusst. Obwohl es „nie ihr Wunsch
war, Bankerin zu sein", habe sie im politischen System der Deutschen Demokratischen
Republik (DDR) keine andere Möglichkeit gehabt.

> „Das war wirklich, ähm, in der DDR war das so, ich meine, in der neunten Klasse wurde
> festgelegt: Wer darf zum Abitur? Und es gab in jeder Klasse nur drei, die das durften.
> Und, ähm, dann gab's halt, ab der siebenten Klasse gab es so Themen, dass die mit uns
> immer so Firmen gefahren sind, die so in der Nähe sind, ne, und vorgestellt haben, was
> könnte man denn da werden, wenn man mal groß ist, ne. [...] Und, äh, jedes Mal kam
> ich nach Hause, und meine Mutter meinte: ‚Und?' Ich sach: ‚Nee! Die zeigen mir immer
> genau das, was ich nicht will.' Und einmal, das weiß ich noch wie heute, da standen
> wir, da hatten wir uns in der Stadt getroffen, weil sie musste noch zur Sparkasse, und sie
> sachte ‚Und?', ich sag ‚Nee, die haben mir wieder was gezeigt, was ich nicht will!' Und
> dann sacht se: ‚Ja, oder willste mal hier am Schalter sitzen? Willste doch auch nicht!'
> Ich sag: ‚Nee, will ich auch nicht!' ((lacht)). Und das war so süß, mein erster Arbeitstag
> dann in der Sparkasse war tatsächlich dann bei der Kollegin, und die hatte das Gespräch
> mitbekommen, was ich mit meiner Mutter am Schalter führte! Aber die war ganz nett,
> sagt sie: ‚Du wolltest doch nie hier sitzen… ', ‚Ja.' Ich sag: ‚Kommt immer anders, als
> man denkt!'" (17, 399-418)

Instruktiv für andere Interviews verweist diese Passage auf das Fehlen einer intrinsischen
Motivation für eine Tätigkeit als Bankmitarbeiterin. Vielmehr deutet die Interviewte an,
dass die Wahl des Berufes stark durch externe Faktoren beeinflusst war.

Darüber hinaus kommt der sozialistischen Sozialisationserfahrung in ihren Ausführungen eine besondere Bedeutung zu. Zentrale Deutungsmuster verdichten sich in der
Ablehnung des Massenkonsums und der „Ellenbogenmentalität". So verknüpft Frau Thiel
die Beschreibung ihres Werdeganges an zahlreichen Stellen des Interviews mit detaillierten
Erläuterungen des Konsumalltags in einer durch die Landwirtschaft geprägten Familie.
In diesen Erzählungen dokumentiert sich die wahrgenommene Harmonie zwischen der
wirtschaftlichen Produktionsweise und der eigenen Lebensführung. Die politische Wende
der DDR im Jahr 1989 wird demgegenüber als „Schockerlebnis" assoziiert, das als „Bauch-
schmerzen" körperlich erfahrbar wird und sich in einer Kritik an einem zunehmenden
Warenangebot verdichtet:

> „[...] wie weh einem der Bauch tun kann, wenn man das alles isst, was es da gibt, ne. Und
> wenn da so viele Konservierungsstoffe drin sind, die der Körper überhaupt nicht gewöhnt
> nicht, weil das gab es bei uns so in der Form nicht, da waren die Sachen überhaupt nicht
> so lange haltbar wie hier. Und das hat mich schon immer sehr bewegt, ne. Dass ich immer

schon dachte, das kann doch alles nicht wahr sein! Das hat doch bei uns auch funktioniert! Sicher, ja, nicht lange, sonst wär es ja nicht so gekommen, wie es ist. Aber gerade so über diese Nahrungsmittel, und so, das hat mich schon immer sehr bewegt. Und auch diese, dieser Überfluss, der da auf einmal sichtbar war." (17, 188-196)

Die durch sie beschriebene Irritation, dass es „alles zu jeder Uhrzeit und in allen Farben der Welt gibt", verweist auf eine konkrete Kritik am Warenüberfluss und einer zunehmenden Dienstleistungsorientierung, die mit dem bisher gelebten Fokus auf Regionalität nicht mehr übereinstimmt. Im Unterschied zu Frau Adler spielen das politische und planwirtschaftliche Umfeld der Deutschen Demokratischen Republik und der Einfluss auf Konsumgewohnheiten sowie Irritationen und Konflikte der Wiedervereinigung und der Nachwendezeit eine bedeutende Rolle für die Rechtfertigung ihres Wechsels. Die Kritik an unverhältnismäßigem und überflüssigem Konsum in der alltäglichen Lebensführung lösen sich bei Frau Thiel in dem Moment auf, in dem sie ihr berufliches Selbstbild sowie Vorstellungen von Wirtschaft, Gesellschaft und Konsum in der ethischen Bank bestätigt sieht. Dies manifestiert sich in ihrer Beschreibung der Mitarbeiter_innen:

„Also da ich ja auch aus andern Verhältnissen komme, war ich eh nie so konsumorientiert. [...] Insofern war ja, wie ich schon gesagt hab, eigentlich eher so das Gefühl: ‚Ach ja, guck mal, das ist gar nicht so dumm, wie Du manchmal denkst.' (lacht) Und hier (ethische Bank) hab ich dann gesehen, dass es auch andre so machen." (17, 1496-1500)

Ebenso wie Frau Thiel hatte auch Herr Schulz (Firmenkundenberater) ursprünglich andere berufliche Pläne als die des Bankkaufmanns. Er selbst beschreibt sich als „von Anfang an sehr naturverbunden"; er sei immer in der „Nähe von Tieren" aufgewachsen. Seit seiner Jungend sei er beim Deutschen Bund für Vogelschutz als Kassenwart – „logischerweise", wie er betont – aktiv. Sein Berufswunsch als Kind sei der des Gärtners gewesen; dass er „später mal Biologie studieren wollte", kommentiert er mit einer Aussage, wonach er selbst „auch eher PAZIFIST als jetzt irgendwie TERRORIST" sei. Ebenfalls bereits zu Anfang des Interviews betont Herr Schulz unaufgefordert, dass er sich durch diese außerberuflichen Aktivitäten „irgendwie doch eine Nähe zu der praktischen Naturschutzarbeit bewahrt [habe]", weshalb er der

„Schönheit der Natur, Tiere, Pflanzenwelt [...] mehr abgewinnen [kann] als irgendwelchen Bilanzen oder wirtschaftlichen Theorien, Reichtümer oder weiß der Geier." (26, 12-14)

An dieser Aussage wird zunächst deutlich, dass er zwischen der Welt der Bank und der Welt des Privaten differenziert, in der die natürliche Umwelt für ihn eine besondere Rolle spielt. Trotz dieser Orientierung beginnt Herr Schulz eine Ausbildung bei einem konventionellen Kreditinstitut. Ähnlich wie Frau Thiel beschreibt er diese Entscheidung nicht als seine eigene, sondern vielmehr als eine, die durch die äußeren Umstände und Unsicherheiten charakterisiert war:

„[I]ch wollte Chemie studieren, hatte aber einen NC von 2,6 und da hab ich gedacht, eh, als Sicherung, frag ich mal bei der Bank, wo ich da die Hausmeistervertretung mach, wie es denn mit einer Banklehre wär, ein Jahr später, damit ich dann überhaupt mal was perspektivisch hab. Und da bin ich dann ziemlich überrumpelt worden, indem der gesagt hat: ‚Ja nee, nächstes Jahr? Das machen wir sofort!‘ Donnerstags Eignungstest gemacht, samstags Lehrvertrag unterschrieben und war dann von heute auf morgen direkt eh Auszubildender in der Bank. Und das, das war gar nicht so beabsichtigt.“ (26, 45-53)

Auch bei Herrn Schulz wird deutlich, dass sich der zentrale Konflikt in einer kulturellen Differenz verdichtet, die sich aus der Gegensätzlichkeit der eigenen lebensweltlichen Werte und den zugeschriebenen Werten des Bankkaufmanns ergeben. Der Wechsel von der konventionellen Bank zur ethischen Bank wurde bei Herrn Schulz angestoßen durch einen damaligen Kollegen, der ihn auf die Gründung einer alternativen Bank mit folgenden Worten, so erinnert sich Herr Schulz, aufmerksam machte: „[D]u bist doch so ökologisch eingestellt, da gibt's so 'ne Ökobank.“ Aus seiner Perspektive stellt diese Begegnung die Initialzündung für sein Interesse dar, diese „ausgeflippte Bank kennen zu lernen, [weil es ihn] dann doch so begeistert [habe]“. Er habe zwar anfänglich gezögert, letztendlich sei es für ihn aber die letzte Möglichkeit gewesen, in den alternativen Bereich des Bankenwesens zu wechseln.[126] Im Unterschied zu anderen Interviews wird deutlich, dass sich der Konflikt zwischen privater Orientierung und beruflicher Tätigkeit bei Herrn Schulz allerdings nicht aufgelöst hat. Vielmehr wird deutlich, dass er sich bis heute nicht mit dem Bankerberuf identifizieren kann, obwohl er „schon seit mehr als 25 Jahren Banker“ ist. So gibt er an, dass er zwar immer noch das „Gute darin sehe“ und seine derzeitige Situation deshalb auch nicht durch eine aktive Suche nach einer anderen beruflichen Tätigkeit geprägt sei, es würde ihn aber „freuen, wenn [ihm] irgendwas über den Weg läuft, das [ihn] aus dieser Bankenbranche, aus dieser ganzen Wirtschaftsgeschichte raushebt“.

Im Unterschied zu den beiden vorherigen Fällen entschied sich Frau Adel (Kreditberaterin) bewusst für die Ausbildung zur Bankkauffrau. Sie ist zum Zeitpunkt der Interviews 53 Jahre alt; ihre Eltern und Geschwister sind in der Landwirtschaft tätig. Als Einzige in ihrer Familie entschied sie sich nach dem Abitur dafür, eine Ausbildung zur Bankkauffrau bei einem öffentlich-rechtlichen Kreditinstitut zu absolvieren. Rückblickend beschreibt sie sich als „Exotin“, was sie durch eine detaillierte Beschreibung ihres Kleidungsstils veranschaulicht und damit sowohl ihre Eigen- als auch die ihr mitgeteilte Fremdwahrnehmung darlegt. Demnach passten ihr indischer Wickelrock und ihre „noch akzeptablen Jesuslatschen“ zwar nicht in das typische Milieu des Bankenwesens; trotzdem fühlte sie sich innerhalb dieses Bereichs des konventionellen Bankenwesens akzeptiert. Diese Wahrnehmung wird besonders deutlich, wenn sie berichtet, dass sie als diejenige geschätzt worden sei, die „frischen Wind“ mitbrachte – außerdem habe sie „gut gearbeitet

---

126 Als die erste in Deutschland gegründete ökologisch ausgerichtete Bank beantragte die Ökobank im Jahr 2002 Insolvenz und wurde von der GLS Bank übernommen. Den Mitarbeiter_innen der Ökobank wurde eine Weiterbeschäftigung in der GLS Bank zugesichert.

und [sei] mit allen gut zurechtgekommen". Auch habe sie nicht „versucht[,] da zu missionieren, sondern [sich] immer am Rand dessen bewegt, was so ging". An dieser Stelle wird
deutlich, dass die Tätigkeit im konventionellen Bankenwesen auf einer eher stillen und
mechanischen Anpassung an institutionalisierte Normen beruht. Zwar verdichten sich
in den Beschreibungen ihres eigenen Auftretens und ihres Stils kritische Äußerungen an
einer materialistisch ausgerichteten Bankenkultur; kritisches Handeln in Form des „Missi-
onierens", was der Artikulation von Kritik gleichkäme, erscheinen ihr allerdings weder zu
diesem noch zu einem späteren Zeitpunkt ihrer beruflichen Biografie angebracht. Im Alter
von 28 Jahren verlässt Frau Adel schließlich das konventionelle Kreditinstitut, um zu einer
ethischen Bank zu wechseln. Zum Zeitpunkt des Interviews ist sie als Kreditbetreuerin
in einer sozial-ökologischen Bank tätig. Wie kam es zu diesem Wechsel? Wie legitimiert
Frau Adel die Beendigung ihrer Tätigkeit im konventionellen Bankenwesen und welche
handlungsleitenden Motive waren entscheidend, um den Prozess kritischer Distanzierung
im Sinne Boltanskis und Thévenots in Gang zu setzen? Interessanterweise lokalisiert Frau
Adel das eigentliche Spannungsverhältnis nicht innerhalb der Bank, sondern außerhalb,
in ihrem sozialen Umfeld:

> „Ich kam abends nach Hause in meine WG und fühlte mich so, so schizophren. Hab
> dann erst mal meine Bankklamotten abgestreift [...] Also ich war die einzige, die ein
> Auto hatte, ich hatte 'ne Nähmaschine, ich musste mich immer rechtfertigen, dass ich
> Geld hatte." (5, 388-391)

Die von ihr beschriebene kulturelle Differenz zwischen dem eigenen Lebensstil und den
Konventionen des Bankenwesens sowie externe Kritik von Seiten des sozialen Umfelds und
der damit einhergehende Zwang zur permanenten Rechtfertigung ihrer Tätigkeit führten
bei Frau Adel zu einer Abkehr vom konventionellen Bankgeschäft. An dieser Stelle wird
die Wirkung eines heterogenen sozialen Umfelds und dessen Kritik, welche eine Infragestellung des „Sinns" ihrer beruflichen Rolle provozierte, besonders deutlich. Formen der
Anerkennung und Bestätigung in Form materieller Güter (Auto, Nähmaschine, finanzielle
Sicherheit und „schicke Klamotten") sind nicht Bestandteil der Rechtfertigungsordnung
des sie umgebenden studentischen Milieus, weshalb Frau Adel immer wieder in die prekäre
Situation gerät, sich rechtfertigen zu müssen. Die bereits angesprochene mechanische Anpassung an die materialistische Bankenkultur hält einer Kritik aus dem sozialen Umfeld
nicht mehr stand. Mit dem Wechsel in eine neu entstehende alternative Bank wird diese
Spannung für Frau Adel aufgehoben – d. h., es ergibt sich für sie ein neuer „Sinn", wodurch
sie den „kritischen Moment" zu überwinden imstande ist und zum Alltäglichen bzw. zu
einem ausgeglichenen Zustand zurückkehren kann. Besonders deutlich wird dies, wenn
sie sagt:

> „Dann bin ich hierher, kannte niemanden und hab aber gedacht, das ist die einzige
> Alternative, die ich habe, das zusammenzubringen. Und das war auch so. Das war na-

türlich ein ziemliches Abenteuer, so eine Bank zu gründen, und das war auch alles nicht so einfach, aber da war ich wieder eins mit mir." (5, 26-29)

Zusammenfassend kann hinsichtlich der biografischen Entwicklung Frau Adels darauf geschlossen werden, dass dem Spannungsverhältnis, d. h. dem zur Änderung des Handlungsrahmens zwingenden Konflikt zwischen dem privaten Lebensumfeld und der Kultur des Bankenwesens und den damit einhergehenden Werten und Normen eine besondere Rolle zukommt. Es lässt sich ein wahrgenommener Mangel an Anerkennung aus ihrem direkten sozialen Umfeld – nicht dem Bankenkontext – als Ausgangspunkt eines Umdenkens als normativer Konflikt zwischen zwei im Widerspruch zueinanderstehenden Rechtfertigungsordnungen rekonstruieren. Die Kritik aus dem sozialen Umfeld – dem sie eine größere Sympathie entgegenbringt – schlägt sich dann in einem Wechsel vom konventionellen ins ethische Bankenwesen nieder, durch den der quälende Konflikt überwunden werden kann. Dass sich aus diesem Handeln ein angemessener, handlungsleitender Sinn ergibt, wird besonders deutlich, wenn sie sagt, sie sei „wieder eins mit [sich]" geworden.

Im Gegensatz zu Frau Adel hat Herr Antoni (Leitung) einen 20 Jahre lang andauernden beruflichen Werdegang bei einer großen konventionellen Bank absolviert. Er begründet seine Motivation folgendermaßen:

„Ich fand das natürlich total spannend mit 20, 25 diese Wertpapierleute mit ihren Hosenträgern." (18, 343-344)

Bis zu seinem Wechsel zur ethischen Bank habe er zahlreiche Bereiche von kleineren Zweigstellenfilialen bis hin zum Private Banking kennengelernt. Zwar lässt sich aus den Erzählungen von Herrn Antoni ebenfalls eine besondere Spannung zwischen der Welt der Banken und der Welt des Privaten, der Familie rekonstruieren, allerdings bezieht sich seine Kritik zum größten Teil auf die Logik des internen Wettbewerbs, die Unternehmenskultur und den Vertriebsdruck konventioneller Banken.

„Aber woraus ich hinauswollte, ist die Entwicklung in dieser Großbank, das muss man gar nicht Dresdner, das betrifft eigentlich alle konventionellen Großbanken, die man da erleben hat müssen, würd ich schon sagen, in den Jahren bis, ja ich würde sagen ab Anfang der 90er, Mitte der 90er bis dann über 2000 hinaus diese total Orientierung auf Vertriebsergebnisse in Form von Provisionsgeschäft. Das heißt im Handel von Wertpapieren, im Verkaufen von Versicherungsverträgen, von Bausparverträgen. Weitergehend dann in bestimmten Produkten auf der Wertpapierseite zu diesen allbekannten Zertifikaten, die es dann am Ende gab, da hat eine Richtung angefangen." (18, 60-69)

Der positive Bezugspunkt seiner Schilderung bezieht sich, so verdeutlicht das Zitat, auf eine frühere Phase des Bankenwesens, in der „die menschliche Qualität", die „Beziehungen zwischen Kunden und Beratern" auch im konventionellen Bankgeschäft noch vorhanden waren. Eine Zeit, in der „der Kunde [nicht] nur Ertragsbringer oder Kostenfaktor" war. Mit zunehmendem Ertragsdruck haben sich aber auch diese Beziehungen zu den Kund_innen gewandelt, was sich allein in der Frage erschöpfte: „Was für einen Ertrag bringt mir dieses Gespräch am Ende?" Allerdings wird deutlich, dass Herrn Antonis Kritik an der Entwicklung hin zu einer Dominanz von Ertragsergebnissen nicht ausschließlich auf dieser verlorengegangenen Qualität der Beziehung zu den Stakeholdern begründet liegt, sondern vielmehr in der daraus erwachsenden Unternehmenskultur und den Beziehungen der Bankmitarbeiter_innen untereinander. Insofern die eigene Bonifikation von der Anzahl akquirierter Kunden abhängig ist, spaltet das interne Ranking die Mitarbeiter_innen in diejenigen, die gewinnen, und diejenigen, die am Ende die „gelbe Zitrone" verliehen bekommen. Mit Begriffen wie „Amerikanisierung", „abschlussorientierte Beratung", „born on monday – die on friday" verleiht er seiner Wahrnehmung einer „komplett veränderten Unternehmens- und Führungskultur" Ausdruck und bringt seine Empörung mit einem Vergleich pointiert zu Ende. Hierdurch verdeutlicht er, dass diese Entwicklung sich nicht ausschließlich in hohen Gehaltsklassen des Investmentbankings vollzogen hat, sondern auch auf Ebene der „ganz normalen Anlageberater":

> „Also das ist der Job gewesen von einem, und ich rede jetzt nicht von einem Investmentbanker, der was weiß ich – eine Millionen oder anderthalb im Jahr – verdient oder verdient hat, Einkommen erhalten hat, sondern ich rede von dem ganz normalen Anlageberater, Private Banker oder auch mal einem sogenannten Wealth Manager, also der Institutionen und vermögende Privatkunden über anderthalb, zwei Millionen betreut. Auch da ist das festverankert gewesen." (18, 104-109)

Als besonders bedrohlich empfindet Herr Antoni also die Auswirkungen auf die Unternehmenskultur, „das Verhalten der Vorgesetzten" gegenüber den Mitarbeiter_innen und „das Klima", d. h. „dieses Ranking-Denken" untereinander. Der ausschlaggebende Bruch stellt sich allerdings ein, wenn diese rendite- und gewinngetriebene Kultur der Bank mit der Sphäre der Familie, der Solidarität und Reziprozität kollidiert. Für Herrn Antoni sind diese beiden Logiken nicht miteinander zu vereinen.

> „Wie so ein ganzes Unternehmen davon geprägt ist, Rendite und Gewinn zu produzieren und daraus sein Selbstverständnis, seine Wertstellung im Unternehmen heraus zu definieren. Und damit nach Hause zu gehen, 'ne Familie, Kinder, Freunde etc. um sich herum zu haben und das muss irgendwie alles zusammenkommen. Und da mach ich irgendwie was Anderes wie da drin und wenn das immer weiter auseinandergeht, dann geht das, glaub ich, auch in der Person, im Psychologischen, das geht nicht mehr durch, ne. Also da entstehen Spannungsverhältnisse, die kann man dann mit Work-out oder was weiß ich vielleicht kompensieren eine Weile, oder Joggen oder Radfahren, aber irgendwann ist Ende. Dann muss man Entscheidungen treffen." (18, 306-316)

Der entscheidende *moment critique*, der dazu geführt hat, dass er sich auf eine ausgeschriebene Stelle einer ethischen Bank bewarb, verdichtet sich folglich in der Unvereinbarkeit zweier sich widersprechender Logiken und den damit zusammenhängenden Praktiken. Dass dieser Konflikt mit dem Wechsel zur ethischen Bank beigelegt werden konnte, wird deutlich, wenn er sagt:

> „[D]as [Berufliche und das Private] waren vorher auseinander oder gingen immer stärker auseinander. [...] Ist jetzt, genau, ist jetzt beieinander und war da eben auseinander. [...] dann bin ich ja irgendwie auch zu Hause, ne. Also mit mir irgendwo angekommen und vererdet und weiß: Das ist meine Aufgabe, das ist meine Rolle und das ist nicht so stark, dass ich sagen muss: Jetzt hab ich Feierabend, es ist Wochenende und jetzt ist dies getrennt von dem. Es hat eine Verbindung zueinander. Und das ist, glaube ich, ganz entscheidend. [...] Weil wir vorher ja so hatten Beruf und Privates wächst stärker zueinander, man muss nicht mehr so schizophren durch die Welt laufen. Oder überhaupt nicht mehr." (18, 341-359)

Während die bisher rekonstruierten Fälle auf variierende Konfliktlagen zwischen dem sozialen Umfeld bzw. den dort vertretenen Werten mit der spezifischen Kultur im Bankenwesen verweisen, zeigt sich im Fall von Herrn Baum eine starke politische Orientierung. Herr Baum beginnt die Erzählung seines beruflichen Werdeganges mit der Feststellung, dass er bereits in jungen Jahren politisch interessiert und aktiv war. Er hebt hervor, dass er bereits durch „Wackersdorf politisiert" wurde. Anfang der 1980er-Jahre formierte sich Widerstand gegen die Wiederaufbereitungsanlage für Restbestände aus deutschen Kernreaktoren. Bereits zu Beginn des Interviews positioniert er sich deutlich in der Tradition der AKW-Bewegungen, im Rahmen derer er „4,5 Jahre intensiv in einem Projekt gearbeitet" habe. Während dieses Engagements, so hebt er hervor, sei es ihm nicht darum gegangen, „gegen" etwas zu arbeiten, sondern „für etwas" zu arbeiten. Seither konzentriert er sich auf Themen der Demokratisierung und Mitbestimmung, anstatt eine Reformierung des Bankenwesens durchzusetzen. Versuche, eine Veränderung der Banken herbeizuführen, bewertet er als „verlorene Liebesmüh".

> „Die haben damals versucht, Druck auf die bestehenden Bankenstrukturen auszuüben, um transparenter zu werden und mehr Einflussmöglichkeiten zu haben, aber da ist man dann relativ schnell drauf gestoßen, dass das eigentlich keinen Sinn macht." (13, 30-33)

Aus dieser Überzeugung heraus wechselte er nach der Ausbildung bei einem konventionellen Kreditinstitut zur Ökobank, die damals in Frankfurt gegründet wurde. Dies begründet er folgendermaßen:

> „Weil ich in diesem herkömmlichen Bankenwesen auch irgendwie für mich keine Zukunft gesehen hab. Und ich glaube, mittelfristig hätt' ich mir wahrscheinlich auch irgendwie was Anderes gesucht, ja. Und hätte geguckt, also, was liegt mir denn mehr. Also, ich hätt'

*mir jetzt nicht vorstellen können, irgendwie 30 Jahre in so 'ner Bank zu arbeiten. Also,
das war keine Option.“ (13, 45-48)*

Seine Abneigung gegenüber dem konventionellen Bankenwesen verdichtet sich in einer
Kritik an allgemeinen Renditeinteressen. Ähnlich wie Herr Antoni stellt er das Aufkommen
von Vertriebs- und Verkaufsdruck ins Zentrum seiner Ausführungen. Die Dramatik der
Entwicklungen unterstreicht er, indem er sie als flächendeckend beschreibt:

> *„[S]elbst in so 'ner eher ländlichen Struktur, ich mein, es war 'ne Kleinstadt mit irgend-
> wie 15 000 Einwohnern, äh… war damals eigentlich schon klar, dass man eigentlich gar
> nicht so sehr auf den Kunden geguckt hat, ne. Sondern man hat halt versucht, seine Ziele
> irgendwie zu erreichen, und ist eigentlich auch nicht über diesen engen Fokus hinaus-
> gegangen, ja. Es hat sich halt nur um das Bankwesen gedreht. Und man hat eigentlich
> nicht links und rechts geguckt. Und äh, das hat mich eigentlich schon immer ziemlich
> stark gestört.“ (13, 63-68)*

Die Kritik bezieht sich an dieser Stelle auf den Umgang mit dem Kund_innen vor dem
Hintergrund struktureller Zielvorgaben der Bank. Hierin dokumentiert sich ein Konflikt
zwischen den eigenen moralischen Orientierungen und einem als erzwungen wahrgenommenen Opportunismus. Zudem verweist er darauf, dass man nicht „nach links und rechts
geguckt hätte“, sondern bei jeglicher Handlung die Interessen der Banken im Mittelpunkt
standen; dies habe ihn „ziemlich stark gestört“. Jeder habe „blind vor sich hingearbeitet“
und „gar nicht hinterfragt, was das eigentlich für eine Auswirkung auf die Gesellschaft hat,
was wir hier tun“. Bezugnehmend auf seine politische Sozialisation benennt und begründet er seine konkrete Motivation, in einer alternativen Bank zu arbeiten. So habe er eine
Verbindung zwischen seinem Interesse an wirtschaftlichen Themen und einer „sinnvollen
Tätigkeit“ herstellen wollen. Diese Möglichkeit einer Verbindung sah er in der Ökobank
realisiert. Die Beteiligung an der Gründung der Ökobank entspricht seinem Anliegen, aktiv
und in der Praxis mitzuwirken, anstatt lediglich „kapitalismuskritisch [zu] theoretisieren“ :

> *„Aber vor allem eben die ganz unterschiedlichen Leute, mit denen ich da in Berührung
> gekommen bin, die dann – die einen hatten die Ideen und die Vorschläge, und die einen
> haben sich da verkämpft – das hat mir dann schon gezeigt, ähm… dass, also dieser kapi-
> talismuskritische Ansatz, zu sagen, man will das ganze System verändern, ja, ähm… das
> ist 'n Weg, den kann man gehen, ja, aber ich hab gemerkt, das ist irgendwie nicht meins.
> Also, ich brauch dann schon irgendwie was Praktisches, wo ich auch seh', da passiert was,
> und nicht nur irgendwie dieses Theoretisieren.“ (13, 119-125)*

Eine zentrale Bedingung für die Abkehr vom konventionellen Bankenwesen lässt sich
bei Herrn Baum bereits in der frühen politischen Sozialisation finden. Demnach sind
sein praktisches politisches Engagement und sein Verständnis von politischem Handeln,
welches sich nicht nur im Theoretisieren erschöpft, sondern vor allem im praktischen

Handeln niederschlägt, eine wichtige Bedingung für seinen Wechsel in die ethische Bank. Grundlegend für diese Orientierung ist die Übereinstimmung politischen Denkens und Handelns, wie es in folgender Aussage zum Ausdruck kommt.

> *„[M]an kann nicht sagen, wenn ich mich jetzt engagier, dann mach ich das jetzt in meiner Freizeit und das kriegt sonst keiner mit, sondern da musste man sich auch dazu bekennen." (13, 178-181)*

Pointiert bringt Herr Baum an dieser Stelle die Verwobenheit von Lebensführung, politischer Überzeugung und beruflicher Tätigkeit zum Ausdruck. Bisher konnte rekonstruiert werden, dass die Fälle des Typs „Wechsel für Übereinstimmung" variierende Konflikte mit dem konventionellen Bankenwesen aufweisen. Im ersten Fall steht eine planmäßig ausgerichtete Konsumorientierung der aufkommenden kapitalistischen Orientierung in der ehemaligen DDR entgegen. Im Fall von Frau Thiel kommt der umgebenden politischen Kultur eine besondere Bedeutung zu. Durch die Inkorporierung von Konsumhaltung und Lebensführung, wie sie zum einen für das landwirtschaftlich ausgerichtete Milieu und die sozialistische Planwirtschaft typisch ist, verdichtet sich ihr *moment critique* in einer Auseinandersetzung mit „Überfluss" und „Unverhältnismäßigkeit", aber auch fehlender Wertschätzung von Arbeit in der kapitalistischen Kultur westdeutscher Prägung. Neben der Art und Weise des als degradierend und abwertend empfundenen Umgangs westdeutscher Führungskräfte mit in der DDR ausgebildeten Bankangestellten kritisiert sie indes die Ausgestaltung des Konsumverhaltens. Das kulturelle Spannungsverhältnis löst sich auch bei Frau Thiel im Moment des Wechsels und der Bestätigung ihrer eigenen konsumkritischen und moralischen Kritik an mangelnder Wertschätzung auf. Ost- und West-Differenzen deuten somit zwar auf sozialstrukturelle Differenzierungen hin, verdichten sich aber in einer kulturellen und moralischen Kritik am Umgang mit Gütern, Produktion und der Gestaltung sozialer Beziehungen. Herrn Baums *moment critique* lässt sich demgegenüber bereits in seiner Jugend finden. Die politische Sozialisation ist eine wesentliche Bedingung für den Wechsel von einer ländlichen Sparkasse zu einer ethischen Bank, die sich zum damaligen Zeitpunkt in ihrer Gründungsphase befand. Wichtig für sein Selbstverständnis ist ein praktisches Engagement, das er dem politischen Theoretisieren über kapitalistische Strukturen vorzieht. Eine Übereinstimmung zwischen lebensweltlicher Umwelt und beruflicher Tätigkeit stellt sich in dem Moment ein, als er dieses praktische Engagement mit seiner privaten Vorstellung einer „besseren Wirtschaftsordnung" verbinden kann. Herr Schulz hingegen nimmt innerhalb der Typik des *Wechsels für Übereinstimmung zwischen sozialem Umfeld und beruflicher Tätigkeit* eine besondere Stellung ein. Bereits zu Anfang des Gesprächs macht er unmissverständlich deutlich, dass er nie Banker sein wollte und sich immer noch nicht als Banker versteht. Ein konkreter Moment, ein Ereignis, welches ausschlaggebend für seinen Wechsel von der konventionellen Bank zur ethischen Bank ist, lässt sich hier nicht finden. Vielmehr wird deutlich, dass Herr Schulz den krisenhaften Moment noch nicht überwunden hat und weiterhin bestrebt ist, eine Übereinstimmung zwischen seinen Vorstellungen, seiner Haltung zur Welt und der beruflichen Tätigkeit zu suchen.

Rückt man die Bedeutung des sozialen Kontexts in den Vordergrund der Betrachtungen, so kann festgestellt werden, dass unterschiedliche biografische Entwicklungen und Ereignisse die Entstehung von Kritik am konventionellen Bankgeschäft und kritisches Handeln begünstigen. Das erste Fallbeispiel der Frau Adel demonstriert die prägende Rolle der Sozialisation und des sozialen Umfeldes, was als Form externer Kritik gedeutet werden kann. Es verweist auf einen *moment critique*, der durch ein Spannungsverhältnis zwischen lebensweltlichem und beruflichem Milieu provoziert wird. Ihre Kritik entzündet sich vor allem an der „Spießigkeit" („Dress-Code: schick", finanzielle Sicherheit und Bürgerlichkeit) des Bankenmilieus, das nicht vereinbar mit den Vorstellungen und Ideen ihres privaten Umfeldes zu sein scheint. Wichtig ist, dass Frau Adel dieser Umstand erst in dem Moment problematisch erscheint, als er von außen – durch ihr soziales Milieu – an sie herangetragen wird. Der Wandel ihrer Handlungsorientierungen zur Überwindung der als problematisch empfundenen Situation basiert weniger auf einer direkten Kritik am Bankgeschäft als vielmehr auf dem Bedürfnis nach einem Kompromiss zwischen zwei Rechtfertigungsordnungen. Identifikation lässt sich bei Frau Adel als das Aufgehen in authentischen und übereinstimmenden Handlungsorientierungen und praktischem Handeln im Beruflichen wie im Privaten rekonstruieren.

Im Unterschied zu Frau Adel lässt sich bei Herrn Antoni aus den Erzählungen zwar ebenfalls eine besondere Spannung zwischen der Welt der Banken und der Welt des Privaten rekonstruieren, allerdings bezieht sich seine Kritik zum größten Teil auf die Logik des internen Wettbewerbs, die Unternehmenskultur und den Vertriebsdruck konventioneller Banken. Bei Herrn Antoni lässt sich ein grundlegender Normkonflikt zwischen den Werten des Wettbewerbs, wie sie in der Bank vorherrschend sind, und den Werten der Reziprozität und der Solidarität ausmachen, wie sie für das Private typisch sind. Auch Herr Baum hebt die Bedeutung nicht-kapitalistischer Werte hervor. Allerdings lässt sich bei ihm eine konkrete politische Orientierung rekonstruieren, die sich in einem Aktivismus äußert und sowohl in einem Lebensstil, einer politischen Überzeugung und der beruflichen Tätigkeit übereinstimmt.

6.3   Wechsel aufgrund von Degradierung und Dequalifizierung

Bisher konnten zwei Typen rekonstruiert werden, die je spezifische Gründe, Motive und Orientierungen für eine Abkehr vom konventionellen Bankenwesen aufzeigen und den Übergang ins ethische Bankwesen begünstigen. Im Zentrum standen dabei jene narrativen Rekapitulationen, die sich speziell auf die Legitimation und Rechtfertigung des Wechsels bezogen. Im Sinne Luc Boltanskis und Laurent Thévenot wurden die kritischen Kompetenzen der Akteure anhand konflikthaft empfundener Situationen empirisch fass- und beschreibbar gemacht. Zentral für das Konzept der kritischen Distanzierung ist die Infragestellung des aktuellen handlungsleitenden Sinns einer Situation, einer Handlung oder Routine. Dieser Bruch bzw. das „Feststellen, dass etwas falsch läuft" (Boltanski und Thévenot 2011, S. 43), ist gekennzeichnet durch eine hohe Reflexivität der Akteure und schlägt sich in konkretem Handeln nieder. Der Argumentation Boltanskis und Thévenots folgend, ergibt sich aus dem Zusammenspiel dieser inneren reflexiven Wendung mit konkretem kritischem Handeln ein neuer angemessener und handlungsleitender Sinn. Anhand der rekonstruierten Fallbeispiele konnten bisher zwei unterschiedliche Typen von Rechtfertigungen extrahiert werden, wobei sich der erste Typ auf eine Orientierung zugunsten eines Mehrs an Autonomie und Enthierarchisierung zurückführen lässt. Der zweite Typ verweist auf eine Orientierung, deren grundlegender Bezugspunkt in einem Streben nach Übereinstimmung zwischen beruflicher Sphäre und sozialem Umfeld bzw. Sozialisationserfahrungen liegt. Die im Folgenden zentrale dritte Linie der Rekonstruktion bezieht sich auf jene Fälle, die sich in besonderer Weise auf die Wahrnehmungen von Degradierung und Ent-Professionalisierung als Legitimation des Wechsels beziehen. Besondere Ausgangspunkte in den Erzählungen der Interviewten bilden die Entwicklungen zunehmender Deregulierung, deren wirtschaftspolitische Ursache, d. h. die Aufkündigung des Bretton-Woods-Abkommens 1973 und die damit einhergehende Liberalisierung des globalen Kapitalverkehrs sowie das zunehmende Streben nach Profit für Shareholder statt Wachstum und Stabilität.

Herr Telke war nach der Ausbildung zum Bankkaufmann und dem Studium der Volkswirtschaftslehre vorerst 20 Jahre lang in einer konventionellen Universalbank tätig. Dort war er unter anderem für eine Region mit 40 Filialen und 600 Mitarbeiter_innen verantwortlich. Außerdem war er als Mitglied der Geschäftsleitung Private-Banking im Wertpapiergeschäft aktiv. Im Jahr 2009 wechselte Herr Telke zu einer ethischen Bank. Vor dem Hintergrund der Frage, welche Ereignisse oder Konstellationen einen Wechsel begünstigten, ergibt sich bei Herrn Telke, dass die Motivationen und damit einhergehenden Legitimationen, welche ihn nach dem Studium dazu bewogen hatten, eine Tätigkeit bei der großen konventionellen Bank aufzunehmen, einer Kritik nach 2008 nicht mehr standhielten. Marktführerschaft, Reputation sowie seine damalige Tätigkeit im Kund_innengeschäft, welches er als „näher am Menschen" im Vergleich zum Investmentbanking beschreibt, legitimierten in dieser, wie er sie beschreibt, „anderen, älteren Bankenwelt" für ihn die Teilhabe am konventionellen Bankengeschäft.

> „[...] so die Zeiten und danach im Studium eben 89 im Prinzip auch noch ein Stückchen andere, ältere Bankwelt entdeckt und da ging's eigentlich erst los. Das ging ja eigentlich so mit der ganzen Deregulierung Ende der 80er-Jahre los. Bin aber dann auch nach dem Studium nicht, wo es viele hingedrängt hat, Richtung Investmentbanking gegangen, sondern wieder nah beim Menschen geblieben, also Filialgeschäft, und war ausschließlich im Privatkunden- und Geschäftskundenbereich unterwegs." (1, 35-41)

Die Infragestellung der vorherigen handlungsleitenden Orientierungen wird besonders deutlich, wenn er von der fortschreitenden Deregulierung und der Orientierung am Shareholder-Value berichtet, welche mit seinem beruflichen Selbstverständnis nicht übereinstimmen. Der Konflikt zwischen den eigentlichen Zielen und Motivationen seines beruflichen Handelns und seiner tatsächlichen Praxis werden besonders deutlich, wenn es heißt:

> *„[I]ch hab natürlich erlebt, wie sich das Bankgeschäft in den 20 Jahren dann auch entwickelt hat. Und wie sich das Bankgeschäft hin entwickelt hat zum klaren Fokus nur noch auf Quartalsergebnisse. Und damit ist es natürlich immer schwieriger, das zu leben, was mir wichtig ist."* (1, 95-98)

Die kritische Reflexion seiner beruflichen Tätigkeit verdichtet sich bei Herrn Telke in einem zentralen Ereignis: der Finanzkrise ab 2007. Eingebettet in und angestoßen von diesen Geschehnissen, sind es vor allem die Reaktionen konventioneller Banken – welche er als lediglich „kurze Reflexion" wahrnimmt und als „kurzes Innehalten" metaphorisiert – auf den Zusammenbruch der globalen Finanzmärkte, die Anlass für Herrn Telkes Abkehr vom konventionellen Bankgeschäft sind. Die Ursache der Erosion seines bisherigen sinnstiftenden Bezugs wird in folgendem Zitat besonders deutlich:

> *„Und dieses Erleben um so ein historisches Ereignis [die Finanzkrise, S. L.] wirklich nur ganz kurz zu reflektieren und zu sagen, komm wir machen weiter wie bisher, das war dann schon erschreckend."* (1, 106-109)

Zwar übt Herr Telke dezidiert Kritik an den Reaktionen des Bankenwesens im Anschluss an die Finanz- und Wirtschaftskrise, welche er als „lediglich kurzes Innehalten" beschreibt; seine durchaus positive Bezugnahme auf eine „ältere, andere", vermutlich „bessere" Bankenwelt macht indes deutlich, dass er die Ziel- und Quartalsvorgaben als Instrument des Bankenwesens nicht per se ablehnt, sondern vielmehr eine spezifische Art des Umgangs mit ihnen. Die alleinige Fokussierung auf Quartalsergebnisse hat Auswirkungen auf die berufliche Tätigkeit, in deren Mittelpunkt „früher" die Beratung „auf Augenhöhe" stand – heute der Verkauf. Er formuliert an dieser Stelle eine interne Kritik am Banken- und Finanzwesen, deren Dreh- und Angelpunkt in der Entwicklung vom korporativen Kapitalismus der Nachkriegszeit zum flexiblen Finanzmarktkapitalismus liegt. Seine Kritik an einer nicht angemessenen Reaktion auf den Zusammenbruch der globalen Finanzmärkte verdeutlicht das reflexionsauslösende Moment dieses Ereignisses.

In ähnlicher Weise wie Herr Telke formuliert auch Frau Willeke eine Kritik an den Entwicklungen im Banken- und Finanzwesen. Auch in ihren Erzählungen kommt dem Wandel zu einem zusehends an Renditekriterien orientierten Geschäft eine zentrale Bedeutung zu. Nach der Lehre zur Bankkauffrau arbeitete Frau Willeke zunächst zwei Jahre in einer deutschen Großbank, die 2009 mit einer anderen Großbank fusionierte, wechselte dann aber zum Marktführer – der bilanzsummenstärksten Großbank Deutschlands. Als Grund für diesen ersten Arbeitgeberwechsel gibt sie an, keine Entwicklungsmöglichkeiten gesehen zu haben. In den insgesamt 18 Jahren habe sie dort die „ganze Bandbreite an Beratung" abgedeckt. Interessant ist, dass Frau Willeke ihre Tätigkeit in der Kund_innenberatung besonders positiv beschreibt. Es wird deutlich, dass die Kund_innenberatung und ein vertrauensvolles Verhältnis zu den Kund_innen einen wichtigen identifikatorischen Bezugspunkt bilden. Eine Distanzierung verdichtet sich allerding mit Blick auf eine bestimmte Kund_innenklientel. Frau Willeke betont, dass sie auch vermögende Kund_innen beraten habe, das reine Privatkund_innengeschäft „hätte [sie allerdings] nicht interessiert". Indem sie sich von vermögenden Kund_innen abgrenzt und gleichzeitig betont, dass ihre präferierten Kund_innen „ältere Damen" gewesen seien, verweist sie auf strukturelle Homologien zwischen sich selbst und den Kund_innen. Aus ihren Beschreibungen geht hervor, dass sie eine bestimmte Kund_innenklientel bevorzugt, während sie sich von anderen durch die Zuschreibung negativ konnotierter Charaktereigenschaften abgrenzt. Eine wechselseitige „ehrliche" Beziehung ist aus ihrer Perspektive von Egalität statt Unterordnung gekennzeichnet:

> „Weil ich die Menschen, ich find die einfach nur anstrengend, die, die viel Geld haben und zu dann zu einer [bestimmte konventionelle Großbank] gehen, die stellen nur Anforderungen und wollen gepimpert werden und wollen gebauchpinselt werden und ich wollte immer schon echte ehrlich Begegnungen haben mit den Menschen und dann lieber irgendwie auf Augenhöhe, als wenn man da mit irgendso 'nem hochgestochenen sprechen muss, der irgendwie sich so großartig findet und das war, das ist ganz oft so. [...] und ich hab auch meist lieber Frauen beraten. Ältere Damen waren so meine besondere Zielgruppe; also nicht aktiv, aber das hat sich einfach so ergeben." (16, 90-100)

Vor dem Hintergrund der Restrukturierung des Kund_innengeschäfts und der Zunahme strukturierter Finanzprodukte wird allerdings deutlich, dass dieser Anspruch nach egalitären Beziehungen zwischen Kund_innen und Berater_innen konterkariert wird. Auch in anderen Interviews kommt der zunehmenden Fokussierung auf die Profitabilität der Beratungsgespräche eine zentrale Bedeutung zu. So berichtet auch Frau Schmidt-Speicher, dass sich das „Bild des Bankkaufmanns" mit seiner Ausrichtung auf eine „qualifizierte Beratung" in den letzten Jahrzehnten massiv geändert habe. Sie konstatiert, dass sich ihre berufliche Tätigkeit zusehends an „Rendite, noch mehr Rendite" orientiert habe, während sich der Fokus von den Bedürfnissen der Kund_innen hin zu der Frage nach der Erzielung des höchsten Provisionsergebnisses verschoben habe. Ähnlich wie Frau Speicher-Schmidt berichtet Frau Willeke von der Unmöglichkeit, ihre eigenen moralischen Ansprüche zu realisieren. Der Grund dafür, so sagt sie, sei ein durch die Bank forcierter Verkaufsdruck und die Unkenntnis über die zu verkaufenden Produkte – deren Bestandteile durch Verbriefungsprozesse nicht mehr nachvollziehbar sind – gewesen. Sie selbst habe sich immer mehr als „von außen gesteuert" erlebt.

> „[A]ber das war so der Punkt, dass sich irgendwer in Frankfurt was ausdenkt und ich muss meine Kunden suchen, wo ich das anbiete. Ich hab eigentlich eher gedacht, die Kunden kommen auf mich zu, wir unterhalten und, wir lernen uns kennen und ich guck, was hab ich in meinem Bauchladen, dann kommen wir zusammen und das hat auch immer

funktioniert, wir sind auch viel zusammen gekommen, ich habe auch viel für die Bank
viel und gutes Geschäft gemacht, aber das wurde jetzt halt immer mehr gesteuert und
die haben mir gesagt, was ich zu machen hatte." (16, 963-970)

Die Widersprüchlichkeit zwischen den Anforderungen der Bank und ihren eigenen moralischen Ansprüchen materialisiert sich bei Frau Willeke in einem passiven Widerstand. Sie
konstatiert, dass sie die „Pamphlet(e) an die Kunden […] lange Zeit nicht durchgelesen" und
die Verkaufsvorgaben nicht intendiert umgesetzt habe. Diese subversive Eigensinnigkeit
führte allerdings zu einer Konfrontation mit ihren Vorgesetzten:

„[I]ch hab mich gewehrt und hab das nicht immer so gemacht, aber der Preis war halt dann
auch, dass man immer schwere Gespräche dann hat. Also bei manchen Sachen war es ok,
aber bei manchen hieß es dann: ,Ja, du führst vielleicht die Gespräche falsch. Du benutzt
das Wort ,Immobilie.' Das war ein Immobilienfond, ich hatte aber ganz viele Kunden,
die hatten schon schlechte Erfahrungen gemacht, aber das war schon zwei Jahre her, wo
es dann hieß: ,Die machen das jetzt wieder.' Und dann sagte ich: ,Nein, die machen das
nicht.' Ja, dann hieß es: ,Ja, du führst ja die Gespräche falsch.'" (16, 993-1001)

Ein weiteres Motiv für die Kritik an den Entwicklungen im konventionellen Banken- und
Finanzwesen verdichtet sich in der Wahrnehmung des „Verdrehens der Realität". Als rea-
litätsfern empfindet Frau Willeke nicht nur den Verkaufsdruck, der eine auf Gleichberechtigung basierende Kund_innenbeziehung torpediert, sondern auch die zu verkaufenden
Finanzprodukte selbst. Es wird deutlich, dass das Nichtwissen um die Zusammensetzung
dazu führt, dass die eigene berufliche Tätigkeit als Beraterin zusehends infrage gestellt wird.
   Der zentrale Konflikt verdichtet sich bei Frau Willeke in einem Widerspruch zwischen
ihrem Selbstverständnis als Beraterin und den Vorgaben der Bank zur Profitmaximierung.
In der Folge beschreibt sie einen Wandel vom Beratungs- zum Verkaufsgespräch, mit dem
eine systematische Degradierung der eigenen beruflichen Ansprüche einhergeht. Zudem
seien Wissen und Vertrauen – die aus ihrer Perspektive wesentlichen Voraussetzungen
für ein professionelles Beratungsgespräch – nicht mehr realisierbar, weshalb eine Identifikation mit der eigenen beruflichen Tätigkeit für Frau Willekes in zweierlei Hinsicht
nicht eingehalten werden kann. Zum einen im Wissen darum, dass die zu verkaufenden
Produkte „nicht das Richtige" für die Kund_innen seien, zum anderen verweist sie auf die
Undurchschaubarkeit strukturierter Produkte und ihr diesbezügliches eigenes Nichtwissen.
Die Geschäfte der Bank nimmt sie selbst als verantwortungslos wahr, während sie sich
selbst als diejenige mit dem moralischen Anspruch und einem ausgeprägten Verantwortungsgefühl den Kund_innen gegenüber darstellt.

„Also das war dann an der Realität so weg, dann war natürlich jetzt so mit diesen Fi-
nanzprodukten, ich hab gesagt, ich hab viele so ältere Frauen gehabt, ich hätte das an
den Mann bringen können, wenn ich die Omi gehabt hätte und gesagt hätte: ,Machen Sie
das.' Die hätten, ganz viele hätten gesagt: ,Frau Willeke, wenn Sie das sagen, dann mach

ich das.' Das heißt also, ich hatte einmal mehr noch Verantwortung, dass ich eigentlich weiß, das ist nicht das Richtige für die, weil die legt eigentlich nur ganz, ganz sicher an und ich hätte aber die Macht gehabt, bei einem Großteil, also die sind ja nicht alle unkritisch, aber so – unabhängig davon, die meisten von diesen komischen Konstrukten sind ja nicht gut gelaufen bei der Bank und aber die Bank hat ja schon die Provision gekriegt, wo ich mir dachte, die Kunden müssen bei so einem neuen Fond 'nen Ausgabenaufstock von 5 Prozent zahlen, also die zahlen schon einen Preis und der Erfolg kommt aber nachher gar nicht, d. h., die Bank denkt sich immer was aus, was sinnvoll ist für die, kriegen's aber gar nicht erfolgreich umgesetzt, aber der Kunden hat ja schon bezahlt und der trägt dann das volle Risiko und die Bank hat – und die Gespräche muss ich führen, ich hab mir weder das Produkt ausgedacht, noch hab ich gesagt, das muss der eigentlich machen, musste das alles aber machen, und ich hab die noch nicht mal verstanden. Ich hab dann im End-effekt die komischen Gespräche. Wenn das dann 50 Prozent verlustig ist, wer führt das Gespräch? Und dann muss ich wieder erklären, warum das so passiert ist." (16, 207-236)

Die von ihr formulierte Kritik am konventionellen Bankenwesen bezieht sich in erster Linie auf die persönlichen Auswirkungen von Provisionsdruck und Zielvorgaben. Unter diesen Umständen sei es unmöglich, so betont sie weiter, ein „richtiges Beratungsgespräch zu führen". Der spezifische *moment critique* verdichtet sich bei Frau Willeke in einem erlebten Wandel von einer ursprünglich beratenden zur verkaufenden Tätigkeit. Der Widerspruch zwischen bankkaufmännischer Dienstleistungsorientierung und profitablen Geschäften tritt ihr in Gestalt zunehmender Arbeitsbelastungen entgegen. Sie beschreibt dies als den „Druck, genügend Termine mit Kunden zu machen, während einfache Sparkonten, die nicht unter die Zielvorgaben fallen, trotzdem gemacht werden müssen". Angesichts erhöhter Arbeitsbelastungen beschreibt sie sich selbst als

„mein eigener Unternehmer, der Termine machen und Gespräche führen muss, die was bringen. Aber das alles hab ich nicht selbst in der Hand, aber dann liegt es an mir, dass ich genügend Leute in die Bank hole." (16, 159-171)

Die Tätigkeit in der konventionellen Privatbank verdichtet sich in den Erzählungen Frau Willekes zusehends in Begriffen des „Verkaufens und Produzierens". Hierin dokumentiert sich eine besonders handlungsrelevante Differenzierung zwischen Hand- und Kopfarbeit, wobei die positiv assoziierte Kopfarbeit in der Beratung besteht, während die negativ konnotierte Handarbeit einer wenig anspruchsvollen und mechanischen Verkäufer_in-nentätigkeit zugeschrieben wird. Flankiert wird die wahrgenommene Degradierung und Dequalifizierung zum „nützlichen Idioten" durch mangelnde Informationen über die zu verkaufenden Produkte. Weder zu „wissen noch zu verstehen, wie die Produkte zusam-mengesetzt" sind, ist nicht nur moralisch fragwürdig, wenn man „einer Oma noch einen Bausparvertrag verkaufen muss", sondern aufgrund mangelnder Informationen auch aus professionsethischer Perspektive kaum zu legitimieren.

Als gemeinsame Orientierungen, die einen Wechsel begründen, lässt sich eine wahrgenommene Degradierung der eigenen Profession rekonstruieren. Im Zentrum des Typs Wechsel gegen Degradierung steht eine Kritik am Wandel des Bankenwesens, welche sich in historischen Ereignissen wie der Auflösung des Bretton-Woods-Systems und der damit einhergehenden Liberalisierung des globalen Kapitalverkehrs verdichten. Die Interviewten schildern die Restrukturierungen im Banken- und Finanzwesen hinsichtlich der Auswirkungen auf die eigene berufliche Tätigkeit. Insbesondere die erlebte Diskrepanz zwischen beruflichem Selbstbild als „Berater mit Wissen" und der beruflichen Realität als „Verkäufer ohne Wissen" bewirkt eine kritische Distanzierung. So stellt auch Christiane Schnell in ihrer Studie zur Solidarisierung in Kulturberufen fest (Schnell 2009), dass „Erkenntnis brachliegender fachlicher Kompetenz und die erlebte Aushöhlung der Kundenbeziehungen auch dazu [dient], sich kritisch zu distanzieren und den formalen Abstieg in die kleinere Bank zu legitimieren" (Schnell 2012, S. 26). Das Gefühl der Degradierung verdeutlicht eine allgemeine Entwicklung der De-Professionalisierung (Breisig et al. 2010), indem sich die beruflichen Anforderungen vom Ideal des Beratens zum Zwang des Verkaufens verschieben. Während sich im ersten Typus eine Form der Aufstiegsorientierung zeigt, die durch das Streben nach Selbstverwirklichung und Autonomie flankiert wird, lässt sich im dritten Typus eine Entprofessionalisierungsangst rekonstruieren, die den Wechsel in eine ethische Bank begründet.

6.4   Zwischenfazit: Ethische Banken und Gesellschaftskritik

Den Ausgangspunkt für die vorangegangene Analyse bildete die Frage nach den sozialen und berufsbiografischen Bedingungen eines Wechsels ins ethische Bankenwesen. Seitdem ethische Banken in Deutschland einen ökonomischen Aufschwung erfahren, sind sie damit konfrontiert, auch die Personaldecke, d. h. die Besetzung von Dienstposten und Stellen eines Arbeitgebers, dementsprechend zu erweitern. Ein zentrales Anliegen besteht nun darin, die rekonstruierten Typen von *moments critique* als verdichtete Motivlagen für eine Abkehr vom konventionellen Bankenwesen vergleichend zu interpretieren. Dabei wird davon ausgegangen, dass Akteure in ihren Entscheidungen und in ihrer sozialen Praxis auf spezifische und legitime Rechtfertigungsmuster zurückgreifen. Über die Analyse der Formen von Kritik lassen sich erste Erkenntnisse über die normativen Orientierungen und neue Formen der Kritik im ethischen Bankenwesen erhalten.

Dass aber eine Analyse der Formen von Kritik, wie sie durch die angeführten Fallbeispiele aufgezeigt wurde, über die dichotome Kategorisierung in entweder Künstler- oder Sozialkritik wie sie Boltanski und Chiapello herausgearbeitet haben, hinausgehen muss, ist zum einen deshalb plausibel, da Nachhaltigkeit als Rechtfertigungsordnung, wie sie die Soziologie der Kritik vorschlägt, nicht konzeptualisiert ist (Barth 2010). Zwar haben Laurent Thévenot und Claudette Lafaye (1993) bereits auf die Etablierung einer „grünen" bzw. „ökologischen" Rechtfertigungsordnung verwiesen, allerdings handelt es sich hierbei lediglich um die Analyse der öffentlich proklamierten Argumente durch Umweltaktivist_innen (in den USA und Frankreich). Wie sich handlungspraktische Kompromisse in der alltäglichen Praxis konstituieren und wie sie die Kritik an Wettbewerbszwängen und mit den Visionen eines gerechteren Bankenwesens – welchem nahezu natürlicherweise ökonomischen Anforderungen inhärent sind – verbinden, bleibt offen, wenn man die jeweiligen sozialen Bedingungen und impliziten Wissensbestände der beteiligten Akteure unberücksichtigt lässt.

Außerdem lässt sich in den Tiefenstrukturen der Argumentationen erkennen, dass die *moments critiques* nicht allein durch den Wunsch bzw. das Streben geleitet sind, in der beruflichen Tätigkeit Ideen gesellschaftlichen Wandels und Nachhaltigkeit durch ethisches Banking umzusetzen (vgl. hierzu auch Hardering und Lenz 2017). Vielmehr befinden sich die befragten Bankmitarbeiter_innen in unterschiedlicher Weise im Konflikt mit dem konventionellen Bankenwesen und dessen Instrumenten, Strukturen oder Normen. Die folgende Tabelle (Tab. 4) zeigt, welche zentralen Bezüge und Motive der Typologie zugrunde liegen.

Tab. 4   Typologie des Wechsels

Typen	Wechsel für Autonomie und Enthierarchisierung und Selbstverwirklichung	Wechsel für Übereinstimmung zwischen sozialem Umfeld und beruflicher Tätigkeit	Wechsel gegen Degradierung und Dequalifizierung
Fälle	4, 12, 16, 20	5, 13, 17, 18, 26	1, 8, 16, 20
Konventionelle Bank	Investmentbank, konventionelle Universalbank	Öffentlich-rechtliches Kreditinstitut, Genossenschaftsbank	konventionelle Universalbank, konventionelle Universalbank
Zeitpunkt des Wechsels zur ethischen Bank	Anfang 2000er, 2010er	Anfang der 1980er-Jahre, Anfang der 1990er-Jahre	Ende 1990er, Anfang 2010er
Position/ Bereich ethische Bank	Vorstand, Beratung, Abteilungsleitung	Beratung, Abteilungsleitung, Organisation,	Beratung, Vorstand, Abteilungsleitung
Alter zum Zeitpunkt des Interviews	50, 52, 52, 50	48, 46, 54, 54, 55	48, 53, 56, 58
Moments critiques	„Langeweile", Mangel an (kreativen) Gestaltungsspielräumen, mangelnde Eigenständigkeit, Hierarchie, Entfremdung („Akkord")	Konsum, Soziales und wirtschaftspolitisches Umfeld/Sozialisationserfahrungen, ökologische Orientierung/Interessen (eine Tätigkeit zu finden, die „mehr zu mir passt")	„nützlicher Idiot", „Verkaufssumpf", „verkaufen und produzieren", Kontrolle, Zwang durch Strukturen der Profitmaximierung, falscher Umgang mit Instrumenten
Kritik	Intern	Extern	Intern

In Herrn Menkes und Frau Evers Beschreibungen und Deutungen ihrer jeweiligen berufsbiografischen Entwicklung verdichtet sich eine Form der Kritik, die sich auf die hierarchischen Strukturen des konventionellen Bankgeschäfts als Hemmnis der Selbstentfaltung und
fehlender autonomer Handlungsspielräume bezieht. Herrn Menkes kritische Bezugspunkte
bilden vor allem die standardisierten und wenig flexiblen Strukturen des konventionellen
Bankgeschäfts, die einen direkten, d. h. persönlichen und sozialen Bezug zur Tätigkeit und
den Kolleg_innen blockieren. Die als konflikthaft empfundene und durch Entfremdung
ausgelöste Situation überwindet Herr Menke erst mit einem Branchen-, dann mit einem
Arbeitgeberwechsel. Auch bei Frau Evers zeigt sich eine Form der Entfremdung, die sich
aber nicht an der kategorischen Gestalt einer Unternehmenshierarchie entzündet, die sie
als freiheitshemmend empfindet. Vielmehr stellen für Frau Evers sowohl die Regulation
wie auch die De-Regulierung des Banken- und Finanzwesens Eingriffe dar, die ihre eigene
Handlungsmacht behindern. In dem Wunsch nach einer Führungstätigkeit in einem KMU
bzw. als selbstständiger Unternehmer dokumentiert sich eine durch Unabhängigkeit cha-
rakterisierte Grundorientierung des Typus „Wechsel für Autonomie und Selbstverwirklichung". Da in beiden Fällen die grundlegenden normativen Grundlagen des Bankgeschäfts
nicht kritisiert werden, sondern lediglich die Realität empfundener Entfremdung, handelt
es sich hierbei um eine kontextualistische Kritik, die keines äußeren Standpunktes zur
Untermauerung der eigenen Position bedarf.

Rückt man die Bedeutung des sozialen Kontexts in den Vordergrund der Betrachtungen,
so wird deutlich, dass unterschiedliche biografische Entwicklungen und Ereignisse die
Entstehung von Kritik am konventionellen Bankgeschäft und kritisches Handeln begünstigen. Die Fallbeispiele des zweiten Typs „Wechsel für Übereinstimmung" demonstrieren
die prägende Rolle der Sozialisation und des sozialen Umfeldes, was als Form externer
Kritik gedeutet werden kann.

So verweist beispielsweise das Fallbeispiel Frau Adels auf einen *moment critique*, der durch
ein Spannungsverhältnis zwischen lebensweltlichem und beruflichem Milieu provoziert
wird. Sie kritisiert beispielsweise die Spießigkeit des konventionellen Bankenmilieus, welches
im starken Kontrast zu den Vorstellungen und der Lebensführung ihres privaten Umfeldes
steht. Ähnlich erlebt auch Frau Thiel eine Spannung zwischen der sozialistisch geprägten
Sozialisation, die sie insbesondere an einem gemäßigten Konsum exemplifiziert, und einer
zusehends kapitalistisch orientierten Unternehmenskultur. In Herrn Baums Erzählungen
kommt ebenfalls die besondere Bedeutung der politischen Sozialisation durch autonome
linke Bündnisse zum Tragen, auf die er seine Abkehr vom konventionellen Bankenwesen
zurückführt. Die zentrale Gemeinsamkeit aller fünf Muster besteht darin, dass der Wandel der Handlungsorientierungen zur Überwindung der als problematisch empfundenen
Situation weniger aus einer direkten Kritik am Bankgeschäft hervorgeht, als vielmehr aus
dem Bedürfnis, einen Kompromiss zwischen zwei Rechtfertigungsordnungen herzustellen.

Zusammenfassend deuten die Fälle zweiten Typs auf radikale bzw. externe Kritik hin.
Die Einwände, die gegenüber dem konventionellen Bankenwesen formuliert werden, lassen nicht nur Schlüsse darüber zu, welche Normen im Banken- und Finanzwesen verletzt
werden, sondern auch darüber, welche Auswirkungen diese in der privaten Sphäre haben.

Dadurch setzen Formen externer Kritik neue normative Maßstabe, die ein „abstraktes" und „nicht authentisches" Bankenwesen ablehnen und stattdessen Ansprüche an ein *gutes Leben* formulieren.

Interne Kritik bezieht sich hingegen auf die anerkannten Maßstäbe einer Gemeinschaft (Stahl 2013, S. 30). Der zentrale Konflikt artikuliert sich bei Herrn Telke (Typ 3) nicht, wie im Falle Herrn Menkes (Typ 1), in einer generellen Kritik an der Abstraktion des zahlen- und papierlastigen Bankenwesens, dessen Ausgestaltung mit dem subjektiven Anspruch nach beruflicher Selbstentfaltung konfligiert. Zwar übt Herr Telke dezidiert Kritik an den Reaktionen des Bankenwesens im Anschluss an die Finanz- und Wirtschaftskrise, die er als „lediglich kurzes Innehalten" beschreibt; seine durchaus positive Bezugnahme auf eine „ältere, andere", vermutlich bessere Bankenwelt macht indes deutlich, dass er die Ziel- und Quartalsvorgaben als Instrument des Bankenwesens nicht per se ablehnt, sondern vielmehr eine spezifische Art des Umgangs mit ihnen. Er formuliert an dieser Stelle eine interne Kritik am Banken- und Finanzwesen, deren Dreh- und Angelpunkt in den Entwicklungen vom korporativen Kapitalismus der Nachkriegszeit zum flexiblen Finanzmarktkapitalismus und der Orientierung am Shareholder-Value liegt. Seine Kritik an einer nicht angemessenen Reaktion auf den Zusammenbruch der globalen Finanzmärkte verdeutlicht das reflexionsauslösende Moment dieses Ereignisses, hält aber dennoch an anerkannten normativen Maßstäben des Banken- und Finanzwesens fest (Stahl 2013, S. 30). Auch am Fallbeispiel von Frau Willeke lässt sich nachvollziehen, dass es nicht primär die Normen des konventionellen Bankenwesens sind, die sie zu einer kritischen Distanzierung verleiten. Auch ihre Kritik konzentriert sich auf einen Wandel im Banken- und Finanzwesen, der ihre spezifische Professionsethik untergräbt und verunmöglicht. Beide Fälle verdeutlichen den handlungsleitenden Bezug auf interne Normen des Bankenwesens, die zwar einem Wandel unterliegen, etablierte und anerkannte normative Maßstäbe allerdings nicht in Frage stellen. Die Einsicht beider, den strukturellen Veränderungen machtlos gegenüberzustehen, führt hier zu einer individualisierten Professionalisierung (Schnell 2012, S. 31), die sich als Fortführung der eigenen Karriereansprüche im ethischen Bankenwesen darstellt.

Die Rechtfertigungsordnung ethischer Banken

Symbolische Grenzziehungen und kollektive Identifikation

Der Gegenstand der vorangegangenen Anaöyse waren die sozialen und berufsbiografischen Bedingungen und Ereignisse, die einen Wechsel vom konventionellen Bankenwesen in ein ethisches Geldinstitut legitimieren. Dabei wurden variierende *moments critiques* als Momente kritischer Distanzierung rekonstruiert, die diesen Wechsel subjektiv plausibilisieren und auf unterschiedliche Formen von Kritik am konventionellen Bankenwesen verweisen. Das folgende Kapitel zielt auf die Rekonstruktion beruflicher Selbstverständnisse und auf eine Annäherung an die kollektiv geteilten Rechtfertigungen oder – globaler betrachtet – an die Rechtfertigungsordnung ethischer Banken. Auch hier kommt der Kritik eine besondere Bedeutung zu: Symbolische Grenzziehungen werden gleichsam als alltagsweltliche Kritik verstanden, die konstitutiv für die eigene Identitätssicherung ist.

Bezugnehmend auf das Modell der Rechtfertigung (Boltanski und Thévenot 2007, S. 108 ff.) sollen die normativen Elemente ausfindig gemacht werden, die als Bewertungsmaßstäbe für „Wesen", d. h. Personen, Objekte und Handlungen herangezogen werden (vgl. ebd., S. 191 ff.). Die Wertigkeit hängt davon ab, inwieweit sich Handlungen und Objekte am jeweiligen Gerechtigkeitsprinzip, d. h. einer kollektiv geteilten Wertzuschreibung, orientieren. Hierbei analysiert das Modell der Rechtfertigung das, was aus Sicht der Akteure „groß" und von „Wert" ist. Auf analytischer Ebene lässt sich somit eine Rangordnung der legitimen Bezüge bestimmen. Um aber Aussagen über die Relation der legitimen Bezüge zueinander treffen zu können, muss auch das analysiert werden, was aus Sicht der Akteure „klein" ist und legitim abgelehnt werden kann; hierfür hält die Soziologie der Kritik, das Konzept der Kritik bereit. Will man aber die spezifischen Grundlagen der Distanzierung bzw. der Kritik in ihren Bestandteilen verstehen und gleichzeitig ihre Wechselwirkung mit den legitimen, d. h. identitätssichernden Bezugspunkten verstehen, ist eine analytische Differenzierung notwendig. Zwar konstatieren auch Boltanski und Chiapello, dass eine als legitim anerkannte Rechtfertigungsordnung, die das „Engagement für den Kapitalismus rechtfertigt", immer Antworten auf die Fragen der Gerechtigkeit (Allgemeinwohl), der finanziellen Sicherheit und der eigenen Selbstverwirklichung geben muss (Boltanski und Chiapello 2006, S. 42 f.). Wie sich diese Argumente und Orientierungen allerdings in ihrer Relevanz für die soziale Praxis unterscheiden, bleibt offen. Die alleinige Analyse von Rechtfertigungsordnungen beantwortet noch nicht die Frage, welche Relevanz den sym-

© Springer Fachmedien Wiesbaden GmbH, ein Teil von Springer Nature 2019
S. Lenz, *Ethische Geldinstitute*, Wirtschaft + Gesellschaft,
https://doi.org/10.1007/978-3-658-22390-8_7

bolischen Ordnungen in der sozialen Praxis zukommt. Auch liegt mit der Untersuchung von Umweltkonflikten eine Analyse der „grünen" Rechtfertigungsordnung vor (Thévenot, Moody, Lafaye 2000), allerdings werden an dieser Stelle lediglich Argumentationsfiguren in öffentlichen Debatten untersucht – implizite Aushandlungs- und Identifikationsprozesse, die aber grundlegend für die Institutionalisierung legitimer Praktiken und Rechtfertigungen sind, bleiben bisher unberücksichtigt.

Um dieses Wechselverhältnis zwischen Identifikation und Abgrenzung einerseits und die Differenzierung grundlegender Ausgangspunkte angemessen erfassen zu können, wird die Analyse entsprechend um das Konzept der symbolischen Grenzziehungen nach Michèle Lamont (1992) erweitert; Passagen des Materials, die Auskunft über das Selbstverständnis geben, werden in moralische, kulturelle und sozio-ökonomische Grenzziehungen differenziert, um die normativen Dimensionen in ihrer Unterschiedlichkeit zu erfassen.

Für den speziellen Fall der ethischen Banken stellt sich dann die Frage, wie die auf symbolischer Ebene vorgebrachten Klassifikationen und Bewertungen anderer sozialer Gruppen und Bereiche konstitutiv für den Zugang zu ethischen Banken und für milieuspezifische Ressourcen sind. So lässt sich beispielsweise feststellen, dass sowohl die Kund_innen ethischer Banken als auch deren Mitarbeiter_innen Repräsentant_innen einer bestimmten gesellschaftlichen Schicht sind, die zunächst nicht auf ein Zusatzeinkommen durch Zinsen angewiesen sind. Um „mit Geld Gutes tun" zu können, bedarf es schließlich erst einmal der Sicherung der eigenen finanziellen Existenz. Vor dem Hintergrund der Heuristik der symbolischen Grenzziehungen soll den Fragen nachgegangen werden, worin sich typische und zudem kollektiv geteilte Abgrenzungen gegenüber anderen Bereichen, Praktiken und Lebensweisen zeigen und welche Bedeutung diesen Abgrenzungen für die Sicherung der eigenen Identität zukommt. Die Analyse zielt auf die Freilegung typischer Merkmale und Elemente einer im Entstehen begriffenen ethischen Rechtfertigungsordnung, wie sie durch die Akteure implizit wie explizit artikuliert wird.

7.1 Die sozio-ökonomische Dimension des beruflichen Selbstverständnisses

Um die eigene Position sozio-ökonomisch zu legitimieren, greifen Personen auf positive wie negative Klassifikationen anderer zurück. Identifikation und Abgrenzung dokumentieren sich hier in der Hervorhebung der eigenen finanziellen Stellung oder der Mitgliedschaft in exklusiven Kreisen (vgl. Lamont 1992). Mitarbeiter_innen ethischer Banken sind in dieser Hinsicht besonders interessant, da finanzielle Aspekte in den Selbstbeschreibungen kaum eine Rolle spielen. Vielmehr dient die Ablehnung einer an finanziellen Aspekten orientierten Lebensführung, die konventionellen Banker_innen zugeschrieben wird, der eigenen Identitätssicherung. So kommen symbolische Grenzziehungen, die die soziale und ökonomische Position zum Ausgangspunkt nehmen, in der Abneigung gegen einen als hedonistisch empfundenen Statuskonsum, eigennütziges Gewinnstreben, Materialismus und „Erfolg ohne Leistung" (Neckel 2001) zum Ausdruck:

> „*Also Gewinn macht Spaß, aber ist kein Selbstzweck. Also wir, es ist nicht so, dass ich, wenn ich jetzt 'nen guten Abschluss gelandet habe, weiß, aha, meine Eigentümer kaufen dann die vierte Yacht in Palma de Mallorca oder ein Haus in Tessin.*" (9, 479-480)

> „*Ich hab noch nie in einer großen normalen Bank gearbeitet, von daher kann ich mir die Kultur da schlecht vorstellen, aber ich bin halt doch eher so der Öko und weniger der Banker und da würde ich mich halt wahrscheinlich noch mehr fehl am Platz fühlen wie in so einer kleinen Nachhaltigkeitsbank, wo man nicht im Anzug rumrennen muss oder so, umgeben ist von Leuten, die doch einfach auch andere Werte leben. Das neueste Smartphone haben müssen, ein dickes Auto, weiß der Geier müssen.*" (26, 153-159)

> „*[...] Anzug und schickes Auto und eben spießbürgerlich ohne Ende und alles was zählt, ist der Bonus oder das Geld. Ehm, dann ist das schon eine ganz andere Welt und ich glaub, das würden auch schon die meisten aus Nachhaltigkeitsbanken als eine ganz andere Welt ansehen.*" (26, 299-302)

Auf organisationaler Ebene korrespondiert dieser Ablehnung von Statuskonsum eine Abwesenheit monetärer Anreizsysteme und erfolgsgebundener Vergütungen. Während konventionelle Privatbanken Mitte der 1980er-Jahre zusehends auf Bonifikationssysteme umstellten, verzichten ethische Banken bis heute darauf. Einige ehemals konventionelle Bankmitarbeiter_innen berichten rückblickend, dass sie dieser Umstellung auf Shareholder-Value-Orientierungen zunächst kritisch gegenüberstanden. Eine befragte Bankerin berichtet etwa, sie habe anfänglich versucht, die wöchentlichen Zielvorgaben zum Verkauf von Anlageprodukten zu ignorieren. Angesichts des zunehmenden internen Wettbewerbs, einer universellen Erfolgsorientierung, permanent steigenden Zielvorgaben und sich fortwährend verkürzenden Kontrollüberprüfungen – „meist zwei bis dreimal pro Woche" – habe sie sich zusehends anpassen müssen. Bestärkt durch diese negativen Erfahrungen, wechselte sie schlussendlich den Arbeitgeber, um ihre berufliche Tätigkeit in ethischen Geldinstituten fortzuführen. Diese Entscheidung begründet sie damit, dass „der Bonus aus finanzieller Sicht zwar schön (war), aber den Preis, den [sie] dafür gezahlt habe, war exorbitant".

Im Zentrum dieser strukturellen Entwicklungen steht die Hinwendung zu einer Form der Leistungssteuerung, die betriebswirtschaftliche Kennziffern zunehmend priorisiert (Menz und Nies 2015, S. 237) und dadurch die professionelle Beratung konterkariert. In den Bereichen der Firmenkunden- und Anlagebetreuung bedeutet dieses Einwirken von Wettbewerb und Verkaufsdruck in einen bis dato „geschützten", „langfristigen Bereich, wo man eine enge Beziehung mit dem Kunden eingeht", eine Abkehr von grundlegenden Ansprüchen nach qualifizierter Beratung. Die nachfolgenden Sequenzen der Interviews mit zwei ehemals konventionellen Bankmitarbeiterinnen verdeutlichen die empfundenen Belastungen, die mit diesem strukturellen Wandel im Bankenwesen einhergehen.

„Also am Anfang gab's vierzehntägig Gespräche wie ‚Hast du dein Wochenziel erreicht' so, das wurde dann vierzehntägig überprüft. Und das wurde dann wöchentlich überprüft, nachher wurde es täglich überprüft, dann gab's so Meldungen, man musste sagen, wie viel Termine man geplant hat für die Woche. Denn es wurde ja ausgerechnet, wie viel Termine brauch ich, um mein Ziel zu erreichen? Also wenn ich dann zum Beispiel- Es gab auch nur so vier Themenziele, aber, wenn ich dann zum Beispiel hatte ich für Ratenkredite hatte ich en Ziel. Und dann wurde natürlich runtergerechnet, wie viel Ratenkredite ich in der Woche machen musste. Jeder Kredit wurde bewertet und dann gab's so en Modul, wurde ausgerechnet, wie viel Vertriebseuros das ergab. Das sind dann auch solche Wörter: produzieren. Also sprich verkaufen, also." (016, 138-159)

„Aber da war der Druck, gewisse Provisionserträge zu erzielen im Jahr. Und das schafft man eben nur, wenn man auch wirklich immer Dinge verkauft, die die Leute nicht brauchen, und der war schon da. Und irgendwie muss ich sagen, man ist in der Mühle drin und letztendlich macht man es dann auch." (020, 112-118)

Im Unterschied zu konventionellen Instituten verzichten ethische Banken bis heute auf ein erfolgsorientiertes Belohnungssystem. In der Unternehmenspolitik und -praxis ethischer Banken sind struktureller Verkaufsdruck, kurzfristige Ertragszwänge oder monetäre Leistungsanreize in Form variabler Gehaltsvergütungen ebenso wenig verankert wie die Orientierung am Shareholder-Value. Dem Anspruch folgend, negative Externalitäten des Finanzwesens für Wirtschaft und Gesellschaft zu vermeiden, verwerfen ethische Banken solche Verfahren und Instrumente, da sie aus ihrer Perspektive Bestandteil einer „falschen" und demzufolge illegitimen Finanzpraxis sind. Ein leitender Mitarbeiter verdeutlicht entsprechend, dass es auch für neue Mitarbeiter_innen „von Anfang an klar [sei, S. L.], dass es das [Bonus, S. L.] bei [ihnen] nicht geben kann. Also das macht keinen Sinn." Ethische Banken zeichnen sich im Gegensatz zu konventionellen Banken dadurch aus, dass die Gehaltsstruktur dem Imperativ gerechter und fairer Entlohnung unterliegt. So berichten die Befragten an mehreren Stellen des empirischen Materials, dass es Hierarchisierung in der Gehaltvergütung gäbe. Auch die Vorstände erhielten keine Bonifikationen:

„Da wird auch kein Unterschied gemacht zwischen Auszubildenden und Vorstand. Da ist alles gleich, also von der Art der Bezahlung. Die haben alle ihre Gehaltsstruktur. Also alle vierzehn Gehälter." (8, 313-316)

Darüber hinaus berichtet ein leitender Bankmitarbeiter, man könne „generell sagen, dass die in der Hierarchie niedrigen Positionen besser wie im Markt bezahlt sind, [während, S. L.] die höheren Positionen tendenziell schlechter bezahlt sind". Auch an dieser Stelle dokumentiert sich eine Antwort auf Fragen der Gerechtigkeit durch die Annäherung an das Gleichheitsprinzip. Die Fallstricke monetärer Anreizsysteme, die sich im Falle der Nichterfüllung als materielle Sanktionen äußern, finden in ethischen Banken keine institutionelle Verankerung.

In der institutionellen Logik des ethischen Bankenwesens lassen sich vielmehr Realisierungen von Prinzipien finden, die der Bedarfsgerechtigkeit und der Gleichheit entsprechen. Diese Prinzipien sind auch die Grundlage für die Rechtfertigung der spezifischen Mitarbeiter_innenpolitik, die Leistung weder an den individuellen Erfolg koppelt noch über entsprechende Bonussysteme honoriert. Anstelle des Erfolgsprinzips setzen ethische Banken auf das Bedarfsprinzip, welches sich in „Zuschlägen für zu versorgende Familienangehörige", „Ortszuschläge" und „Sabbaticals" materialisiert. Diese Form der betrieblichen Sozialpolitik wird von den befragten Mitarbeiter_innen besonders positiv hervorgehoben und bietet somit einen legitimen normativen Bezugspunkt. Vor dem Hintergrund der Erfahrungen im konventionellen Bankgeschäft bringt ein Befragter seine Begeisterung folgendermaßen zum Ausdruck:

> „Also das als soziale Arbeit, also die soziale Bank ist auch der sozialste Arbeitgeber, den ich jemals erlebt habe. Und das versuche ich auch hier immer wieder meinen Kollegen klar zu machen. Da werde ich zwar hier als Nerver genannt, aber ich sag halt: Jungs, das ist keine Selbstverständlichkeit, was hier passiert. Was wir erfahren, was wir kriegen. Das ist Luxus pur." (23, 152-158)

An die Stelle monetärer Anerkennungssysteme tritt die Identifikation mit einer Unternehmenskultur, in der es „weniger um Bonifikation als vielmehr um Work-Life-Balance" geht. Diese Ausrichtung bewirkt auch eine Signalwirkung nach außen, sodass „die Leute, die so richtig doll verdienen wollen, sich auch gar nicht bei uns bewerben". Ethische Banken verfolgen somit das Ziel, die „richtigen" Mitarbeiter_innen anzusprechen, die den „Sinn der Arbeit" nicht in materiellem Reichtum sehen: Schließlich sei es in der ethischen Bank unumstritten, dass „man hier nicht reich werden kann, gleichwohl aber auch nicht schlecht lebt".[127] Gerechtigkeit ist in ethischen Banken also keine Frage des Geldes, sondern eine Frage des „guten Lebens".

In ähnlicher Weise beschreibt auch ein Analyst für nachhaltige und ökologische Bauprojekte einer ethischen Bank diesen Sachverhalt. Verglichen mit seiner früheren Arbeitsstelle,

---

127 Problematisch werde diese „faire und gleichberechtigte Gehaltsspreizung" indes, so berichten einige der befragten Bankmitarbeiter_innen, wenn es um die Besetzung von Positionen auf höheren Hierarchieebenen gehe. Die Konfrontation mit dem konventionellen Bankenwesen macht sich also auch dort bemerkbar, wo es um eine Stärkung der Idee ethischer Geldinstitute geht. Frau A aus der Kreditberatung einer ethischen Bank berichtet ebenfalls, dass Bonifikationen bisher „überhaupt nicht zu Diskussion" standen. Weil man sich als ethisches Institut im Zuge der Expansion und der Ausweitung der Dienstleistungsbereiche breiter aufstellen müsste, „wird bei den absoluten Gehältern diskutiert, weil wenn wir gute Leute brauchen, die von anderen Banken und Unternehmen kommen, dann sagen die natürlich schon manchmal, also das und das hab ich jetzt verdient und ich will zumindest nicht weniger haben".

bei der 30 Prozent des Gehalts variabel an den individuellen Erfolg gebunden waren, sei sein derzeitiges Fixgehalt wesentlich höher. An dieser Stelle verdichtet sich ein Aspekt, der auch in anderen Interviews zentral zu Sprache gebracht wurde: Weil „man nicht angewiesen ist auf Zusatzzahlungen", verspricht das Gehaltssystem ethischer Banken Sicherheit und Planbarkeit und bewirkt gleichzeitig, dass Entscheidungen im „Sinne der Bank, nicht des Geldes wegen" getroffen werden:

> *„Ja, kein Bonus. Ganz klar. Kein Bonussystem. Weil das ein wesentliches Freiheitselement ist, was zu unserer Kultur gehört. Das lässt mich frei-, weil ich kann dann im Sinne der Bank entscheiden [...] ich muss es nicht mit dem Geld denken." (4, 893-897)*

> *„Also es hat ein gewisses Gefühl der Sicherheit, im Sinne von: Ich bin nicht im Risiko, dass ich 30 Prozent meines Jahreseinkommens vielleicht nicht verdiene, wenn ich meine Leistung hier nicht erbringe." (12, 1137-1140)*

Der Verzicht auf Leistungssteuerung wird darüber hinaus als „heilend" und entlastend erlebt. Flankiert wird diese Form der persönlichen Entlastung durch eine Vorstellung des kollektiven Handelns im Bankenwesen. Die Abwesenheit von Bonifikationssystemen wird als Voraussetzung für die Etablierung einer Vertrauenskultur unter den Mitarbeiter_innen angesehen, wodurch die Bank zu einem Gemeinschaftsprojekt avanciert, das die indivi- dualisierte Kultur des Shareholder-Values zurücknimmt:

> *„Ich glaube, man muss ausgesprochener Teamplayer sein. Also derjenige, der gewohnt ist, als Einzelkämpfer unterwegs zu sein, dann noch in Berufen tätig war, wo eben die Bonifikation 'ne große Rolle gespielt hat, der wird hier große Probleme haben zunächst mal. Weil hier alles letztendlich auf Teamleistung abgestellt ist, mit einzelnen Stärken, Schwächen. [...] Also ich glaube, man muss Teamplayer sein, man muss verstehen, dass letztendlich der Vorteil für alle darin liegt, wenn es der gesamten Bank gut geht. Und das denke ich mal, das ist wichtig, der richtige Unterschied zu dem der als Einzelkämpfer, Turboverkäufer irgendwo anders tätig ist. Und das ist jetzt nicht nur die Bankbranche, das sind ja viele Branchen, wo das so ist." (8, 342-347)*

Während konventionelle Institute Anerkennung „in Geld gießen", womit widersprüchliche Professionalitätsanforderungen und Zielvorgaben einhergehen, die moralische Konflikte und Befürchtungen materieller Sanktionen produzieren können (Menz und Nies 2015, S. 246), setzen ethische Banken auf eine Form der Anerkennung durch das Kollektiv und die Gemeinschaft. Ihren Ausdruck findet diese Form der moralischen Anerkennung (vgl. Wetzel 2013, S. 123-127), wie es ein junger Mitarbeiter einer ethischen Bank ausdrückt, in den „netten Leuten", „der netten Atmosphäre", „Kreise, wo man sich trifft", „Mitarbeiter- foren zum Austausch", dem „Neujahrsempfang" und den „Betriebsausflügen".

Die Rekonstruktion der ökonomischen Dimension des Selbstbildes ethischer Ban- ker_innen macht deutlich, dass sich legitime Grenzziehungen und Bewertungen nicht

am persönlichen finanziellen Ertrag der eigenen Tätigkeit messen; Formen der finanziellen Leistungssteuerung werden weitestgehend abgelehnt. Darüber hinaus äußern sich
symbolische Grenzen ökonomischer Art nicht nur in der Ablehnung von finanziellen
Gratifikationen und einem ausschließlich gewinnorientierten Handeln, sondern auch in
der Ablehnung einer dadurch bedingten Arbeitsatmosphäre, die durch ständige Kontrolle
und Leistungsdruck geprägt ist. Hierdurch unterstützen ethische Banken eine Kritik an
Materialismus und individuellem Eigennutz und errichten stattdessen eine Kultur des
„gemeinsamen Gewinns". Im Alltagshandeln der Mitarbeiter_innen äußert sich diese
institutionelle Verankerung von Gerechtigkeitsprinzipien (Entlohnung) in einer Auflösung der – für konventionelle Institute typischen – Widersprüche zwischen subjektiven
Ansprüchen und dem Zwang zur Rendite (vgl. auch Menz und Nies 2015).

Entsprechend lässt sich in den Selbstbildern ethischer Bankmitarbeiter_innen eine Wahrnehmung von Erfolg erkennen, die nicht an die Verbesserung von ökonomischen Positionen
gekoppelt ist, sondern daran, den gesellschaftlichen Diskurs beeinflussen zu können. Als
legitimes Element der Rechtfertigungsordnung wird den Gründern der jeweiligen Bank
oder medienwirksamen Repräsentatnten eine besonders hohe Wertigkeit zugesprochen.
Charakteristisch für diese Personen ist, dass sie die „nachhaltige Idee bestärken und auch
neue Themen immer wieder aufbringen", wie dies eine der interviewten Mitarbeiterinnen
formuliert. Im Unterschied zu den von Lamont (1996) untersuchten amerikanischen und
französischen Mittelschichten orientieren sich ethische Banker_innen nicht an denjenigen,
die sich „hochgearbeitet" haben, sondern an jenen, die bestimmte Themen forcieren und
diese gesellschaftlich wirksam platzieren. An dieser Stelle wird das moralische Fundament
ökonomischer Grenzziehungen im ethischen Bankenwesen besonders sichtbar. Es zeigt sich,
dass eine Abgrenzung von den konventionellen Praktiken der Gewinnsteigerung – sowohl
auf institutioneller wie auf subjektiver Ebene – nur dann realisiert werden kann, wenn man
sich gleichzeitig auf einen moralischen Standpunkt zurückbezieht, der die gesellschaftliche
Wirkung des eigenen Handelns hervorhebt und moralisch als „guten Beitrag" aufwertet.

7.2 Die kulturelle Dimension des beruflichen Selbstverständnisses

Michèle Lamont (1992) konzeptualisiert die kulturelle Dimension symbolischer Grenzziehungen vor dem Hintergrund ihrer Untersuchungen der französischen und US-amerikanischen oberen Mittelschicht. Prozesse der Identifikation und Abgrenzung über kulturelle
Grenzziehungen stützen sich demnach auf die Bedeutung der Vertrautheit mit hochkulturellen Inhalten, Intellektualität und Bildung. Wichtig für die Generierung von kulturellem
Kapital sind im Anschluss an Pierre Bourdieu (2015 [1992]) das Vorhandensein zeitlicher
Ressourcen, die es erst ermöglichen, sich Formen institutionalisierter Bildung aneignen zu
können. Diese Form des kulturellen Kapitals materialisiert sich in schulischen Abschlüssen
und akademischen Titeln. In seiner objektivierten Form entspricht kulturelles Kapital gesellschaftlichem Wissen, wie es in Form von Büchern, Denkmälern oder Techniken vorliegt.

Die Rekonstruktion beruflicher Selbstbilder im ethischen Bankenwesen verweist auf eine ähnliche Form kulturellen Kapitals, das eine wichtige Funktion in der Etablierung einer eigenständigen Kultur im Bankenwesen einnimmt. Im Folgenden werden jene Elemente der beruflichen Selbstbilder ethischer Bankmitarbeiter_innen rekonstruiert, die auf ein spezifisches – für ethische Banken typisches – Wissen als kulturellen Kapitals verweisen. Hierbei handelt es sich um ein Wissen, dass eng an die Kernbereiche und -geschäfte ethischer Banken gekoppelt ist. Die Besonderheit besteht nun darin, dass dieses branchenspezifische Expertenwissen gleichsam die Grundlage für eine kulturelle Distinktion bildet und konstitutiv für die Eigenwahrnehmung als Avantgarde ist.

Zunächst lässt sich feststellen, dass die Auseinandersetzung mit den spezifischen Kernbranchen wie dem Gesundheitswesen, den erneuerbaren Energien, der Biolandwirtschaft und der Bildung einen besonderen Stellenwert einnimmt. Die Begrenzung auf Kernbranchen und der Fokus auf Regionalität offerieren eine Möglichkeit, übersichtliches und handhabbares Wissen zu produzieren. So berichtet eine Mitarbeiterin einer ethischen Bank:

„Also wir können ja nicht einfach auf die Zahlen zurückgreifen, wie das vielleicht eine konventionelle Bank macht. Wir müssen ja auch wissen, was die Probleme in der Branche sind, um das richtig einschätzen zu können. Da reicht es nicht, einfach zu sagen, das gibt Profit und das nicht. Das müssen wir auch, unter uns, mehr auf die Erfahrung bauen, die wir mit solchen Bereichen schon mal gemacht haben." (5, 441-446)

„Wir haben ja unsere Branchen Gesundheit, Bildung, regenerative Energien, ökologische Landwirtschaft. Da ist es so, dass wir, glaub ich, viel Branchenkenntnis haben, das unterscheidet uns schon von konventionellen Banken, auch im Kreditgeschäft, dass wir, glaub ich, relativ schnell wissen, worum es geht und auch sehr gut beraten, weil wir uns eben in dieser Branche auskennen." (5, 420-428)

Ethische Banken in Deutschland konzentrieren sich derweil hauptsächlich auf realwirtschaftliche Unternehmen und Projekte, die durch ihre inhaltliche wie betriebswirtschaftliche Performance überzeugen. Zwar sind ethische Banken über Fonds auch auf globalen Finanzmärkten tätig, allerdings greift auch hier der Begrenzungsmechanismus in Form von Ausschlusskriterien. Ein branchenspezifisches Expertenwissen ist ein wichtiger Bestandteil zur Abgrenzung gegenüber konventionellen Instituten, die in der Wahrnehmung ethischer Bankmitarbeiter_innen keine ausreichende Expertise mobilisieren können, um ein „korrektes", wie es häufig formuliert wird, Bankgeschäft zu verwirklichen. Die Fähigkeit, als Bankmitarbeiter_in finanzierte Projekte und Unternehmen adäquat einschätzen und inhaltlich wie organisatorisch durchdringen zu können, ist demnach ein elementarer Bestandteil des beruflichen Selbstverständnisses und der Abgrenzung gegenüber konventionellen Banken; konventionelle Institute, die sich aus Perspektive der Befragten nicht mit der spezifischen Beschaffenheit und den Problematiken der Branchen beschäftigen, sondern sich lediglich auf finanzielle Kennzahlen konzentrieren, dienen hier als negativer Vergleichshorizont:

„Das heißt, der konventionelle Banker muss sich mit dem Geschäftsmodell des Kranken-
hauses auseinandersetzen, das ist kompliziert, das kann der nicht […] das gehört nicht
zu den Kernkompetenzen eines konventionellen Bankers." (9, 459-464)

Ein weiterer Unterschied zu konventionellen Instituten, so heben die Befragten hervor,
besteht darin, dass ethische Geldinstitute einen intensiven Austausch mit der gesellschaftlichen Umwelt pflegen.

So stehen sie beispielsweise in enger Verbindung mit sozialen Bewegungen (vgl. hierzu
auch Schiller-Merkens 2013, Balsiger 2014), NGOs und anderen zivilgesellschaftlichen
Gruppen. In Zusammenarbeit mit dem *Institut for Social Banking* (ISB) bietet beispielsweise die GLS Bank ergänzende Masterstudiengänge an. Als Grundlage für die Beratung
und Finanzierung werden darüber hinaus Berichte nachhaltiger Ratingagenturen und
Gutachten von Umweltschutzbünden herangezogen. Auch intern bieten viele der untersuchten Geldinstitute ihren Mitarbeiter_innen Schulungen und Fortbildungen an, die
sich mit dem spezifischen Werteverständnis der Bank beschäftigen. Von den befragten
Bankmitarbeiter_innen wird dies als besonderer Anreiz wahrgenommen, der die Attraktivität ihres Arbeitgebers ausmacht. Angesichts unterschiedlichster gesellschaftlicher
Bezugs- und Anknüpfungspunkte, „lern[e] man in der ethischen Bank stets neue Bereiche
kennen". An dieser Stelle wird die Bedeutung eines spezifischen kulturellen Kapitals in
ethischen Banken besonders deutlich, welches sich aus der Erweiterung eines nachhaltigen und sozial-ökologischen Fachwissens speist. Das beschriebene branchenspezifische
Expertenwissen ethischer Bankmitarbeiter ist konstitutiv für die Wahrnehmung und
das Selbstverständnis einer kulturellen Avantgarde im Banken- und Finanzsystem. Über
den konkreten Geschäftsbereich ethischer Geldinstitute hinaus, lässt sich nämlich eine
gesellschaftspolitische Vision finden, die sich in dem Streben verdichtet, die Ordnung von
Wirtschaft und Gesellschaft insgesamt neu und mit Blick auf zukünftige Generationen
gerechter zu gestalten. Ein Mitarbeiter illustriert dieses Vorhaben folgendermaßen:

„Also diese Diskussion, also die gesellschaftliche Diskussion mit nach vorne treiben, also
dieses Thema Land, also das das Land für Bauern, was immer teurer wird und wo sich
Bauern eigentlich, die gar nicht mehr arbeiten oder die sich das gar nicht mehr leisten
können und wo die Finanzierung auch total schwierig ist. Also das ist ja auch en, das
ist eigentlich 'ne politische-gesellschaftliche Frage, wo man als Bank eigentlich dasitzt
und sagt: Man kann denen, ja man kann da fast nichts machen. Aber sich da eben auch
einzubringen und zu überlegen, was könnten da Beiträge sein, die man auch als Bank,
also wie man, wie kann man so so'n Prozess mitgestalten oder es nach vorne treiben auch
in der Gesellschaft, in der Diskussion. Also das sind Themen, die auf jeden Fall die Bank
mit begleitet, ja." (21, 1002-1015)

Die befragten ethischen Banker_innen heben die als alternativ und distinktiv empfundene
Kultur des ethischen Bankgeschäfts häufig hervor, indem sie sich selbst als Pioniere der
Umwelt- und Nachhaltigkeitsszene beschreiben. In der Wahrnehmung der Mitarbeiter_in-

nen besteht die besondere Befähigung einer ethisch orientierten Bank auch darin, „Dinge zu machen, an die andere Banken sich nicht ran trauen" oder wofür „man in den 70ern beschimpft oder für bekloppt gehalten wurde". Nicht selten sehen die Mitarbeiter_innen in der Entwicklung ethischer Banken von der Nische zum massentauglichen Geschäftsmodell die Bestätigung ihres eigenen beruflichen Handelns. Ein Mitarbeiter bringt diese empfundene Anerkennung, die unter anderem durch das derzeitige Wachstum ethischer Geldinstitute induziert ist, folgendermaßen zum Ausdruck:

> „Man selber das aber doch relativ gut einschätzen kann, weil es eben kein Hirngespinst ist irgendwie, ein Passivhaus, was dann halt für viele in der Anfangsphase irgendwie Spinnerei ist und im Moment jetzt eigentlich schon normal und alle wollen es machen." (26, 539-542)

Was in der zugeschriebenen Innovationsfähigkeit ethischer Banken bereits anklingt, verdichtet sich an anderer Stelle des empirischen Materials zu dem Anspruch, korrigierend in wirtschaftliche und gesellschaftliche Problemlagen einzugreifen. Das erfahrungsbasierte sozial-ökologisch ausgerichtete Wissen dient als Grundlage zur gerechten Umsetzung eines Bankgeschäfts, das die Aufklärung der Kund_innen und Erziehung zur Eigenverantwortung erreichen will. Im Selbstbild ethischer Banker_innen schlägt sich ein Verständnis der beruflichen Aufgabe als Bildungsauftrag nieder, der

> „die Gesellschaft dazu befähigen soll, selbst zu entscheiden, ob sie ihr Geld einfach am Bankschalter abgeben. Oder eben nicht." (11, 503-504)

Auch ein Regionalleiter sieht seine berufliche Aufgabe insbesondere darin, vor dem Hintergrund der wieder erstarkten Position konventioneller Großbanken im Anschluss an die weltweite Finanz- und Wirtschaftskrise, „gegen das Vergessen anzuarbeiten". Aus seiner Perspektive werde konventionellen Finanzmarktstrukturen und -praktiken, die verantwortlich für die verheerenden Folgen der globalen Finanzkrise seien, zu wenig entgegengesetzt, sodass diese ihre „Bataillone wieder in Stellung bringen. Diese [seien, S. L.] jetzt schon wieder so gesettled, dass die es sich trauen, uns da ein Stück weit zu manipulieren". Dieser Befragte sieht seine berufliche Aufgabe darin begründet, die Kund_innen aufzuklären, um dadurch eine „kritische Masse" zu mobilisieren. Konkret verdeutlicht er die als machtvoll wahrgenommene Dominanz konventioneller Institute folgendermaßen:

> „Und da darf man nicht lockerlassen. Da darf man auch eben nicht die Möglichkeit geben, dass Regierung und Banken da so stillschweigend drüber hinweggehen [Eigenkapital-Regelungen Basel III, S. L.]. Oder wenn man sich jetzt die Diskussion um die Finanztransaktionssteuer anguckt, also da muss man auch den Druck aufrechterhalten. Und man muss da schon wieder anfangen, Gegenarbeit zu leisten, weil im Bereich Transaktionssteuer, da wird uns ja jetzt auch wieder eingeredet: ‚Das muss alles der kleine Sparer bezahlen.' Ja, das ist sozial ungerecht." (13, 675-681)

Ähnlich lassen sich auch in anderen Interviews Formulierungen und Aussagen finden, die darauf hindeuten, dass ethische Banker_innen ihre berufliche Tätigkeit mit dem Anspruch verbinden, „gesellschaftlichen Wandel anzustoßen". So beschreibt ein Mitarbeiter seine berufliche Verpflichtung als „den Kunden einen kleinen Schubs in die richtige Richtung zu geben". Eine Mitarbeiterin der Kreditberatung für den Bereich Schule und Bildung verdeutlicht das besondere Anliegen, den Unternehmen nicht nur finanziell zur Seite zu stehen, sondern auch „mitzuhelfen, ökologische Ideen zu verwirklichen und mitzugestalten":

> „[A]lso bei dem pädagogischen Konzept zum Beispiel, wenn ich dann 'ne Schule hab, wo ich das Gefühl hab, die arbeiten wenig an ihrem pädagogischen Konzept, dann frag ich schon mal nach, warum denn die Eltern zu ihnen kommen sollten. Weil das ist ja auch ein fehlendes Profil, was dann so eine Schule hat. Ich glaube, dass wir schon mehr an dem Unternehmen an sich dran sind." (5, 489-494)

An dieser Stelle wird deutlich, dass die Kundin oder der Kunde (Pesonen, Unternehmen), als normativer Bezugspunkt, eine besondere Bedeutung für die Realisierung der Idee eines gerechten Bankenwesens hat. Aus den Erzählungen der interviewten ethischen Bankmitarbeiter_innen lässt sich erkennen, dass ein Kundenbild konstruiert wird, welches durch eine Art Komplizenschaft charakterisiert ist. Die Idee, dass die einen wesentlichen Beitrag zur Transformation des Bankenwesens leisten können, ist ein wichtiger Bestandteil des beruflichen Selbstbildes eines egalitären Kund_innen-Berater_innen-Verhältnisses.

Insgesamt appellieren ethische Banken an autonome, informierte und verantwortungsbewusste Kund_innen, die auf Grundlage ihres Wissens und Gewissens die bestmöglichen Entscheidungen treffen und sich aktiv damit auseinandersetzen, „wie [ihr] Geld arbeitet". So berichtet beispielsweise ein Mitarbeiter einer ethischen Bank, dass er Kund_innen und anderen Leuten rät, in ihre Bankfilialen zu gehen, um dort nach nachhaltigen Geldanlagen zu fragen. Der erhoffte Effekt schlage sich dann darin nieder, dass auch konventionelle Institute mit Themen der nachhaltigen Geldanlage konfrontiert werden, wodurch die Diffusion ethischer Orientierungen auch im konventionellen Bankenwesen unterstützt würde.

In der Praxis äußert sich dies als pädagogisch-reformistisches Konzept, das auf einer gleichberechtigten Zusammenarbeit fußt und häufig als „begleiten", „therapieren", „missionieren" oder „wachrütteln" beschrieben wird. Ein Mitarbeiter der Kreditberatung resümiert im Anschluss an eine ausführliche Beschreibung seiner beruflichen Tätigkeit und den damit einhergehenden Erwartungen an die gesellschaftliche Wirksamkeit des eigenen Handelns folgende berufliche Verpflichtung:

> „[M]an neigt dann dazu, so ein bisschen missionarisch zu werden, weil man glaubt, wir haben doch 'ne gewisse Idee. Warum sieht das der Andere noch oder die Andere oder das Unternehmen noch nicht, wenn es doch das Richtige ist?" (18, 414-416)

Ein anderer Mitarbeiter hebt die aktive Rolle und Bedeutung, die die Kund_innen in dieser Vision einnehmen, folgendermaßen hervor:

„Er [der Kunde, S. L.] muss mitarbeiten, das ist klar, ich werde ihm nicht irgendwas vorgeben, sondern der muss immer wieder mitarbeiten und dann ist das hinterher eine gemeinsame Lösung, und das verstehe ich unter partnerschaftlicher Zusammenarbeit." (8, 68-71)

„[...] Und wir sind dann eigentlich die Therapeuten, wir begleiten, die machen ja auch nicht die Arbeit des Klienten und die begleiten ja nur, ja, damit sie dann das Richtige tun." (11, 953-954)

Auch hier wird die Verwobenheit der kulturellen Dimension mit der moralischen Dimension des Selbstbildes deutlich. So ermöglicht die Konstruktion und Umsetzung einer gleichberechtigten Beziehung zwischen Berater_in und Kunde oder Kundin ein Berufsethos ethischer Bankmitarbeiter_innen, das in Opposition zu einer als manipulativ und egoistisch empfundenen beruflichen Praxis konventioneller Banker_innen steht. Es zeigt sich, dass das branchenspezifische Expertenwissen ethischer Bankmitarbeiter_innen die Basis für eine kulturell und moralisch legitimierbare Abgrenzung ist, die die eigenen Ausrichtungen als wertiger und „grösser" rechtfertigt.

Allerdings zeigt sich hier die besondere Fragilität der Rechtfertigungsordnung ethischer Banken. So wird nämlich – ebenfalls in kritischer Distanz zu konventionellen Instituten und deren Beratungspraktiken – den Kund_innen die Bereitschaft zur aktiven Teilhabe abverlangt. Als eine Art Gegenleistung für eine angemessene Informationspolitik – konventionelle Institute und die Praxis unzureichender Informierung über die Risiken bestimmter Anlageformen dienen hier als negativer Vergleichshorizont – heben die Befragten die Partizipationsmöglichkeiten der Kunden hervor. Anstelle von Passivität und einer klaren Rollenzuweisung als Kund_in oder Berater_in, etablieren ethische Banken Beratungskulturen auf dem Egalitätsprinzip, in denen die Eigeninitiative der Kunden zum festen Bestandteil der Beratungssituation wird. Mit dieser Praxis verbindet sich die Vorstellung, mithilfe der Kund_innen einen Beitrag zur gerechteren Gestaltung des Bankenwesens zu leisten. Hiernach korrespondiert der Ablehnung des Homo Oeconomicus in ethischen Banken ein Bild des Kunden, der ethisch rational, aufgeklärt und vollinformiert handeln soll.

Dennoch stößt die Vorstellung eines gleichberechtigten Verhältnisses zwischen Kund_innen und Berater_innen, die gemeinsam an der Verwirklichung eines gerechten Bankenwesens beteiligt sind, an Grenzen. So lassen sich in den Interviews variierende Konflikte mit den Kund_innen erkennen, die sich auf unterschiedliche Ziele und Interessen zurückführen lassen. Einmal wird der Kunde als „Überzeugungstäter" beschrieben, der sich durch eine hohe Identifikation mit den eigenen Werten und den Werten der Bank auszeichnet; dieser Bankkunde wird deshalb als unproblematisch empfunden. Ein anderes Mal wird er als derjenige wahrgenommen, den „man an die Hand nehmen muss, um das Richtige zu tun", oder als derjenige, der „einfach nur grün sein will, ohne Opfer zu bringen". Bei Letzterem kommt die erzieherische Agenda, der sich ethische Bankmitarbeiter_innen verpflichtet sehen, besonders verdichtet zur Geltung. So beschreibt ein Mitarbeiter des Vermögensmanagements das problematische Beratungsverhältnis zu denjenigen Kund_innen, die das Wissen und die Visionen alternativer und nachhaltiger Wirtschafts-, Konsum- und Lebensformen nicht vollends – d. h. in ihrem Sinne – inkorporiert haben, folgendermaßen:

> „[...] dann gibt es natürlich Menschen, die sind unzufrieden, kommen zu uns oder meinen, das ist natürlich ganz schick, eine grüne Bank zu haben, ja, ähm, da wird es dann schon schwieriger und dann gibt es natürlich auch noch äh viele, die sagen, das ist ja alles ganz gut und nett, aber die wollen kein Opfer bringen. Und mit diesen Kunden ist manchmal recht schwierig zu arbeiten. [...] Und diejenigen, die wo wegwollen, die wollen, dass sie sie an die Hand nehmen, dass sie dort wegkommen. Und die wollen gleich was Neues haben." (11, 500-504, 309-311)

Aus den Interviews mit Mitarbeiter_innen ethischer Banken lässt sich zwar nichts über das tatsächliche Verhältnis oder die Interaktion mit den Kund_innen aussagen, allerdings lassen die Erzählungen Rückschlüsse auf mögliche Problemlagen einer solchen Konstruktion der Kund_innen zu. Es zeigt sich nämlich, dass dem Bild der Kund_innen, wie ethische Banken es alltäglich konstruieren, ebenfalls gleichgewichtstheoretische Annahmen zugrunde liegen, die sie eigentlich ablehnen. Oder anders formuliert, in den normativen Tiefenstrukturen des ethischen Bankings sind ebenfalls jene Annahmen handlungsleitend, wonach eine gerechte Verteilung von Geldern und Gütern über Angebot und Nachfrage – hier in Gestalt der ethischen Kund_innen – reguliert wird. Die Vision der gerechten Verteilung kehrt sich dann aber ins Negative um, wenn die aufgeklärten Kund_innen im Zuge der Markterweiterung nicht nur moralische, sondern auch finanzielle Erträge einfordert. So wird beispielsweise davon berichtet, dass die notwendige Umwandelung von stillem Kapital in feste Genossenschaftsanteile nur vor dem Hintergrund der Einführung von Dividenden und Zinsen realisiert werden konnte. Um Kund_innen zu halten und um im Wettbewerb um diese bestehen zu können, müssen ethische Banken auch denjenigen gerecht werden, die „ihr Verhalten ändern wollen, [...] aber nicht [...] auf Erträge verzichten möchten". Unintendiert produzieren ethische Banken durch ihre Aufklärungsarbeit nicht nur moralisch integre und verzichtbereite Kund_innen, sondern auch, wenn auch weiterhin „grün" orientierte, finanziell nutzenmaximierende Kund_innen.

7.3 Die moralische Dimension des beruflichen Selbstverständnisses

Nach Michèle Lamont nehmen moralische Grenzziehungen auf bestimmte Werthaltungen und Charaktereigenschaften wie z. B. Ehrlichkeit, Integrität, Solidarität, Loyalität oder Arbeitsethik Bezug (Lamont 2002; Sachweh 2013). Wie es Boltanski und Chiapello (2003) in *Der neue Geist des Kapitalismus* bereits beschrieben haben, muss der Kapitalismus immer Antworten auf Fragen der Selbstverwirklichung und der Gestaltung des sozialen Miteinanders bereithalten, um die „freiwillige Opferbereitschaft" der Beteiligten (ebd., S. 43) zu legitimieren. Es müssen also überzeugende moralische Gründe vorliegen, um den Willen zur Teilhabe am Kapitalismus zu plausibilisieren. Der Monatslohn stellt hierbei lediglich eine notwendige Entlohnung für beispielsweise das Ausüben einer Tätigkeit dar; er garantiert aber nicht, dass sich die Akteure engagieren. Hierfür bedarf es ausreichend plausibler moralischer Argumente (vgl. Boltanski und Chiapello 2006, S. 43). Diese moralischen Elemente, wie sie sich in den beruflichen Selbstbildern zeigen, stehen hier im Vordergrund.

Im ethischen Banking konzentrieren sich moralische Überzeugungen auf den Wert, der dem gemeinschaftlichen Miteinander in der Bank und dem Verhältnis zu den Bankkund_innen und zur Umwelt zugesprochen wird. So grenzen sich ethische Banker_innen häufig von der Anonymität und der Exklusivität konventioneller Institute ab, die aus ihrer Perspektive kaum nahe soziale Beziehungen ermöglichen. Gleichzeitig liegt die moralische Dimension quer zu den sozio-ökonomischen und kulturellen Dimensionen symbolischer Grenzziehungen. Sie komplettiert gewissermaßen ein Selbstbild, das sich sowohl vom Statuskonsum und den variablen Zusatzzahlungen konventioneller Bankkulturen abgrenzt als auch die eigene Überlegenheit durch eine ganzheitlichere Expertise über die kreditnehmenden Branchen stützt. Gemeinsam ist den sozio-ökonomischen und kulturellen Aspekten der Selbstbilder ethischer Bankmitarbeiter_innen, dass Werthaltungen und Charaktereigenschaften anderer Personen und Praktiken den zentralen Ausgangspunkt für Zuschreibungen für das Eigene und das Fremde bilden.

Dies kommt beispielsweise in der Darstellung und Bewertung des Kreditkund_innengeschäfts einer Mitarbeiterin zum Ausdruck, wenn sie ein Desinteresse gegenüber konventionellen Banker_innen und der durch sie transportierten Kultur anspricht. Sie berichtet von gelegentlichen Kontakten mit konventionellen Bankmitarbeiter_innen auf der „Frankfurter Bankenmeile". Hin und wieder unterhalte man sich auch mit ihnen; eine Identifizierung, die Ähnlichkeiten zwischen sich und den anderen konstruiert, ist allerdings nicht möglich. Vielmehr schreibt sie konventionellen Banker_innen bestimmte Charaktereigenschaften und Werteorientierungen zu, die nicht den ihren und jenen des ethischen Bankenwesens entsprechen. Die Ursache für die unterschiedliche Ausprägung von Charakteren und moralischen Eigenschaften führt sie auf die jeweiligen Unternehmenskulturen zurück. Die zentrale Differenz zu konventionellen Instituten bestehe dann darin, dass ein kollegiales Miteinander nicht nur in professionellen Zusammenhängen praktiziert werde. In einer ethischen Bank, so lässt sich ihre Aussage verstehen, weise das Gefühl von Verbundenheit über die reine Ausübung der Tätigkeit hinaus.

„Die sind alle ganz nett, aber es ist trotzdem so dieses Andere, dieses menschliche, das schwingt dort nur auf einer persönlichen Ebene mit. [...] Aber das ist wirklich, dass man wirklich sich auf eine Unternehmenskultur, auf eine gewollte Unternehmenskultur beziehen kann, wie unser Leitbild ist und wie unsere, also wie die Vita der Bank ist, das hat man einfach sonst nicht. Kann man froh sein, wenn man sich mit dem Kollegen gut versteht. Aber man kann sich nicht auf ein Leitbild beziehen, wo man sagt, wir wollen, dass auch andere Werte eine Rolle spielen." (5, 917–919)

Die angesprochene Unternehmenskultur wird in den Interviews häufig als „andere Welt" oder „menschlicher" beschrieben. So assoziiert eine Mitarbeiterin ihre berufliche Tätigkeit mit Räumen und Situationen, die nahe an den Bereich des Privaten heranreichen; die Bank wird beispielsweise mit Räumen der Familiarität, des Austausches und der Solidarität in Verbindung gebracht, wodurch diese eine besonders positive Aufwertung erfährt. Die „klassische Bank" hingegen wird mit einem exklusiven, kalten und geschlossenen „Kristallpalast" und „undurchsichtigen Glasbauten" verglichen, während sich in der räumlich-architektonischen Dimension und der Arbeits- und Unternehmenskultur ethischer Geldinstitute die Wahrnehmung familiärer Wärme und Nähe materialisieren. So berichtet eine Mitarbeiterin:

> „Also, weil das, und das ist das, was ich hier jetzt festgestellt habe, also das merkt man ja, wenn man hier auch reinkommt, das ist eben nicht klassisch Bank, es ist nicht Kristallpalast ähm, sondern das ist hier schon eher menschlich, ja? Das ist auch so ein bisschen Family, so kann man's mal sagen." (12, 92-100)

Darüber hinaus herrsche in ethischen Geldinstituten ein betriebliches Klima, das weniger durch Anonymität, mechanische Effizienz, Hektik und „Leistungsdruck" geprägt sei, sondern eine entschleunigte Kultur gegenseitiger Wahrnehmung und Anerkennung unterstütze. Am Beispiel einer gemeinsam erlebten Situation beschreibt die Interviewte, wie diese Kultur der Höflichkeit und der gegenseitigen Wertschätzung beschaffen ist:

> „Na ja, ich hab ja vorher auch mal bei 'ner konventionellen Bank gearbeitet und höre das auch oft von den neuen Kollegen – und so ging es mir damals auch –, wenn man da sitzt, auf dieser Bank, wo Sie grad gesessen haben und alle Leute laufen an einem vorbei und alle sind gestresst. Hier grüßt jeder. Und das ist auch so was, das kommt von den Menschen heraus, das macht man einfach, weil ich denk: ‚Oh, da sitzt jemand, der wartet, das ist bestimmt nicht so schön', sag ‚Guten Morgen' und lächle den an. Und das machen hier einfach alle. Dass man den Moment Zeit hat, stehen zu bleiben und zu sagen: ‚Ach, Mensch!' Hab ich nämlich grad gemacht, stand 'n Kollege, mit dem ich auch schon mal gearbeitet hab, von 'ner andern Unternehmung, der saß mit Ihnen auf der Bank, da bin ich schnell stehen geblieben, obwohl ich jetzt mit Ihnen 'nen Termin hatte. [...] Aber die Zeit muss einfach sein, und das find ich, ist anders. Und da sagt auch hinterher keiner: ‚Hättest doch sofort da zu Frau Lenz gehen müssen', das macht es anders. Und ich glaub, der Umgang miteinander ist schon. Irgendwie, ja, irgendwie wärmer. Ich würd's mit warm beschreiben." (17, 63–91)

An anderer Stelle wird ein weiterer Bezugspunkt moralischer Grenzziehung deutlich, der sich aus Sicht der Befragten ebenfalls aus der spezifischen Organisationsstruktur ethischer Geldinstitute ergibt. Ethische Banken konzentrieren sich in ihrem alltäglichen Geschäft nämlich hauptsächlich auf die Finanzierung der Realwirtschaft. Aufgrund dieser institutionellen Konfiguration, so berichten die befragten Bankmitarbeiter_innen, seien ethische Geldinstitute „stabil durch die Krise gekommen und geblieben". Diese Stabilität wird allerdings, so lässt es sich an einigen Stellen des Materials verdeutlichen, nicht allein auf eine langfristigere Strategie oder ökonomische Kalkulation zurückgeführt, sondern resultiert in den Wahrnehmungen der Mitarbeiter_innen ethischer Banken aus der besonderen moralischen Stärke der „Verführung, das schnelle Geld zu machen, widerstanden [zu haben]". Denn ebenso wie die großen Geldhäuser, die bis heute mit den Folgen der Zeichnung von Asset Backed Securities[128] konfrontiert sind, haben auch ethische Banken „diese Beteiligungsmöglichkeiten an amerikanischen Häusern auf dem Tische gehabt". Im Unterschied zu konventionellen Instituten werde die Gefahr, der „Verführung" zu erliegen, durch den „Fokus auf das, was real ist", kontinuierlich eingehegt. In der realwirtschaftlichen und langfristigen Ausrichtung ethischer Banken dokumentiert sich somit ein zentraler Bezugspunkt ethischer Banker_innen. Instruktiv für diesen Aspekt moralisch gestützter Identitätssicherung und die damit einhergehende Überzeugung, ein sichereres und überdies ökonomisch tragfähigeres Bankgeschäft zu betreiben, ist die folgende Sequenz:

> „[M]an [hat] erstmal festgestellt, okay wir haben keinen Euro verloren in der Finanzkrise, weil wir uns nicht an diesen Dingen beteiligt haben. Und diese Beteiligungsmöglichkeiten an diesen amerikanischen Häusern, die lagen uns auch auf dem Tisch. Und da wurden ja hohe Renditen versprochen. Und für mich war das immer ein Beweis, okay wir haben eine Kultur, die sich davon nicht beeindrucken lässt. Das hat mich sehr beeindruckt. Ist ja eine große Verführung zu sagen, hey, da kann ich jetzt mal was anlegen, kann ich endlich mal ein paar Probleme lösen und da verdien ich jetzt endlich mal Geld und das ist auch in einem halben Jahr durch, weil da wird das wieder verkauft, krieg ich mein Geld zurück, so sind ja die Geschichten. Also das schnelle Geld machen. Da haben die sich nicht drauf eingelassen. Das fand ich schon mal einen ganz wichtigen Beweis für eine tief verankerte Kultur, die sich auf die Realwirtschaft stützt. Und das ist ja ein Grundgedanke auch unseres Konzeptes. Also Geld ist eigentlich dienend und wir finanzieren die Realwirtschaft, das, was real ist." (4, 529-541)

Ohne die Unterscheidung zwischen Real- und Finanzwirtschaft analytisch wenden zu wollen (vgl. hierzu Krippner 2012, S. 7 ff.), muss an dieser Stelle darauf verwiesen werden, dass diese Unterscheidung einen wichtigen identifikatorischen Bezugspunkt ethischer Banken konstituiert. Die Realwirtschaft hat nicht nur eine rein praktische operative oder kulturelle Funktion (vgl. 7.2.), sondern auch eine moralisch legitimatorische. Während sich in der konventionellen Finanzindustrie ein negativer Bezugspunkt verdichtet, da ihr alleiniges Ziel darin besteht, „das schnelle Geld machen zu können", ohne die realen Folgen zu reflektieren, stellt demgegenüber die Nähe zur Gesellschaft und zur Faktizität gesellschaftlicher wie ökonomischer Phänomene, wie sie sich in der Realökonomie doku-

---

128 Asset Backed Securities sind strukturierte Finanzprodukte aus Finanzaktiva von Unternehmen, die auf Finanzmärkten gehandelt werden. Hierzu gehören auch die Mortgage Backed Securities als verbriefte Hypothekendarlehen auf Immobilien.

mentiert, einen wichtigen selbst-definitorischen Ankerpunkt dar. So wird häufig davon gesprochen, dass das ethische Bankgeschäft deshalb nützlicher sei, weil „es direkt und nicht erst über Umwege was für die Gesellschaft tut".

Entsprechend finden sich in den Erzählungen der befragten Bankmitarbeiter_innen auch häufig negative Zuschreibungen an das Investmentbanking. Das realwirtschaftliche – konventionelle wie ethische – Firmenkundengeschäft wird hingegen weitestgehend positiv hervorgehoben. So werden insbesondere Bereiche der globalen Finanzindustrie, wie jene des Investmentbankings, herangezogen, um die Abgrenzung vom konventionellen Bankenwesen zu untermauern, während die „klassische Kreditvergabe an den deutschen Mittelstand" oder der „Privatkundenbetreuer" als „nicht unmoralisch einzuschätzen" sei. Diese seien schließlich „nicht für die Krise verantwortlich" zu machen. Demgegenüber sei das Investmentbanking für „Auswüchse, Spekulationen und Blasenentwicklung" verantwortlich. Eine Mitarbeiterin des Firmenkundengeschäfts formuliert einen Vorwurf, der die Gemeinsamkeiten des ethischen Bankwesens und des konventionellen Kreditgeschäfts verdeutlicht:

> *„Also ja, ich hab mich immer gewundert, dass man's so undifferenziert macht, ich hab mich da persönlich gewundert, ich hab mich deswegen [von der Kritik, S. L.] nicht angesprochen gefühlt, weil ich wirklich für mich echt sagen kann, ich hab bei diesem Spiel so nicht mitgemacht, echt nicht. […] Also ich hab konventionelles Kreditgeschäft gemacht, fernab von irgendwelchen Spekulationen oder irgendwelchen völligen Verfehlungen, überhaupt nicht. Es ist eher traditionelles Bankgeschäft gewesen, Finanzierung deutscher Mittelstand, hab ich mich nie, also an der Stelle echt nicht angegriffen gefühlt, gesehen, ne wirklich nicht. Also mir tun manchmal auch Leute leid, die dann dafür unnöt-, also die echt an den Pranger gestellt werden, die mit denen aber echt nichts zu tun haben, mit diesen Auswüchsen, die's da gibt. Also grade das Thema Eigenhandel, also sorry, ja, ich mein da ist jetzt der Bankangestellte vor Ort in der Filiale, der hat damit nichts zu tun. Ja, also diese Auswüchse, die es gab in Richtung Spekulationen und ähm Blasenentwicklung und äh irgendwie doppelt gewobbelt und gehedged und weiß der Teufel was, damit hat der normale Schalter, oder w- was weiß ich, der Mitarbeiter in kleineren Segmenten nichts zu tun. Und das ist dann schon bitter, ja, man wird ja dann in einen Topf geworfen." (12, 1286-1307)*

In der Art und Weise, wie ethische Banker_innen das konventionelle Kreditgeschäft beschreiben und bewerten, wird die Ähnlichkeit zum ethischen Geschäft deutlich, die gleichzeitig identitätssichernd wirkt. So zeigt sich, dass sich die Wahrnehmungen in Bezug auf das operative Geschäft des ethischen und des konventionellen Firmenkundengeschäfts trotz unterschiedlicher normativer Zielsetzungen nur minimal unterscheiden. Eine zentrale Gemeinsamkeit besteht nämlich darin, dass beide Geschäftsfelder auf die direkte und langfristig orientierte Kreditvergabe ausgerichtet sind, für die das gegenseitige Vertrauen und eine enge Kooperation mit den kreditnehmenden Unternehmen wesentlich ist. Mitarbeiter_innen ethischer Banken, die in den meisten Fällen auf berufliche Erfahrungen in konventionellen Geldinstituten zurückgreifen können, heben diese Gemeinsamkeiten dann auch explizit hervor.

Dabei beziehen sie sich gleichermaßen auf die langfristige Orientierung und auf die realwirtschaftliche Ausrichtung dieses Bereichs des Bankgeschäfts, die als „eigentliche Aufgabe[n] der Banken" beschrieben und nicht selten mit dem Idealbild des „ehrlichen Kaufmanns" in Zusammenhang gebracht werden. Zentrale Elemente des beruflichen Selbstbildes dokumentieren sich dann in Aussagen wie „etwas entwickeln können" und „Investitionen zum Florieren bringen". Im Unterschied zum Investmentbanking, welches als starker negativer Vergleichshorizont wirkt, werden „Unternehmen begleitet", anstatt „wie eine Zitrone ausgequetscht".

Die zentrale Beobachtung besteht nun darin, dass ethische wie konventionelle Bankangestellte im Kreditgeschäft gleichermaßen die Wichtigkeit wechselseitigen Vertrauens und der Kooperation hervorheben. Moralische Integrität in der Kund_innenbeziehung gilt als Voraussetzung für eine langfristige Zusammenarbeit mit Unternehmen und den Erfolg der Bank selbst. Die Ähnlichkeit und Anschlussfähigkeit der beruflichen Selbstbilder im ethischen und konventionellen Kreditgeschäft kommt dann auch besonders zum Ausdruck, wenn die interviewten Bankmitarbeiter_innen die Wichtigkeit der „Kommunikation mit dem Kunden auf Augenhöhe", wie dies häufig betont wird, für gelingende Finanzierungsprozesse hervorheben. Da „im Endeffekt Personen das Geschäft machen", wird hier der moralischen Verpflichtung durch die körperliche Kopräsenz eine besondere Bedeutung beigemessen. Diese Nähe zu Privat- und Firmenkund_innen, die in den meisten Fällen durch direkte Face-to-Face-Interaktionen charakterisiert ist, verpflichtet gleichzeitig zu einer moralischen Nähe. So erläutert ein Mitarbeiter, „man [müsse] sich darauf verlassen [können], dass er [der Kunde, S. L.] mit dem Geld nichts Falsches anstellt. Ich kann ihm nur in die Augen schauen und ihm vertrauen."

Die moralische Dimension in den beruflichen Selbstbildern ethischer Bankmitarbeiter_innen verdeutlicht die Zentralität einer kundenorientierten Dienstleistungsmentalität, die von Ansprüchen nach authentischer und weitsichtiger Beratung im Interesse der Kund_innen, ähnlich dem Leitbild des „ehrlichen Kaufmanns", geleitet ist. Diese besondere Verbindung kommt in folgender Sequenz pointiert als „verheiratet sein" zum Ausdruck:

> „Wir verkaufen die Kredite hinterher nicht, wir sind 20, 25, 30 Jahre mit ihrem Objekt *verheiratet. Dass wir ein nachhaltiges Interesse haben, dass es ihnen gut geht, das ist doch evident. Und deswegen begleiten wir den Kunden während des Kreditprozesses auch weiterhin sehr aufmerksam." (9, 416-420)*

Vor dem Hintergrund einer Distanzierung von Praktiken des Investmentbankings dokumentiert sich in den Aussagen ethischer Firmenkundenberater_innen ein Anspruch nach langfristigen, vertrauensvollen, ehrlichen, egalitären und mithin institutionalisierten Kreditbeziehungen, die Paul Windolf in seiner Analyse der institutionellen Konfiguration des Finanzmarktkapitalismus als „organisierter Kapitalismus" beschreibt (Windolf 2005, S. 21 f.). In der Metapher der Heirat verdichtet sich die handlungsleitende Vorstellung eines

Bankgeschäfts, das nach den Bedürfnissen und Interessen der Stakeholder ausgerichtet ist. In dem Bezug auf die historische Situation des Rheinischen Kapitalismus und den Stakeholder-Value dokumentiert sich der Versuch, sozialpartnerschaftliche Beziehungen zwischen Unternehmen und Bank als Hausbanken-Beziehung zu reaktivieren. So lässt sich auch in den beruflichen Selbstverständnissen ethischer Banker_innen ein moralisches Verantwortungsgefühl, „bis der Kredit zurückgezahlt ist", rekonstruieren. Flankiert wird diese Beziehung von einem ausgeprägten und gleichzeitig charakteristischen Desinteresse gegenüber risikoreichen Investitionen: Aus der Perspektive ethischer Bankmitarbeiter_innen konterkariert das Streben nach kurzfristiger Gewinnmaximierung sowohl den Anspruch nach Verantwortung gegenüber den Kund_innen sowie die langfristige, sichere Investition zugunsten der Stabilität der Bank.

Während sich positive Bezugnahmen insbesondere auf das Kreditgeschäft und die Realwirtschaft konzentrieren, dienen die Bereiche des Investmentbankings nahezu durchgehend als negativer Vergleichshorizont. Das konventionelle wie das ethische Kreditgeschäft werden gleichermaßen mit Werten wie Egalität und Gemeinschaftlichkeit assoziiert. Das konventionelle Privatkundengeschäft, d. h. die auch im öffentlichen Diskurs besonders in Verruf geratene konventionelle Anlageberatung, stellt sich ebenfalls als ein Bereich dar, von dem ethische Banker_innen sich aufgrund als moralisch fragwürdig assoziierten Praktiken abgrenzen. So betont ein 25-jähriger Mitarbeiter des Vermögensmanagements, die Anlageberatung seines früheren Arbeitgebers, einer konventionellen Großbank, sei von „Kreditfälscherei, Vetterliwirtschaft und Schwarzgeldgeschichten" geprägt gewesen. Aus seiner Perspektive habe diese nicht nur die Grenzen des Gesetzwidrigen, sondern viel entscheidender eine moralische Grenze überschritten. Die konventionelle Anlageberatung beschreibt er demzufolge als „perverse", „persönlich kränkende", „unehrliche" und „manipulative" Praktik gegenüber den Anlagekund_innen. Der konventionellen Anlageberatung mangele es insgesamt an „respektvoller Menschlichkeit".

An dieser Stelle wird besonders deutlich, dass die Dimensionen moralischer und ökonomischer Grenzziehungen in der empirischen Realität eng miteinander verwoben sind. Als eine Art normativer Kitt bewirkt die moralische Dimension und die damit einhergehende Ablehnung finanzieller Aspekte der beruflichen Tätigkeit eine starke moralische Sicherung der eigenen Identität. Dass man, wie oben bereits erwähnt, in einer ethischen Bank nicht reich werde, aber trotz allem gut leben könne, verweist auf die starke moralische Grundierung der Gehaltssysteme ethischer Banken. An die Stelle eines an den persönlichen Erfolg gebundenen Entlohnungsmodells tritt in ethischen Banken eine Dienstleistungsgesinnung, in deren Zentrum „Dienen und Leisten" statt Bonifikationssysteme und derivative Geschäfte stehen.

Die Analyse moralischer Grenzziehungen verdeutlicht die im ethischen Bankwesen handlungsleitenden Vorstellungen, wonach die ethische Ordnung auf Gemeinschaftlichkeit und Nähe basiert. Darüber hinaus beziehen sich ethische Banker_innen in ihren Alltagserzählungen immer wieder auf allgemeine Werthaltungen und Charaktereigenschaften wie Respekt, Egalität, Gleichheit, Integrität, Fürsorge, Nähe, Authentizität, Vertrauen. Auch verweisen die befragten Bankmitarbeiter_innen häufig auf das Leitbild des ehrbaren

Kaufmanns als Versinnbildlichung des eigenen Handelns. Die Mitarbeiter_innen verstehen sich als Teil einer Gemeinschaft und finden sich in einem Kollektiv wieder, welches als starker Kontrast zur individualisierten Kultur konventioneller Institute beschrieben wird. In einer solchen gemeinschaftlichen Struktur gewährleistet nicht der Vertrag oder gar ein Algorithmus soziale Ordnung und Integration, sondern das Vertrauen und das Teilen moralischer Überzeugungen.

Eine solchermaßen wahrgenommene und dargestellte moralische Ordnung ethischer Banken weist Ähnlichkeiten zu der kommunitaristischen Idee auf, die die Gemeinschaft hervorhebt und in einer zunehmenden Entsolidarisierung, dem Werteverfall sowie in Identitäts- und Sinnkrisen die Symptome des Neoliberalismus identifiziert (vgl. Etzioni 1995; Sandel 2008). Die zentralen moralischen handlungsleitenden Normen ethischer Banken verdichten sich in der Forderung nach einem „dritten Weg“. Das Anliegen ethischer Banken ist es nicht, die Mechanismen kapitalistischer Wertschöpfung zu eliminieren. Vielmehr suchen sie nach einer Möglichkeit der gerechten Ausgestaltung. In diesem Zusammenhang lässt sich auch die besondere symbolische Bedeutung der Realwirtschaft erklären. Im Unterschied zu anonymen Finanzmärkten, in denen die Masse anonymer Shareholder eine zentrale Rolle spielt, verdeutlicht die zugeschriebene Wertigkeit der Realwirtschaft und der Stakeholder im ethischen Bankenwesen die Ausrichtung an Werten einer sozialpartnerschaftlich ausgerichteten Gemeinschaft.

7.4   Zwischenfazit: Die gemeinschaftliche Binnenkultur als Antwort auf die projektbasierte Rechtfertigungsordnung

Die vorausgegangenen Rekonstruktionen sollten eine Antwort auf die Fragen liefern, worin sich typische kollektiv geteilte Abgrenzungen gegenüber anderen Bereichen des Bankwesens zeigen bzw. welche Bedeutung diese Abgrenzungen für die Sicherung der eigenen Identität haben. Ziel der Rekonstruktionen war es, durch eine systematische Differenzierung in moralische, kulturelle und sozio-ökonomische Grenzziehungen Aufschluss über die legitimatorischen Grundlagen einer ethischen Rechtfertigungsordnung zu erhalten und diese gleichzeitig hinsichtlich der Relevanz zu differenzieren.

Bei der Rekonstruktion konjunktiver Abgrenzungs- und Identifikationsmechanismen wurde deutlich, dass ethische Banken und ihre Mitarbeiter_innen aus der Abgrenzung zu konventionellen Instituten die normative Kraft ziehen, die konstitutiv für ein spezifisches berufliches Selbstbild ist. Hierbei zeigt sich, dass auf moralischer Ebene die Gemeinschaft in der Bank und die Beziehungen zu den Kund_innen hervorgehoben werden, während man sich von der Anonymität konventioneller Institute oder den kalten, exklusiven „Kristallpalästen“, die keine Nähe zulassen, abgrenzt. Dem Gemeinschaftssinn und dem kollegialen Miteinander, wie es die Befragten Mitarbeiter_innen beschreiben, wird dabei eine besondere Wertigkeit zugesprochen, während der zugeschriebene Individualismus konventioneller Bankmitarbeiter_innen einen kollektiv geteilten negativen Vergleichshorizont bildet. Von Wert sind jene Personen und Objekte, die unmittelbar greifbar und real statt fiktiv, anonym und global sind. Auf kultureller Ebene wird dem realwirtschaftlichen und branchenspezifischen Wissen – der eigenen alternativen Expertise – eine besondere Bedeutung beigemessen. Hiermit verbindet sich das Streben, aktiv in gesellschaftliche Verhältnisse, beispielsweise durch die Aufklärung der Kund_innen, einzugreifen. Pointiert kommt dieses Streben in der Aussage zur Geltung, dass ethische Bankmitarbeiter_innen die „Gesellschaft dazu befähigen, ihr Geld nicht einfach am Bankschalter abzugeben". Gleichzeitig wird deutlich, dass auch die kulturellen Elemente des Selbstbildes stark moralisch grundiert sind. Ähnlich wie die Abgrenzung von der Praxis konventioneller Banken und dem Lebensstil konventioneller Bankmitarbeiter_innen (vgl. Kapitel 6.2.) kommt auch auf kultureller Ebene die Ablehnung der reinen Profitmaximierung zum Ausdruck.

Allerdings zeigt sich hier auch die besondere Fragilität einer erethischen Rechtfertigungsordnung, die die Kund_innen als zentrales Element zur Realisierung eines gerechteren Bankenwesens integriert. Die Vision der gerechten Verteilung kehrt sich dann aber ins Negative um, wenn die aufgeklärten Kund_innen im Zuge der Markterweiterung nicht nur moralische, sondern auch finanzielle Erträge einfordert. Dem Wettbewerbsdruck, dem ethische3 Banken zusehends ausgesetzt sind, geschuldet, können sich ethische Banken nicht ausschließlich auf die «verzichtsbereiten» Kund_innen konzentrieren, sondern müssen auch denjenigen gerecht werden, die neben einer grünen Anlagemöglichkeit auch Renditeerwartungen erfüllt sehen möchte. Unintendiert produzieren ethische Banken durch ihre Aufklärungsarbeit nicht nur moralisch integre und verzichtbereite Kund_innen, sondern auch finanziell und moralisch nutzenmaximierende Kund_innen.

Insgesamt zeigt sich also, dass die legitime Bewertung stärker am Grad der Gemeinschaft innerhalb der Bank, den Beziehungen zu den Kund_innen sowie dem gesellschaftlichen Nutzen und weniger an persönlichen finanziellen Erträgen gemessen wird. Als eine Art normativer Kitt, der den Verzicht auf Bonifikationen nicht nur akzeptabel, sondern moralisch höherwertig macht, kommt der moralischen Dimension in den Selbstbildern eine besondere und wichtige Funktion zu. Darüber hinaus bietet die betriebliche Sozialpolitik, die ihren Mitarbeiter_innen „Sabbaticals", „Ortzuschläge" oder „Zuschüsse für pflegebedürftige Familienangehörige" ermöglicht, eine äquivalente Form der Anerkennungen. Diese sind nicht auf dem Leistungsprinzip begründet, sondern zielen auf das Bedarfs- und Gleichheitsprinzip, welches von den Befragten als „besonders sozial und fair" anerkannt wird. Eine Mitarbeiterin bringt diese moralische Basis pointiert zum Ausdruck, wenn sie sagt: „[H]ier [in der ethischen Bank, S. L.] geht es nicht um Bonifikation, sondern um Work-Life-Balance." Gleichzeitig handelt es sich um einträgliche und sichere Arbeitsverhältnisse, die im Gegensatz zu erfolgsgebundenen Entlohnungssystemen konventioneller Institute auf die Befragten „heilend" und „entlastend" wirken.

Im Unterschied zu den normativen Bezugspunkten der projektbasierten Rechtfertigungsordnung, deren Gerechtigkeitsprinzipien auf Flexibilität, Mobilität und die daran gebundenen – ebenfalls flexiblen – Beziehungsmuster basiert, ist die soziale Ordnung ethischer Banken durch die Qualität der Beziehungen untereinander charakterisiert; sie misst den nahen und familienartigen Beziehungen und dem durchsetzungsfähigeren

Kollektiv eine höhere Wertigkeit zu. Verdichtet kommt diese normative Grundlage in dem Vergleich der ethischen Bank mit einer „Familie" zum Tragen. Familiäre Beziehungsmuster und -gefüge sind abhängig von der Stabilität, der Offenheit gegenüber den Charaktereigenschaften der beteiligten Akteure. Darüber hinaus ist die Familie charakterisiert durch eine unmittelbare Nähe. Hierin dokumentiert sich die Abkehr von dem Glauben an die Stärke schwacher Beziehungen und des unpersönlichen Netzwerkes, wie sie typisch für die von Boltanski und Chiapello (2006, S. 183) beschriebene netzwerkbasierte Polis ist. Ethische Banken kehren somit das Verhältnis von Erfolg und sozialem Kapital um, indem sie ihren Erfolg gerade auf die familienartigen Beziehungen ihrer Mitglieder untereinander (Mitarbeiter_innen, Unternehmen – Umwelt) zurückführen und die Vorteile starker Beziehungen betonen. Während es für den Netzwerkmenschen der projektbasierten Polis keine schlechten Kontakte gibt (Boltanski und Chiapello 2006, S. 160), entscheiden sich ethische Banken dezidiert dafür, nur diejenigen in ihre Gemeinschaft aufzunehmen, die ihrer moralischen Überzeugung entsprechen.

Darüber hinaus zeigt sich, dass die ganzheitliche Semantik ethischer Banken vom Menschen als Bedürfniswesen einen Gegenentwurf zur Vorstellung des Menschen als Nutzenmaximierer bildet. Während der Homo Oeconomicus in der netzwerkbasierten Polis die Verkörperung einer Befreiung von zu engen sozialen Verpflichtungen darstellt, lösen ethische Banken die daraus entstehende Anonymität auf und bewerten nur jene Transaktionen, Investitionen und Situationen als „authentisch", bei denen man „sich selbst im Spiegel [...] und dem Gegenüber in die Augen schauen kann". Die Nähe der Überzeugungen und der Lebensformen zwischen Beratenden und Beratenen fungiert als Grundlage des gegenseitigen Verstehens und ist konstitutiv für die Wahrnehmung einer authentischen Beziehung.

Konflikte und Problemlagen ethischer Investitionsentscheidungen

Die Dokumentenanalyse zur Identifizierung gemeinsamer Bezugspunkte, Visionen und Instrumente ethischer Banken arbeitete Spannungsverhältnisse und Handlungsprobleme heraus, die sich aus der Vermittlung ethischer Selbstverpflichtungen und wirtschaftlicher Prämissen ergeben (vgl. Kapitel 4). In der wirtschaftlichen Praxis ethischer Banken, wie sie die Interviewten schildern, sind deshalb häufig widersprüchliche und konfliktbehaftete Situationen vorhanden, in denen über strittige Kreditvergaben und Investitionen entschieden werden muss. Diese Situationen, wie sie sich in der konkreten beruflichen Praxis zeigen, stehen hier im Vordergrund.

In der gegenwärtigen Wirtschaftssoziologie wird davon ausgegangen, dass moralische Diskurse und Kategorien innerhalb von Marktprozessen generell variierende Konsequenzen nach sich ziehen (vgl. Beckert 2012). Bisher ungeklärt ist, wie sich ökonomische Expansion auf die marktbegrenzende Funktion moralischer Kategorien bzw. nicht-marktliche Rechtfertigungen (vgl. Kapitel 7) auswirkt. Aus soziologischer Perspektive unterliegt die Etablierung von Märkten überdies komplexen sozialen Deutungsprozessen, die u. a. auch über die Marktgängigkeit von Produkten entscheiden. So hat etwa Viviana Zelizer nachgewiesen, dass der Markt für Lebensversicherungen erst dann entstehen konnte, als die finanzielle Bewertung menschlichen Lebens moralische Akzeptanz fand (vgl. Zelizer 1978). Dominic Akyel und Jens Beckert (2014) zeigten zudem, dass die Entstehung eines Bestattungsmarktes erst durch einen kulturellen Wandel ermöglicht wurde, der die moralischen Widerständigkeiten gegen die Vermarktlichung des Todes aufgelöst hatte. Solche Untersuchungen machen zweierlei deutlich. Zum einen zielen Märkte als Produkte menschlichen Handelns stets auch auf Sinngenerierung ab (vgl. Knorr Cetina und Brügger 2012, Abolafia 2001). Moralische Kategorien und wirtschaftliches Handeln können sich daher auch ergänzen, wenn moralische Kategorien eine „marktermöglichende" oder zumindest „marktbegleitende" Funktion übernehmen. Zum anderen entfalten moralische Kategorien eine „marktbegrenzende" Wirkung, wenn sie die Etablierung oder Verbreitung bestimmter Güter und Dienstleistungen normativ einschränken (vgl. Beckert 2012). Strukturtypisch für die ethischen Banken scheint dabei zu sein, einen Kompromiss zwischen der Selbstverpflichtung nach ethischem Ausschluss spezifischer Investitionsbereiche (Atomenergie, Kinderarbeit, Pestizide, Suchtmittel etc.) und der wirtschaftlich notwendigen

© Springer Fachmedien Wiesbaden GmbH, ein Teil von Springer Nature 2019
S. Lenz, *Ethische Geldinstitute*, Wirtschaft + Gesellschaft,
https://doi.org/10.1007/978-3-658-22390-8_8

normativen Öffnung für neue Märkte zu finden. Bei wirtschaftlicher Expansion müssen ethische Banken, mit anderen Worten, günstigenfalls in der Lage sein, Marktbegrenzung und Markterweiterung zugleich zu realisieren.

Im Folgenden werden die Konflikte dargestellt, die sich für das ethische Bankwesen als typisch erweisen (vgl. auch Lenz und Neckel 2019). Im Ergebnis werden drei Dimensionen der Konfliktbearbeitung freigelegt: Auf Ebene der Ausschlusskriterien immunisiert sich die Bank gewissermaßen gegenüber Fehlentscheidungen und negativen Konsequenzen, die ihre Tätigkeit haben könnten, indem sie sie externalisieren. Eine zweite Dimension der Konfliktbearbeitung findet sich auf der Ebene der Bankmitarbeiter_innen und ihrer subjektiven Ressourcen selbst. Da es kaum festgelegte bzw. handhabbare Standards für Investitionsentscheidungen gibt, spielt die moralische Kompetenz und deren Identifikation mit den Leitbildern eine bedeutende Rolle. Die Mitarbeiter_innen sind dazu angehalten, die Probleme und Defizite des ethischen Bankings, die sich auf Organisationsebene stellen, eigens auszugleichen. Die dritte Dimension der Konfliktbearbeitung im ethischen Banking konzentriert sich auf den Umstand, dass ethische Banken in den letzten Jahren verstärkt gewachsen sind. Während sich die ersten beiden Dimensionen auf die generellen Problematiken ethischer Investitionsentscheidungen konzentrierten, wird hier eine weitere Logik an ethische Banken herangetragen, mit der sie umgehen müssen: die Wachstumslogik. Diese besondere Situation zeigt auf, dass ethische Banken nicht nur mit der Aufgabe konfrontiert sind, ethische von unethischen Investitionen zu unterschieden; vielmehr sind sie auch damit konfrontiert, die ethischen Selbstverpflichtungen vor dem Hintergrund der eigenen ökonomischen Expansion einzuhalten.

8.1   Lösung durch Begrenzung und Individualisierung

8.1.1   Ausschluss Harmonisierung von Widersprüchen

Zunächst kann festgestellt werden, dass eine symbolische Abgrenzung zu konventionellen Instituten nahezu problemlos realisierbar ist, da ethische Banken an unterschiedliche Weltbilder respektive Rechtfertigungsordnungen anknüpfen und traditionell in enger Verbindung zu sozialen und religiösen Bewegungen stehen. Dieser Bezug zu anderen gesellschaftlichen Bereichen liefert entscheidende normative Rahmungen, die es ethischen Banken ermöglichen, zwischen legitimen und illegitimen Handlungen zu differenzieren.

Bei der generellen Betrachtung möglicher Konflikte und Problemlagen in der Praxis fällt dementsprechend auf, dass Kreditvergaben und Investitionsentscheidungen in der Wahrnehmung der Bankmitarbeiter_innen selbst selten als konflikthaft gelten. Beispielhaft hierfür ist die Aussage eines Mitarbeiters der Firmenkundenbetreuung einer ethischen Bank, der ausführt: „Das Spannende ist, es gibt keine Spannungen, da man als ethische Bank ja klare Regeln hat. Wenn das Projekt nicht zu uns passt, gibt es eine ganz klare Begründung dafür." Auch in anderen Interviews wird darauf verwiesen, dass den selbstauferlegten Ausschlusskriterien eine hohe Orientierungsfunktion zukommt und als wirksamer Schutz vor Fehlentscheidung dient. Spannung und Konflikte im alltäglichen Bankgeschäft können so zumindest innerhalb der sozial-ökologischen Rahmensetzung minimiert werden. Eine Folge dieses Ausschlusses von bestimmten Investitionen, die nicht diesen legitimen Werten entsprechen, ist, dass ethische Banken davor geschützt wurden, in jene Bereiche und Unternehmen zu investieren, die insbesondere seit der weltweiten Finanz- und Wirtschaftskrise in Verruf geraten sind. So lehnen ethische Banken beispielsweise derivative und spekulative Finanzmarktgeschäfte kategorisch ab.

Bereits der kategorische Ausschluss von Geschäften mit Alkohol, Tabak, Atomenergie, Rüstung oder Pestiziden habe Anlegern und Investoren gegenüber eine Signalwirkung, so dass es, wie ein Bankmitarbeiter formuliert, unwahrscheinlich sei, dass „ein Atomkraftwerk bei uns um einen Kredit anfragt. Und Streubombenhersteller auch nicht. Und eine Spirituosenhandlung auch nicht." Die festgelegten Ausschlusskriterien fungieren gleichermaßen als Filter nach innen – insofern sie Mitarbeiter_innen eine Handlungsorientierung bieten – und nach außen – insofern sie die Selektion der Nachfrage regulieren.

Darüber hinaus wird deutlich, dass – ebenso wie bei konventionellen Banken – der Bezug auf ökonomische Rationalitäten des eigenen Bankgeschäfts ein legitimes Mittel für die Ablehnung eines Kreditantrages ist. Ethische Banken lehnen Finanzierungen von Risikokapital in der Regel ab. Im Vordergrund steht vielmehr die wirtschaftliche Stabilität der Bank, welche durch risikoarme Investitionen sichergestellt werden soll:

> *„Aber es war eine klassische Immobilienfinanzierung, wo wir gesagt haben: Macht keine Bank dieser Welt und wir machen's auch nicht. Das Risiko, das ist ja das Spannende, auch wir müssen Risiken vermeiden, das Risiko war einfach nur bei der Bank und deswegen können und wollen wir das nicht tun. Weil das ist ja auch wichtig, dass wir nicht mit irgendwas da Risiko betreiben und dann da die Einlagen irgendwann weg sind. Also wir wollen ja noch ein bisschen länger bestehen." (023, 402–414)*

Obwohl das Ausschlussverfahren zwar eine wirksame Methode darstellt, die Einhaltung ethischer Selbstverpflichtungen zu kontrollieren, ist dieses Verfahren dennoch begrenzt. Problematisch erscheint in diesem Kontext, dass gesellschaftliche und moralische Diskurse, auf die ethische Banken sich beziehen, weniger Antworten auf Fragen der Operationalisierung spezifischer normativer Prinzipien im konkreten Anlage- und Investitionsprozess geben. Insofern ethische Diskurse nie völlig abgeschlossen sind und ethische Banken es sich zum Ziel gemacht haben, kontinuierlich auf gesellschaftlichen, wirtschaftlichen und technischen Wandel zu reagieren bzw. diesen mitzugestalten, unterliegt die Entscheidungsfindung besonderen Herausforderungen und Unsicherheiten. Da ethische Banken sich nicht nur darauf konzentrieren, negative Externalitäten zu vermeiden, sondern ebenfalls beanspruchen, einen positiven gesellschaftlichen Nutzen zu schaffen, sind sie mit der Herausforderung konfrontiert, eine ethisch rechtfertigungsfähige Geschäftspolitik zu finden. Diese definiert sich einerseits weiterhin als marktbegrenzend, insofern unethisches Investment ausgeschlossen wird, andererseits kann diese aber auch marktermöglichend wirken, um der wachsenden Nachfrage nach ethischen Geldanlagen Rechnung zu tragen. Während sich beispielsweise Nachhaltigkeitsabteilungen konventioneller Institute auf bestimmte Kriterienkataloge stützen können, stellt die Übersetzung ethischer Leitbilder in die Entwicklung neuer ethischer Geschäftsfelder und Investitionsbereiche eine besondere Herausforderung dar. Hierfür kann nicht allein auf eine Negativliste unethischen Bankings zurückgegriffen werden; vielmehr müssen eigene positive Bewertungskriterien gefunden und etabliert werden, die aufgrund veränderlicher wirtschaftlicher Entwicklungen und jeweils aktueller gesellschaftlicher Diskurse stets neu zu verhandeln sind.

8.1.2   Subjektivierung von Konflikten und Individualisierung von Verantwortung

Dass das ethische Bankgeschäft nicht ohne die Etablierung eigener Standards auskommt, wird auch in den Geldinstituten selbst diskutiert. So konstatiert die Triodos Bank beispielsweise, dass Social Impact Investment der nächste Schritt in einem wachsenden ethischen Bankenwesen ist (Triodos Bank 2014). Das Social Impact Investment zeichnet sich durch eine explizite Profitorientierung aus. Zwar haben ethische Banken ähnliche Zielsetzungen wie das Social Impact Investment. Die Gemeinsamkeit besteht darin, dass überwiegend Projekte und Unternehmen gefördert werden, die eine soziale oder ökologische Wirkung für sich beanspruchen. Diese gelten allerdings als zweckorientierte Investitionen, die auf Messung der Wirkung der Finanzierung verzichten. An dieser Entwicklung zeigt sich besonders eindrücklich, dass ethische Geldinstitute vor der Herausforderung stehen, Bewertungskriterien zu entwickeln und zu etablieren, die als Kompromisse zwischen variierenden Rechtfertigungsordnungen fungieren und die gleichberechtigte Berücksichtigung ethischer wie ökonomischer Kriterien erlaubt, wie es dem Selbstverständnis der Banken entspricht. Ferner verweist der Pressesprecher der GLS Bank auf ein wahrgenommenes Defizit bisheriger Investitionspraktiken, die durch das Social Impact Investments behoben werden könnten:

> „Wir haben bisher von Fall zu Fall entschieden, was gesellschaftlich sinnvolle Investitionen sind […]. Da wir immer größer werden, wollen wir künftig einen Kriterienkatalog dazu entwickeln, mit dem Erfolge besser messbar sind."[129]

Neben der Hinwendung zu explizit renditeorientierten Investmentinstrumenten, durch die eine Lösung des Problems fehlender Standards angestrebt wird, spricht dieses Zitat zudem die besondere Bedeutung an, die den einzelnen Mitarbeiter_innen ethischer Banken zugeschrieben wird, insbesondere den Kreditberater_innen. Neben der Begrenzung von Investitionsentscheidungen durch Ausschlusskriterien, die die institutionelle Ebene der

---

129 www.nachhaltigkeitsrat.de/aktuelles/aktuelle-meldungen/detailansicht/artikel/wertorientiertes-investment-nischenmarkt-mit-chancen.

Praxis ethischer Banken anspricht, lässt sich auch eine subjektivierte Form der Problemlösung finden. Besonders instruktiv dafür, dass die Mitarbeiter_innen die widersprüchliche Gemengelage zwischen ökonomischen Anforderungen und moralisch-ethischen Selbstverpflichtungen internalisieren, verdichtet sich in der Wahrnehmung des „Balancehaltens" oder des „eigenständigen Findens der richtigen Mischung zwischen extremen Positionen", wie es ein Mitarbeiter formuliert. Dieser „ständige Reflexionsprozess" stellt demnach eine besondere Herausforderung für ethische Banker_innen dar, in der der alleinige Bezug auf Ausschlusskriterien nicht ausreicht. Nicht selten, so wird im empirischen Material deutlich, wird ein diffuses „Bauchgefühl" oder die „Hoffnung, etwas zu bewirken", als legitimes Argument für oder gegen eine bestimmte Investition herangezogen. Entscheidend für positive Finanzierungsentscheidungen sind die Mitarbeiter_innen in ihrer subjektiven Überzeugung, das Richtige zu tun bzw. „wir müssen daran glauben, dass das, was wir tun, Gutes bewirkt". Ethische Banker_innen „müssen letztendlich selbst inhaltlich begründen können, wieso sie etwas für finanzierbar halten". Ein Mitarbeiter beschreibt dies als grundlegende Anforderung an einen ethischen Banker folgendermaßen:

> *„[I]ch mein, die Kreditbetreuer in 'ner Bank sind eigentlich relativ frei, ja. Was wir von denen verlangen, ist, äh… dass sie sich der Problemlage bewusst sind. Also, jetzt, hier geht's jetzt nicht um die Finanzierung, ne. Ob da jetzt Kapital gerechnet wird oder nicht, das lassen wir mal beiseite. Das ist bei uns nicht anders als bei der Deutschen Bank. Ja. Aber dass sie sich drüber klar sind: Was für Fragen können auftreten, also von außen, wir machen ja alles transparent, wo sind Knackpunkte unter inhaltlichen Gesichtspunkten und was können wir damit bewirken?" (013, 938-952)*

Der selbstauferlegte Anspruch an die Offenlegung aller Finanzierungsentscheidungen wird durch externe Sanktionierungen an die Mitarbeiter_innen zurückgekoppelt. Die Mitarbeiter_innen müssen einen „Weg für Kunden finden", um auch jene Entscheidungen plausibel zu argumentieren, die den eigentlichen Selbstverpflichtungen widersprechen und möglicherweise als „unorthodox" wahrgenommen werden. Um „Shitstorms" zu vermeiden, seien die Mitarbeiter_innen ethischer Banken penibel darauf bedacht, sich intensiv mit dem zu finanzierenden Unternehmen auseinanderzusetzen. Die „relative Freiheit", mit der ein Kreditbetreuer Entscheidungen treffen kann, wird also in hohem Maße durch äußere Einwirkungen, wie etwa den medialen Diskurs oder auch konkrete Kund_innenmeinungen, beeinflusst:

> *„[L]etzten Endes, wenn 'n Betreuer in seinem Team diese Entscheidung fällt, äh, dann heißt es nicht, dass die ganze Bank dem zustimmen muss. So. Aber er [der Mitarbeiter, S. L.] muss eben auch sich drüber im Klaren sein, dass, wenn es dann eben im Bankspiegel steht, ja, dass dann auch die Anrufe kommen oder die Fragen dazu. Und dann muss er das auch vertreten können." (013, 948-952)*

An dieser Stelle wird deutlich, dass die öffentliche Wahrnehmung einen besonderen Einfluss auf die Bewertung und Bearbeitung von Investitionen im ethischen Banking hat. Während die Legitimität von Investitionen mittels Transparenz und der damit einhergehenden Kontrolle durch die Kund_innen (hier v. a. Anlagekund_innen und NGOs) selbst generiert und sichergestellt wird, liegt die Verantwortung für die Umsetzung und Einhaltung bei den einzelnen Bankmitarbeiter_innen. In der Wahrnehmung der Mitarbeiter_innen selbst verdichtet sich diese Form der Selbstverantwortlichkeit in dem Begriff der „Sensorien", die sie ausbilden müssen, um Unternehmen und Projekte bewerten zu können. Die Tatsache, dass „die Leute wissen müssen, wo Probleme entstehen können", verweist auf Formen der subjektivierten und individualisierten Verantwortungsübernahme. Eine wesentliche Voraussetzung für legitimierbare Investitionsentscheidungen ist also die *Internalisierung moralischer Konflikte* durch die Mitarbeiter_innen selbst. Dies wird allerdings erstaun-licherweise selten als problematisch empfunden. Vielmehr sehen die Mitarbeiter_innen hierin eine besondere persönliche Herausforderung.

Die Entscheidungsprozesse im ethischen Banking gleichen somit einer Suchbewegung, die sich – mit Ausnahme jenen des Ausschlusses – nicht an festen Größen orientiert. Ent-scheidungen sind getrieben von Begeisterung, Neugier und dem Drang, das gesellschaftlich Beste herauszuholen. Hier ähnelt der Bewertungsprozess „guter" und „schlechter" Investi-tionen dem Modus des Fortbewegens, der Prüfung, wie sie Boltanski und Thévenot (2007) für die „Welt der Inspiration" beschrieben haben (ebd., S. 222 ff.). Normative Bezugspunkte, denen es an Äquivalenten wie Maße, Regeln, Geld, Hierarchie, Gesetze etc. fehlt und die sich dadurch jedweder Form industrieller Messung entziehen, prüfen die Legitimität ihrer praktischen Handlungen über den „kaum vorherbestimmte[n] Gang voller Umwege und Richtungswechsel, ein Weg zum Streunen, ein Weg der Erfindung, auf dem man jenseits der bestehenden Grenzen, dem Abenteuer und begeisterten Versprechungen ausgesetzt, einfach vagabundiert" (ebd., S. 226). Ähnlich wie die Wertigkeit von Personen und Dingen in der Polis der Inspiration von Heiligkeit, Askese und künstlerischer Kreativität abhängt, sind Unternehmen und Projekte in den Augen ethischer Banken finanzierungswürdig, wenn sie kreativ, innovativ, zukunftsweisend, aber auch ökonomisch tragfähig sind. Die besondere Wertigkeit, die Kreativität und Innovation im ethischen Bankenwesen zuge-schrieben wird, ähnelt der spirituellen Akzentuierung, die Boltanski und Thévenot für die Welt der Inspiration identifizieren konnten. So lässt sich insbesondere in dem Anspruch, „die inneren Wünsche und Träume der Kunden in einer äußeren Struktur zu erfüllen", ein übergeordneter „übersinnlicher" (Boltanski und Chiapello 2006, S. 174) normativer Bezugspunkt erkennen.

Der zentrale Unterschied zur Welt der Inspiration besteht allerdings in ihrer Offenheit gegenüber externen Meinungen, wie sie jene der Kund_innen und der Öffentlichkeit dar-stellen. Während sich die Welt der Inspiration durch eine besondere Fragilität auszeichnet, die aus der Beschränkung auf interne Prüfungen resultiert und keine objektivierbaren Maßstäbe verwendet, werden zentrale Prüfungen der Angemessenheit ethischer Investi-tionsentscheidungen externalisiert. Dies geschieht sowohl durch Auslagerung an Exper-tengremien innerhalb der Banken oder an spezielle Institute, die dann eine Objektivierung vornehmen. Eine andere Form der Externalisierung von Entscheidungen materialisiert sich darin, dass verantwortliche Mitarbeiter_innen um die Wichtigkeit ihrer eigenen Entscheidung wissen müssen, da sie im Falle einer Fehlentscheidung möglicherweise durch die bankexterne Öffentlichkeit sanktioniert werden. Auf Ebene der Mitarbeiter_innen wirkt die Transparenz über Investitionsentscheidungen als Disziplinargewalt. Sie sind gezwungen, moralische Konflikte zu internalisieren. Ebenso sehr wirkt diese bankexterne Öffentlichkeit als Korrektiv und als Grundlage im fortlaufenden Prozess der Etablierung von Bewertungskriterien. Dass Kompromisse zwischen Inspiration und demokratischem Mitspracherecht höchst fragil und anfällig für externe Einflüsse sein können, wird besonders deutlich, wenn ethische Banken zusätzlich mit den Auswirkungen der eigenen Expansion, d. h. mit Profit- und Wachstumslogiken konfrontiert werden (vgl. Kapitel 8.2).

Vor dem Hintergrund der vorangegangenen Überlegungen kann argumentiert werden, dass die Gemeinsamkeit beider Mechanismen, der des Ausschlusses bestimmter Bereiche sowie der Internalisierung moralischer Konflikte durch die Mitarbeiter_innen, darin besteht, dass strittige Investitionen nicht gelöst, sondern *externalisiert* und *subjektiviert* werden. Es stellt sich daran anschießend die Frage, welchen Beitrag ethische Banken tatsächlich zur Überwindung der Problemlagen der globalen Finanzindustrie leisten, wenn sie – ähnlich der Verbraucherdemokratie – politische Entscheidungen über den Verzicht oder die Erschaffung moralischer Subjekte anstreben. Diese Frage verschärft sich noch einmal vor dem Hintergrund zunehmenden Wachstums des ethischen Bankensektors und dem Angebot ethischer Geldanlagen.

8.2 Ethische Banken zwischen normativer Selbstverpflichtung und ökonomischer Expansion

Bis hierher konnte festgestellt werden, dass den Ausschlusskriterien, die ethische Banken nutzen, um negative Externalitäten zu vermeiden, zwar eine hohe Orientierungsfunktion zukommt; gleichzeitig weisen sie jedoch eine hohe interne Begrenztheit auf. Insbesondere bei positiven Investitionsentscheidungen sind ethische Banken permanent damit konfrontiert, legitime und plausible Argumente hervorzubringen. Dies wird dann problematisch, wenn ethische Banken nicht nur mit der Frage konfrontiert sind, welche gesellschaftlichen Auswirkungen ihr praktisches Handeln hat, sondern wenn sie darüber hinaus mit einem weiteren, ebenfalls legitimen Ordnungsprinzip konfrontiert werden: der Wachstums- und Expansionslogik. Zwar wird auch in diesem Zusammenhang die Frage nach den normativen Grundlagen ethischer Investitionsprozesse aufgegriffen. Allerdings steht im Folgenden die Aushandlung der ethischen Selbstverpflichtung unter Wachstumsprozessen im Vordergrund. Zentral ist, dass das Wachstum ethischer Banken in der Wahrnehmung der befragten Mitarbeiter_innen nicht grundsätzlich infrage gestellt oder kritisiert wird, da es unter anderem als Indiz für den Erfolg der nachhaltigen Idee angesehen wird; unter welchen Bedingungen und zu welchem Preis dieses Wachstum realisiert und getragen wird, stellt ethische Banken allerdings vor enorme legitimatorische Herausforderungen.

Die zentrale Widersprüchlichkeit zeigt sich dort, wo vor dem Hintergrund anhaltender Expansion im Privat- und Geschäftskundenbereich ethische Banken ihre Aufgabe weiterhin darin sehen, dem Wachstumszwang der Finanzmärkte ein sozial verantwortliches Bankgeschäft entgegenzusetzen. Es stellt sich somit die Frage, wie ethische Banken mit den Anforderungen der eigenen Expansion umzugehen verstehen. Beim Eintritt in neue Märkte sind ethische Banken nämlich zusehends damit konfrontiert, ebenfalls eigene positive Rechtfertigungen zu entwickeln, die sowohl ethischen Prinzipien als auch ökonomischen Zielen entsprechen. Die forschungsleitende Frage lautet dann: Mit welchen konträren Problemlagen ist ein Bankgeschäft konfrontiert, das gleichzeitig ökonomische und moralisch-normative Ansprüche verwirklichen will? Und wie gehen ethische Banken mit den Anforderungen der eigenen Expansion um? Das Ziel ist es im Folgenden, über die von Bankmitarbeiter_innen problematisierten Investitionsentscheidungen sowie deren jeweiligen Bearbeitungen Aufschluss darüber zu erhalten, wie ethische Banken Ansprüche nach sozial-ökologischer Verantwortung mit wirtschaftlicher Rentabilität vermitteln.

8.2.1 Erfolgsdilemmata ethischer Banken

Zunächst könnten wachsende Kund_inneneinlagen und die Zunahme von Investitionstätigkeiten als Zuspruch zum ethischen Konzept gewertet werden. Dies würde zumindest dem Anliegen entsprechen, „etwas zu einem Wandel bei[zu]tragen"[130] oder „mit Geld positiven sozialen, ökologischen und kulturellen Wandel [zu] bewegen"[131], wie es als konjunktives Element der Selbstdarstellungen ethischer Banken ausgemacht werden konnte.

Allerdings, so zeigen die Interviews, bewirkt der Anstieg des Fremdkapitals bei verhältnismäßig geringer Kreditvergabe eine zentrale ökonomische Problemlage ethischer Geldinstitute. Als Knappheit ethischer Investitionsprojekte wahrgenommen und artikuliert, wirkt sich der Zustrom an Kund_innen seit dem Ausbrechen der weltweiten Finanz- und Wirtschaftskrise seit 2007/2008 auf ethische Banken insofern negativ aus, als das Übergewicht an passiven Einlagen[132] mehr Kosten verursacht als es Unternehmensgewinne generiert. Das derzeitige Wachstum ethischer Banken stellt diese vor das Problem, für die steigende Nachfrage nach ethischen Geldanlagen genügend geeignete Kreditprojekte zu finden. Ein Mitarbeiter der Unternehmensfinanzierung stellt dies folgendermaßen dar:

> *„Also die Bank ist total passiv-lastig. Also das heißt, wir haben ganz viel Kohle von jedermann, weil die eben alle zu uns oder zu anderen Nachhaltigkeitsbanken gerannt sind und*

---

130 www.ethik-banken.de.

131 www.triodos.de/de/ueber-triodos/wer-wir-sind/mission.

132 Einlagengeschäft besteht in der Annahme fremder Gelder

haben ihr Geld da eingelagert. Auf der anderen Seite muss man ja auf der Business-Banking-Seite auch sehen, dass man das Geld los wird in Form von Krediten." (25, 756-760)

In einem weiteren Interview heißt es folgendermaßen:

„[...] weil nur über die Kreditgeschäfte und über die erzielten Zinsen, die man im Kreditgeschäft verdient, verdient eine Bank Geld. Weil das, was wir auf der Anlageseite haben, nämlich die Kunden, die ihre Konten hinlegen und die dafür 0,5 Prozent Verzinsung erhalten, das sind Kosten die der Bank entstehen. Wir freuen uns über jeden Kunden, der hierher kommt, aber das sind per se mal nur Kosten im ersten Moment und wir müssen gucken, dass wir das Geld halt in Projekte reinschieben äh auf der Kreditseite und das ist im Moment die größte Herausforderung und wird's auch zukünftig sein, weil das Wachstum hängt eben ganz stark davon ab, die richtigen Projekte finden und zu finanzieren." (12, 1019–1040)

Eine Strategie, dem Problem knapper ethischer Investitionsobjekte zu begegnen, besteht darin, sich auf „möglichst große Projekte mit kleinem Prüfungsaufwand zu konzentrieren, sodass man große Beträge schnell rausgeben kann". Bereits an dieser Stelle deutet sich an, dass die wachsende gesellschaftliche Anerkennung alternativer Paradigmen im gesamten Banken- und Finanzbereich, welche sich in wachsender monetärer Ausstattung widerspiegelt, zu Absatzproblemen und mangelnden Investitionsmöglichkeiten entsprechend der ethischen Selbstverpflichtung führt.

Der enorme Kundenzustrom ist dann nicht nur Ursache für Probleme ökonomischer bzw. regulatorischer Art, wie sie im Falle des Aktiv-Passiv-Ungleichheitsgewichts vorliegen. Insofern nämlich Entscheidungen, die sich zuallererst auf den ökonomischen Nutzen von Projekten und Unternehmen beziehen, bei ethischen Banken nach besonders stichhaltigen Rechtfertigungen verlangen, provoziert dieser Modus der Bearbeitung eine Art „Unwohlsein" bezüglich eigener Ansprüche und moralisch-normativer Versprechen an Kund_innen. An dieser Stelle werden moralische Vorbehalte besonders sichtbar und verweisen zugleich auf einen allgemeinen Zielkonflikt eines an ökonomischen Kriterien und nichtökonomischen Ansprüchen orientierten Bankenwesens:

„Man hat ja als Nachhaltigkeitsbank auch dieses Versprechen gegeben: Das Geld, was wir von euch annehmen, legen wir oder investieren wir sinnvoll. [...] Und diese Projekte muss man erstmal finden. (25,761-769) [...] Das Geld wird bei der DZ Bank [Zentralbank der Raiffeisenbanken] gelagert. Und das ist ja aber auch nicht unser Anspruch. Oder der Anspruch der nachhaltigen Bank. Die wollen ja nicht, dass die Kunden da das Geld hinbringen mit dem Vertrauen darauf, oder mit dem Gedanken, ja mein Geld arbeitet im Windpark, aber tatsächlich liegt es einfach bei der DZ Bank rum. [...] Die dürfen damit nichts machen." (25, 779-790)

Ethische Banken sind in zunehmendem Maße mit einer Knappheit an ethischen Investitionsobjekten konfrontiert. Dies äußert sich auch darin, so berichtet es eine Kreditberaterin, dass man sich früher „die Projekte noch aussuchen konnte" – das nachhaltige Marktsegment quasi „alleine bearbeiten" konnte. Heute stehen ethische Geldinstitute zusehends mit konventionellen Finanzdienstleistern in Konkurrenz, die ebenfalls den Markt für nachhaltige Geldanlagen für sich entdecken. Dass ethische Banken sich als Konsequenz dieser Ausweitung konventioneller Institute in den nachhaltigen Markt auch Projekten und Investitionen von höherer Rentabilität zuwenden müssen, beschreibt ein Mitarbeiter der Research-Abteilung einer ethischen Bank:

> *„Die konventionellen Banken haben einen Markt entdeckt, den man nicht verpassen möchte, [weshalb man sich nun] doller oder intensiver eben mit diesen Projekten [gemeint sind rentablere nachhaltige Projekte, S. L.] auseinandersetzen muss." (25, 563, 521-532)*

Ethische Banken finden sich mehr und mehr in Konkurrenzsituationen mit konventionellen Instituten wieder, die ihnen zudem finanziell überlegen sind. Ein anderer Mitarbeiter der Kreditabteilung stellt diesbezüglich fest, dass sich das „momentane Wachstum bei nachhaltigen Finanzdienstleistern" konzentriert und verweist ebenfalls auf das als problematisch erlebte Vordringen konventioneller Geldinstitute – in einen vormals für diese uninteressanten und unbeachteten – Bereich der nachhaltigen Finanzanlagen und Investments. Nun stellen nicht nur interessierte Kund_innen ein praktisches Problem für ethische Banken dar, sondern auch die Diffusion ethischer Ideen in konventionelle Institute. Die Annäherung konventioneller Institute an die Bereiche des ethischen Bankenwesens beschreiben die Bankmitarbeiter_innen folgendermaßen:

> *„Und ich meine, wenn Sie sich heute diesen Commerzbank-Spot angucken, wo diese junge Frau durch Frankfurt läuft – machen Sie einfach mal die Bilder weg, hören Sie nur den Text – dann denken Sie, toll, das ist ja 'ne ethische Bank, die hat ja Überzeugungen, das sind ja genau die meinen!" (13, 494–499)*

> *„[I]ch vermute mal, dass andere Banken sehr genau hingeguckt haben, was wir machen und das für sich versuchen zu übersetzen. Ich mein, woher hat 'ne Commerzbank da so 'ne Kampagne mit Nachhaltigkeit usw. Das müssen sie ja irgendwo hergeholt haben. Das ist nur nicht sehr glaubwürdig, wie sie es dann machen. Das ist dann deren Problem." (4, 1023–1030)*

Beide Zitate verdeutlichen, wie die Diffusion ethischer Kriterien in konventionelle Banken wahrgenommen wird. Dabei beziehen sich die Befragten aber nicht ausschließlich auf die negativen Folgen, die mit einer Angleichung an konventionelle Wettbewerbsstrukturen einhergeht; diese Annäherung und Übernahme wird an einigen Stellen auch durchaus positiv als „Abgucken des Richtigen" gedeutet.

8.2.2 Die normative Öffnung der eigenen Ansprüche

Eine Möglichkeit mit dem geschilderten Mangel an ethischen Investitionsmöglichkeiten umzugehen, besteht nun darin, die Kreditvergaberichtlinien normativ zu öffnen, um „Sachen zu machen, die man vor fünf Jahren nicht gemacht hätte", wie ein Bankmitarbeiter der Kreditberatung sich äußert. Die Schwierigkeit besteht nun darin, Kreditmärkte durch Marktöffnung zu „produzieren" und gleichzeitig die Einhaltung der normativen Selbstverpflichtung nach einer „sinnvollen" Finanzierungs- und Investitionspraxis zu garantieren. Anders gesagt, der Kompromiss zwischen ethischer Selbstverpflichtung und ökonomischen Erfordernissen verdichtet sich in der Ausweitung dessen, was überhaupt als finanzierungswürdig gilt. Sofern sich eine Öffnung von Kriterien im Rahmen der festgelegten ethischen Leitlinien vollzieht, dokumentiert sie sich etwa in einer Verschiebung von „starken" anthroposophischen oder religiösen Werten hin zu „schwächeren" Werten und allgemeineren Nachhaltigkeitsverständnissen. Weil ein Demeter-Hof mit seiner spezifischen esoterischen Ausrichtung zu vielschichtig ist und gleichzeitig nur wenig Kreditvolumen benötigt, so berichtet ein ethischer Banker, konzentriert sich sein Geldinstitut mittlerweile auf

> „den einfachen Biohof, der vielleicht auch gar keine Kühe mehr hat. Mit so einem Demeter-Hof würden wir nichts verdienen, also sicher nicht mit einer halben Millionen Kredit, weil das viel zu wenig Geld für den Riesenaufwand ist, um so einen Betrieb zu durchdringen. Also, alles wird dann reduziert und geht eigentlich in Richtung konventionell. [...] Damit können wir Geld verdienen." (4, 730-733)

Laut Aussagen einiger Bankmitarbeiter_innen legitimiert die Konkurrenz zu konventionellen Instituten auch die Inanspruchnahme klassischer Wettbewerbsmechanismen. Im Wettstreit um die knappen ethischen Investitionsobjekte greifen ethische Banken zunehmend auch auf Strategien des Unterbietens zurück. Zudem wird auch die Legitimation von konventionellen Wettbewerbspraktiken durch ein moralisches Ziel erweitert, wonach es letztendlich auch darum gehe, den „Kunden preislich, aber auch inhaltlich zu überzeugen", wie es folgende Aussagen verdeutlichen:

> „Man kann zum einen über die Kriterien gehen, man kann aber natürlich auch über Konditionen gehen. Weil die Konditionen sind jetzt natürlich nicht in irgendeiner Art und Weise festgelegt oder sind irgendwie grundsätzlich verankert. Dass man dann einfach sagen kann: „Um in den Markt weiter hineinzukommen, gibt es noch die Möglichkeit über Konditionen." (25, 356) Na ja, dann (lacht) unterbieten wir einfach mal 'ne konventionelle Bank. Also diese Möglichkeiten bestehen natürlich auch." (25, 308)

> „Also bei den großen institutionellen Geldanlegern, da gibt's Wettbewerb." (6, 588-590)

> *„[…] aber Konkurrenz gehört zum Geschäft, auch für diese Bank hier. Das ist normal. Und ja dann geht's drum, den Kunden zu überzeugen, preislich, aber auch inhaltlich. Aber das gehört absolut, das hat, das ist kein Unterschied zu einer normalen Bank." (12, 759-761)*

Einen Unterschied markiert allerdings die normative und moralische Ausrichtung des Konkurrenten. So differenzieren ethische Banken nicht nur nach ethischen und unethischen Anlageformen und Kreditobjekten; entscheidend für die Gestalt der Beziehung, die als Konkurrenz- oder Kooperationsbeziehung wahrgenommen wird, ist das öffentlich transportierte und inhaltlich vertretene Ziel der Institute bzw. das durch Mitglieder ethischer Banken verfolgte übergeordnete Ziel einer Diversifizierung der Bankenlandschaft. Ein Mitarbeiter zieht dementsprechend eine eindeutige Grenze zwischen Partnerinstituten und jenen, die eindeutig als Konkurrenten wahrgenommen werden:

> *„Ganz klar, also eigentlich bei jeder Kreditanfrage die wir haben, da hat der Kunde bereits zwei andere Angebote. Entweder von der Sparkasse oder Volksbank, oder von der nachhaltigen Bank. [….] Also da liegen immer Konkurrenzangebote vor. […] Und im Verhältnis zur nachhaltigen Bank, weil das ja doch 'ne Kollegin ist, sag ich immer: Lieber Kunde, ich geh nicht die letzten zehn Meter im Wettbewerb, sondern entscheide du dich an 'nem gewissen Punkt, mit wem du das machen möchtest, und dann ist das in Ordnung. Und da versuch ich so 'n Prinzip reinzubringen, weil ich hab keine Lust, und das fühlt sich für mich dann auch nicht gut an, jetzt über Preis und Zehntelpunkte, Basispunkte, dann versuchen doch noch die nachhaltige Bank auszustechen. […] weil ich will nicht die letzten zehn Meter im Wettbewerb gehen. Mit den Sparkassen machen wir das anders. Da verlieren wir aber auch schon mal im erneuerbaren Energiebereich. Sparkassen bieten Zinssätze, da frag ich mich, wie kann man da noch Geld verdienen mit. Da verlieren wir dann. Aber mit den anderen Banken, das sind rationale Situationen." (4, 963-980)*

Die beiden Zitate verweisen darauf, dass ethische Banker_innen unterschiedliche Bewertungskriterien auch an Konkurrenzinstitute anlegen. Dies ergibt sich dann aus der jeweiligen Anlage der Institute selbst und deren ideologischer Nähe zur eigenen Bank. Nichtsdestotrotz stehen ethische Banken in starkem Wettbewerb um ethische Anlagemöglichkeiten und Investitionsobjekte, die ebenfalls zu einer Angleichung an konventionelle Wettbewerbsstrukturen führt. An dieser Stelle wird deutlich, wie auch die Wachstumslogik einer normativen Umdeutung unterzogen wird.

8.2.3 Legitimation der Öffnung: Wachstum als Moral

Ethische Banken vollziehen derzeit eine normative Öffnung hinsichtlich ihrer eigenen Kreditvergaberichtlinien und eine Hinwendung zum Wettbewerb. Dies geschieht allerdings immer unter der Bedingung, dass auch marktfreundliche Handlungsweisen und Praktiken auf Basis eines ethischen Ziels legitimiert werden können und immer auch einem allgemeinen Interesse der nachhaltig orientierten Kund_innen entsprechen. So zeigt sich in den Interviews mit ethischen Banker_innen immer wieder die legitimatorische Verbindung von ökonomischem Wachstum der Bank und der Umsetzung normativer Ziele. Ein Mitarbeiter stellt diesbezüglich fest, „es wäre sträflich, wenn man sich da jetzt ganz kleinhalten würde". Die moralische Begründung für ökonomische Expansion bezieht sich dann darauf, dass man „ohne wirtschaftlichen Erfolg [...] nicht nachhaltig sein [kann]". Die ökonomische Expansion ethischer Banken wird besonders bedeutend für das Selbstbild der Mitarbeiter_innen, wenn sie als ein Zeichen wachsender Anerkennung gedeutet wird. Ein Kreditberater einer kirchlichen Bank wertet das derzeitige Wachstum seiner Bank als „positive Wirkung und Beflügelung", das ihn zudem darin bestätigt, „das Richtige [zu] tun". Bisweilen ist man „stolz" auf dieses „gigantische Wachstum". Insbesondere die Tatsache, dass ethische Geldanlagen einen weiteren Wirkungskreis erobern und „immer mehr im Markt sind und ihn durchdringen" sowie „andere Kundenkreise erreichen", wird auch persönlich als „eine riesen Bestätigung" angesehen. Statt negativer Bezüge auf ökonomisches Wachstum verweisen die Wahrnehmungen ethischer Banker_innen eher auf die positiven Konsequenzen eines expandierenden ethischen Bankenwesens. Entsprechend verdichtet sich diese Dimension in Ideen, die eine Demokratisierung des Geldwesens und die Mitbestimmung fordern:

> „Also, das ist ja wirklich ein richtig gewolltes, von vielen Menschen in Deutschland gewolltes, Wachstum." (20, 935-636)

Die normative Öffnung des ethischen Bankgeschäfts und der Anschluss an die populäre „Bio-Kultur" bedürfen aber einer legitimen Begründung, die von den Kund_innen der ethischen Banken akzeptiert werden kann. Genossenschaftlich organisierte ethische Banken wie die GLS Bank oder die Triodos Bank müssen überdies den Mitgliederinteressen und der Zusicherung von Dividendenzahlung gerecht werden. So beschloss die Mitgliederversammlung der GLS Bank im Jahr 2011 mehrheitlich die Einführung einer Dividende von 2 bis 4 Prozent auf Genossenschaftsanteile. Auslöser für die Einführung waren erhöhte Eigenkapitalanforderungen durch staatliche Regulatoren, wonach nur Genossenschaftsanteile einen Beitrag zum Eigenkapital der Bank leisten dürfen.[133] Darüber hinaus zeigt sich, dass Investitionen im Bereich der regenerativen Energien als „optimaler Kompromiss zwischen Wirtschaftlichkeit und den Prinzipien" gelten und sich auf eine sehr weitgehende Zustimmung berufen können.

> „Also häufig bei erneuerbaren Projekten greifen ja auch diese Wirtschaftlichkeit mit diesen Prinzipien oder mit diesen Grundsätzen ineinander und das ist natürlich die Idealvorstellung, aber an manchen Stellen, wo es Konflikte eben gibt, treffen die eher aufeinander." (025, 516-518)

---

133 Vgl. www.gls.de/privatkunden/ueber-die-gls-bank/presse/pressemitteilungen/gls-bank-fuehrt-dividende-ein.

> *„[D]ieser Konflikt ist auf der einen Seite, das Geschäft machen, und auf der anderen Seite die, ich will nicht sagen, diese Prinzipien. Also das sind ja eigentlich immer diese beiden Positionen, die da so gegeneinander wirken. Toll ist es, wenn das im Einklang funktioniert, aber häufig ist es eben nicht so."* (025, 502-506)

Wenn die Übereinstimmung zwischen Ethik und Rentabilität lediglich als ein Idealfall gedacht werden kann, wie es obiges Zitat anspricht, in der Praxis aber immer wieder Konflikte in der Vermittlung dieser beiden Prinzipien handlungswirksam werden, stellt sich die Frage, wie sich diese Reibungen äußern und wie sie gelöst werden. Zunächst lässt sich feststellen, dass bei wirtschaftlich weniger ertragreichen Unternehmungen wie beispielsweise den regenerativen Energien, die Entscheidungen über die Finanzierung strittiger ausfallen. Obwohl etwa die Biolandwirtschaft aufgrund ihrer Übereinstimmung mit den inhaltlichen Zielen ethischer Banken als „sehr gut vertretbar" gilt, sehen ethische Geldinstitute aus Gründen mangelnder Wirtschaftlichkeit zusehends von ihrer Finanzierung ab. Argumente gegen die Finanzierung solcher „Dilemma-Projekte", wie sie in der Branche genannt werden, beziehen sich zumeist auf eine nicht ausreichende Rentabilität, was bei konventionellen Banken ein klares Ausscheidungskriterium wäre, bei ethischen Banken jedoch das konfliktträchtige Folgeproblem aufwirft, beim Rekurs auf ökonomische Rationalitäten die Einhaltung der ethischen Selbstverpflichtungen nicht zu gefährden.

> *„Weiteres Beispiel, jetzt nicht aus meinem Bereich, fällt mir ein, im Bereich Bioland-wirtschaft ist es so, dass es sehr gut vertretbar ist mit unseren Zielen und mit unseren Grundsätzen. Auf der anderen Seite, was die Wirtschaftlichkeit angeht, ist es schon eher nicht so toll. Also man hat ziemlich große Verluste, man hat sehr negative Erfahrungen mit diesem Bereich gemacht. Von daher war jetzt so ein bisschen die Frage, macht man diesen Bereich jetzt tatsächlich, also lässt man ihn so auslaufen, oder geht man den jetzt noch mal ganz aktiv an?"* (025, 508-514)

Doch auch bei Investitionsentscheidungen, die vermeintlich eindeutige ökologische Zwe-cke verfolgen, stellen sich Zielkonflikte ein, wie das Beispiel des geplanten finanziellen Engagements einer ethischen Bank bei der Planung einer Windkraftanlage in Waldnähe verdeutlicht. Ein Bankmitarbeiter berichtet:

> *„Also das erste Projekt, was ich jetzt hatte, war an einem Waldstandort. Und das bedeutet, dass ein größerer Teil des Waldes gerodet werden muss. Da ist zum einen die Rodung, zum anderen waren da Fledermäuse angesiedelt und Wildkatzen. Da muss man natürlich schon, gerade aus Sicht oder vor allem aus Sicht einer Nachhaltigkeitsbank, schon ab-wägen, okay, das ist ein gutes Geschäft, aber auf der anderen Seite werden dadurch auch sehr viele Bäume abgeholzt und es kann zu einer doch relativ starken Beeinträchtigung der Umwelt oder der Flora und Fauna kommen, wie es so schön heißt."* (025, 412-419)

Die Lösung einer solch spannungsreichen Konstellation lässt erhellende Rückschlüsse auf die Bearbeitung strittiger Investitionen im ethischen Bankenwesen zu. Demnach dokumentiert sich an dieser Stelle ein besonders interessanter ethischer Zielkonflikt: Insofern die ethische Bank es sich zur Aufgabe macht, einen ökologischen Nutzen zu erzeugen, gerät sie in das Dilemma, an anderer Stelle einen ökologischen Schaden anzurichten. Bei der Güterabwägung, welche die Abholzung von Wald und die Vertreibung von Tierarten zugunsten eines höheren ökologischen Gewinns durch Windenergie legitimiert, kommt dem wirtschaftlichen Aspekt, dass Windkrafträder „ein gutes Geschäft" sind, zuletzt eine Schlüsselstellung zu. Folglich sind ethische Banken also nicht nur damit konfrontiert, ethische und unethische Geschäfte voneinander zu unterscheiden und somit eine marktbegrenzende Geschäftsmoral zu verfolgen. Sie haben ebenso die schwierige und voraussetzungsvolle Aufgabe, Entscheidungen innerhalb ökologischer, ethischer oder nachhaltiger Optionen treffen zu müssen, für die sie wiederum plausible Rechtfertigungen zugunsten wirtschaftlicher Markterweiterungen benötigen. Einer der Befragten bringt diesen Kompromissversuch zwischen unterschiedlichen normativen Konzepten folgendermaßen zum Ausdruck:

> „Und da musste man sich angucken, welche Kompensationsmaßnahmen geplant sind. Also, wenn einige Hektar abgeholzt werden, muss mindestens im gleichen Umfang der Wald an anderer Stelle wieder aufgeforstet werden. Und das mussten wir dann intern abwägen: Okay, ist das vertretbar? Können wir das als Nachhaltigkeitsbank machen oder nicht? Wir haben uns dann dazu entschieden, das zu machen, weil das ja ein sehr guter Standort war. Das ist jetzt kein Standort, wo die Windturbinen die meiste Zeit des Jahres stillstehen, sondern da weht richtig der Wind, und man kann dann natürlich sagen, wenn sechstausend Haushalte mit erneuerbarem Strom beliefert werden, dann sind sie gerechtfertigt, diese Auswirkung auf die Umwelt." (025, 419-430)

Die Aussicht, sechstausend Haushalte an Ökostrom anschließen zu können, stellt gleichermaßen ein ökologisch sinnvolles Vorhaben wie eine finanziell ertragreiche Investition dar, weshalb ökologische Einbußen an anderer Stelle in Kauf genommen werden. Derartige Kompromissbildungen zwischen ökologischer Ethik und ökonomischer Rationalität ermöglichen ethischen Banken, ihre Marktaktivitäten zu erweitern und sich finanziell zu konsolidieren.

8.2.4 Konsequenzen der Konventionalisierung

Eine Rückwirkung der oben beschriebenen Kompromissbildung ist, dass die normative Öffnung des ethischen Bankgeschäfts gleichzeitig zu einem Wandel der Kund_innenstruktur führt, der nicht folgenlos für die Geldinstitute bleibt (vgl. hierzu auch Kapitel 7.2.). Da die Investitionstätigkeit ethischer Banken in hohem Maße von der Zustimmung ihrer Kund_innen und ihrer stimmberechtigten Mitglieder abhängig ist, hat der Wandel der Kund_innenstruktur auch Auswirkungen auf die Investitionsbreite, die noch als ethisch legitim angesehen wird. In der Wahrnehmung ethischer Banken selbst waren ihre Kund_innen früher zumeist *„Überzeugungstäter"*, die sich mit den normativen Konzepten der Banken intensiv auseinandersetzten und darüber hinaus dazu bereit waren, auf Zinsen und Rendite zu verzichten, während sich die heute neu hinzugewonnenen Kund_innen, insbesondere wenn sie aus dem konventionellen Banking wechseln, dadurch auszeichnen, dass sie zwar „ihr Verhalten ändern wollen, [...] aber nicht [...] auf Erträge verzichten möchten". Zwar sehen ethische Banken weiterhin davon ab, eine „Maximalrendite" aus- zugeben, allerdings hat das Verlassen der „kleine[n] Nische, wo sie nirgends aneckt", wie es eine Mitarbeiterin ausdrückt, zur Folge, dass man nun auch den Ansprüchen rendite- orientierter Kund_innen gerecht werden muss. In den ethischen Banken selbst wird dies als Tendenz einer künftigen Konventionalisierung interpretiert:

> *„Ich glaube, irgendwann kannst du mit dem Konzept alleine nicht mehr gewinnen, sondern nur durch normale Produkte oder normale Zinsen." (024, 616-617)*

Die Frustration über die genannten Entwicklungen hin zur Finanzierung rentabler Großpro- jekte bringt auch ein anderer langjähriger Mitarbeiter einer ethischen Bank zum Ausdruck:

> *„[...] das so bestimmte Kernbranchen einfach fallen gelassen werden, wie jetzt die ökologische Landwirtschaft, weil man sagt, es rentiert sich nicht im Moment. Ist zu kleinteilig, wird brauchen Große. Also ist 'nen Unding, geht eigentlich gar nicht! Und es frustriert dann halt auch Leute, die wegen solcher Ideale da eigentlich angefangen haben, wenn sie da über den ersten Hype weg sind und sehen dann, wo bin ich denn eigentlich da gelandet." (26, 658-663)*

In dieser Aussage eines Bankmitarbeiters klingt zunächst eine tiefe Irritation an, deren Ursache eine Konfrontation der eigenen ethischen Selbstverpflichtung als ethischer Banker mit den ökonomischen Anforderungen einer ethischen Bank bei ungebrochener Wachs- tumslogik ist. Er nimmt diesen Widerspruch zum Anlass, um auf etwas aufmerksam zu machen, das sich auf verschiedensten Ebenen des ethischen Bankings als problematisch beschreiben lässt. In Person und Haltung der Vorgesetzten – einer ehemaligen konventio- nellen Bankerin – verdichtet sich eine Rationalität, die die ethische Selbstverpflichtung zumindest tendenziell auf den zweiten Rang verweist. Unser Banker beobachtet bzw. befürchtet eine Relativierung institutionalisierter und normativ gestützter ethischer Prinzipien bis hin zu einem undefinierten „Wischiwaschi".

> *„Und dann meinte ich so, ja, da muss man ja auch mal drüber sprechen, oder muss man ja diskutieren. Sie halt: Ja ich soll mal nicht so wählerisch sein, so wie es uns hier gerade geht. Ja und dann denke ich mir, ja geil, du hast überhaupt nicht verstanden, irgendwie... ja und das ist halt die Gefahr. Wenn solche Sätze schon fallen, dann ist das für mich echt, dann denke ich so, geil, dann setzt sich so jemand durch so und dann macht man halt so Sachen und dann wird das halt immer schwammiger und das wird immer so mehr Wischiwaschi. Weißt du was ich meine? Das ist immer alles so schwer zu beschreiben." (024,798-805)*

8.3 Zwischenfazit: die Kontingenz ethischer Investitionsentscheidungen

In der Auseinandersetzung mit den Leitbildern und geteilten normativen Bezugspunkten ethischer Banken konnten bereits zu Anfang der empirischen Auseinandersetzung mögliche Problemlagen identifiziert werden (vgl. Kapitel 3 und Kapitel 4). So konnte festgestellt werden, dass hinsichtlich der Abgrenzung von konventionellen Geldinstituten eine erstaunliche Einigkeit besteht, obwohl unterschiedliche Weltbilder und Rechtfertigungsordnungen die jeweilige Legitimation der Bank sichern. Dies verdichtet sich beispielsweise in der Ablehnung von Konzepten rational handelnder Akteure, der Dominanz neoklassischer Modellrechnungen, konkreter Anreizsysteme in Form variabler Gehaltsvergütungen oder der reinen Profitmaximierung. Allerdings wird bei näherer Betrachtung des empirischen Materials deutlich, dass, so sehr sie sich von dem Wechselspiel freier Märkte distanzieren, der Markt als Verteilungsmechanismus dennoch – wenn auch anders gewendet – ebenfalls ein grundlegendes Prinzip für ethisches Banking darstellt. Diese erste grundlegende Paradoxie zeigt sich besonders im Verhältnis ethischer Banken zu den marktlichen Allokationsmechanismen. Auch ethische Banken folgen praktisch der Annahme der ökonomischen Theorie, dass jedes Angebot sich seine Nachfrage schafft. Dies dokumentiert sich dort, wo sie im Unterschied zu konventionellen Instituten versuchen, solche Gleichgewichtsannahmen für moralische Zwecke dienlich zu machen. Die Illusion der Gleichgewichtsökonomie holt somit noch jene wirtschaftlichen Akteure im Finanzwesen ein, die sich als Kritiker des ökonomischen Mainstreams verstehen.

Weiterhin zeigt sich, dass Antworten auf die Frage nach der Operationalisierung ethischer Prinzipien über die Orientierung an Ausschlusskriterien gesichert zu sein scheinen. Ethische Banken lösen das Gerechtigkeitsproblem durch Begrenzung, die aber an inhärente Grenzen stößt, da ethische Banken nicht nur mit sich wandelnden gesellschaftlichen und wirtschaftlichen Diskursen, sondern auch mit neuen Märkten und Kund_innen konfrontiert werden, die eine permanente Aushandlung der eigenen Prinzipien voraussetzen. Was von den Befragten häufig als „Balancehalten" und „ständiger Reflexionsprozess" beschrieben wird, dokumentiert sich in der besonderen Bedeutung, die den einzelnen Mitarbeiter_innen als hybride moralisch-kalkulatorische Instanz zukommt. Der globale Konflikt des Widerspruchs zwischen ethischer Selbstverpflichtung und ökonomischen Anforderungen wird demnach nicht durch Externalisierung gelöst, sondern auf die subjektive Einschätzung der Akteure verlagert, wo er sich als *Internalisierung moralischer Konflikte* manifestiert. Eine Bewertung ethischer Investitionen geht demnach mit einer hohen individuellen Aufopferungsbereitschaft der jeweiligen Mitarbeiter_innen einher, für die sie „Sensorien" ausbilden müssen. Hierin dokumentiert sich eine *individualisierte Form der Verantwortungsübernahme* für die Probleme der globalen Finanzmärkte, gegenüber denen ethische Banken als ein Korrektiv wirken wollen.

Vor dem Hintergrund der anhaltenden Expansion im Privat- und Geschäftskundenbereich ethischer Geldinstitute beschäftigte sich die zweite Hälfte des Kapitels mit der Frage, wie ein Bankgeschäft, das es sich zur Aufgabe macht, dem Wachstumszwang der Finanzmärkte ein sozial verantwortliches Bankgeschäft entgegenzustellen, mit den Anforderungen der eigenen Expansion umzugehen versteht. Dabei wurde deutlich, dass der Erfolg ethischer Banken zu einer Verknappung ethischer Anlage- und Investitionsprojekte führt. Die Lösung für dieses Erfolgsdilemma suchen ethische Banken einerseits in der Finanzierung großer und rentabler Projekte, andererseits in der normativen Öffnung ihrer selbstauferlegten Kriterien. Diese Entwicklungen haben entscheidende Auswirkungen auf die Gestalt des ethischen Bankgeschäfts. Anhand der Aussagen ethischer Banker_innen konnte eine Verschiebung von starken ideologischen Werten hin zu einer mainstreamkompatiblen Nachhaltigkeitsorientierung nachgezeichnet werden.

Darüber hinaus setzt das ethische Bankgeschäft eine Kund_innenklientel voraus, die bereit ist, auf Zinsen und Rendite zu verzichten. Verantwortungsübernahme im Sinne der ethischen Banken ist also nur im Einklang mit verzichtenden Kund_innen gewährleistet. Die ökonomische Expansion ethischer Banken hat allerdings eine Veränderung der Kund_innenstruktur zur Folge. Im Zuge einer normativen Öffnung gegenüber wirtschaftlichen Rentabilitätskriterien wächst die Zahl der Kund_innen, die veränderte Einstellungen und Interessen an ein ethisches Bankgeschäft herantragen. Schließlich „wollen die [Kunden] ihr Verhalten ändern, das heißt aber nicht, dass die irgendwie auf Erträge verzichten möchten". Im Unterschied zu ethisch stark engagierten und finanziell verzichtsbereiten Kund_innen fordert die neuere Klientel auch finanzielle Erträge ein. Um der verstärkten Nachfrage nach ethischen Geldanlagen gerecht zu werden, müssen ethische Banken neue Investitionsbereiche erschließen. Durch die anwachsende Nachfrage für ethische Investments, aber auch durch die Einführung von Nachhaltigkeitsfonds seitens konventioneller Institute werden den ethischen Banken passende Anlagemöglichkeiten knapp. Diese Verknappung ethischer Geldanlagen führt dazu, dass ethische Banken Zugeständnisse gegenüber Renditen, Zinsen und Dividenden machen müssen, um ihren Kund_innen eine breitere Optionsvielfalt ethischer Anlagemöglichkeiten offerieren zu können, für die keine finanzielle Verzichtsbereitschaft verlangt werden muss.

In der Folge lässt sich feststellen, dass die Leitlinien ethischer Banken zunehmend gesellschaftliche Anerkennung erfahren, was als Stärkung marktbegrenzender ethischer Prinzipien verbucht werden kann. Schlägt sich diese Wertschätzung ethischer Banken in ihrer ökonomischen Expansion nieder, müssen ethische Banken jedoch marktermöglichende Strategien entwickeln, die faktisch zu einer Relativierung eben jener ethischen Leitlinien führen, denen sie ursprünglich ihren Aufschwung verdanken. Es lässt sich demnach feststellen, dass ethische Banken in ein höchst spannungsreiches Verhältnis zwischen ethischer Selbstverpflichtung und dem eigenen Überleben geraten:

> *„Und dann wurde auch in der Bank diskutiert, ob das finanzierbar ist, und es wurde dann gesagt, ja wir müssen jetzt Kredite auch einfach vergeben, also wir sind doch ein bisschen in Not. [...] einfach weil ein Kredit vergeben werden muss, damit die Bank am Leben gehalten wird sozusagen, dass man das macht." (024, 620-622)*

Schlussbetrachtung: Chancen und Risiken der Selbstregulierung

Im ersten Kapitel wurde die historische Entwicklung eines moralisch grundierten Bankgeschäfts dargestellt. Dabei wurde festgestellt, dass ethisches Finanzhandeln bereits eine lange Geschichte an Institutionalisierungs- und Differenzierungsprozesse zu verzeichnen hat und keinesfalls ein alleiniges Phänomen der letzten Finanz- und Wirtschaftskrise ist.

Vielmehr lässt sich im Anschluss an die vorliegenden Analysen erkennen, dass die Finanzkrise zwar eine bedeutende Rolle in den Deutungen und Wahrnehmungen der beteiligten Akteure spielt, allerdings lassen sich auch ebenso starke und handlungsleitende Bezüge zur allgemeinen Kapitalismus- und Materialismuskritik bzw. der Umweltbewegung ausmachen. Ein Desiderat, das sich aus den Untersuchungen ergibt, könnte in einer systematischen Auseinandersetzung mit den Kund_innen ethischer Banken bestehen. Insbesondere die Frage nach dem Beitrag, den sie mit ihren Vorstellungen oder „imagined futures" (Beckert 2016) zur Etablierung und Aufrechterhaltung dieses Marktes leisten, stellt eine interessante Erweiterung der vorliegenden Ergebnisse dar.

Während die frühen Entwicklungen des ethischen Bankgeschäfts zu Beginn des 17. Jahrhunderts durch eine starke Verbindung zu religiösen Werten geprägt waren, zeichnet sich eine zweite Etappe durch politisch motivierte Interventionen aus. Erstmalig traten aktive Aktionär_innen in den USA der 1970er- und 1980er-Jahre mit der Forderung an Investmentfonds heran, finanzielle Verbindungen mit Unternehmen in Südafrika, die mit der Apartheitsregierung in Pretoria kooperierten, zu unterbinden (Knoll 2002; Stolle und Micheletti 2013). Bis heute ist das Finanzhandeln, das sich sowohl ökonomischen als auch sozialen und ökologischen Zielen widmet, weltweit verbreitet. International lassen sich unterschiedliche Akzentuierungen beobachten, die unter anderem auf variierende wohlfahrtsstaatliche und wirtschaftspolitische Regulierungen zurückzuführen sind. „From the fringe to a mainstream activity" (Louche 2006, S. 14) markiert eine Ausbreitung, die sich sowohl in der medialen Berichterstattung über ethisches Investment als auch in der Entwicklung und Etablierung spezieller Öko-Indizes, nachhaltigen Fonds und Ratingagenturen manifestiert. Schlussendlich verdeutlichte die Auseinandersetzung mit der Entwicklung des ethischen Finanzhandelns durch die Geschichte das zunehmende ökonomische Wachstum dieses Bereichs. So wurde der Übernahme von nachhaltigen Kriterien durch konventionelle Institute, die im nachhaltigen Anlagesegment eine Gelegenheit erkennen, ihr Produkt-

© Springer Fachmedien Wiesbaden GmbH, ein Teil von Springer Nature 2019
S. Lenz, *Ethische Geldinstitute*, Wirtschaft + Gesellschaft,
https://doi.org/10.1007/978-3-658-22390-8_9

portfolio zu erweitern, besondere Aufmerksamkeit geschenkt. Mit Max Weber gesprochen, entbehrt auch das ethische Bankgeschäft mit zunehmendem Institutionalisierungsgrad seine „mechanische Grundlage". Zwar sind bis heute Elemente religiöser Orientierungen in Teilen des ethischen Bankgeschäftes vorhanden; diese überzeugen allerdings weder in ihrer ideellen Hegemonie noch in der Bedeutung für das alltägliche Geschäft. Interessant wäre an dieser Stelle eine weitere Auseinandersetzung mit den Gemeinsamkeiten eines ethisch orientierten Bankgeschäfts und dem Islamic Banking. Es könnte vermutet werden, dass sich Isalmic Finance durch eine starke religiöse Bindung auszeichnet, welche wiederum spezifische Marktgrenzen produziert.

Der Forschungsstand im speziellen Bereich der ethischen Geldinstitute fällt bisweilen dürftig aus. Bisherige Untersuchungen beschäftigen sich meist mit spezifischen Instrumenten, Verfahren und Indizes und zeichnen sich deshalb durch eine starke Konzentration auf den Einzelfall aus. Die vorliegende Untersuchung der normativen Orientierungen im ethischen Banking füllt demnach eine Lücke, die sowohl die Wirtschaftswissenschaften als auch die Soziologie offenlassen, und strebt eine Sichtung des Feldes, des Milieus ethischer Banken, vor dem Hintergrund gesellschaftstheoretischer Motive an. Beiden Perspektiven, der wirtschaftswissenschaftlichen bzw. wirtschaftsethischen sowie der institutionalistisch geprägten Soziologie, ist nämlich eine Sichtweise gemeinsam, die den normativen Handlungsorientierungen kaum Bedeutung beimisst und deshalb als einseitig angesehen werden kann. So fragen wirtschaftswissenschaftliche und wirtschaftsethische Forschungen nach der tatsächlichen, d. h. quantifizierbaren Gestalt des ethischen Bankgeschäfts und danach, ob sich diese Praxis in einem ökonomischen Zugewinn niederschlägt. Die Kritik an den bisherigen Forschungen der Soziologie in diesem Bereich bezieht sich auf deren „Handlungsvergessenheit" und die Tatsache, dass zwar nachvollzogen werden kann, welche gesellschaftlichen Wertvorstellungen in das Bankensystem diffundieren, aber nicht, wie diese entstehen oder wie bestehende Regeln mit einem handlungsleitenden Sinn versehen werden. An dieser Stelle wurde die Relevanz der Erforschung normativer Orientierungen, die potenziell eine innere Regulierung des Bankensektors ermöglichen, besonders offensichtlich. Um die Prozesse und Mechanismen einer „Ethisierung des Bankenwesens" angemessen verstehen und erklären zu können, ist es unerlässlich, die Vorstellungen und Wertungen der Akteure in die Analyse miteinzubeziehen.

Im zweiten Kapitel wurden die theoretisch-konzeptionellen Grundlagen zur Untersuchung normativer Orientierungen im Banken- und Finanzwesen gelegt. Systematische Eckpunkte bildeten dabei das Verhältnis von Markt und Moral in den soziologischen Konzepten der soziologischen Klassiker, der Perspektiven und Paradigmen im Anschluss an die Einbettungsannahme. So wurden nach der einleitenden Darstellung der Vorstellungen sozialer Ordnung bei Emile Durkheim, Max Weber und Karl Polanyi Netzwerkkonzepte der *New Economic Sociology* referiert und vor dem Hintergrund der eigenen Fragestellung und der Bedeutung für die Untersuchung ethischer Geldinstitute kritisch hinterfragt. Grundsätzlich geht die Wirtschaftssoziologie US-amerikanischer Prägung, die pragmatisch orientierte Konventionentheorie im Anschluss an Boltanski und Thévenot sowie die in Deutschland prominent von Jens Beckert geführte Debatte um eine neopragmatistische

Marktsoziologie davon aus, dass wirtschaftliches Handeln immer in soziale Strukturen eingebettet ist. Ein Ziel des Kapitels bestand darin, aufzuzeigen, dass Einbettungen aus unterschiedlichen Perspektiven als Netzwerkstrukturen, Normen, Werte, Bewertungen, Kategorisierungen und Vorstellungen akzentuiert werden können. Den wohl wichtigsten Akzent setzt dabei Jens Beckert, indem er das Verhältnis von Markt und Moral ausgehend von der Wirkung, die moralische Kategorien in Marktprozessen haben können, konzeptualisiert. Die Gestalt und die Bedeutung moralischer Diskurse – insbesondere in ihrer marktbegrenzenden Funktion – werden somit zu einer empirischen Frage, die davon absieht, soziale Beziehungen, Interaktionen oder interdependente Unternehmensnetzwerke als Erklärung für die Funktionsweise von Märkten zu priorisieren.

Vor dem Hintergrund des eigenen Anliegens, das nach den Potenzialen und Hemmnissen einer möglichen Selbstregulierung des Banken- und Finanzwesens fragt, wurde der Zugang über die Soziologie der Kritik im Anschluss an Boltanski und Thévenot gewählt. Der Vorteil dieser Perspektive besteht in ihrer grundsätzlichen Offenheit gegenüber konflikthaften Aushandlungsprozessen sowie in der Akzentuierung kritischer Kompetenzen der Akteure. Dadurch umgeht dieser Ansatz die Fallstricke einer Betrachtung, wonach sich die soziale Ordnung ausschließlich aus einer mechanischen oder erzwungenen Befolgung objektiver Ansprüche und Strukturen ergibt. Im Anschluss an die theoretische Verortung wurden die zentralen Fragen abgeleitet und formuliert. Eine systematische Gliederung ergibt sich aus den Konzepten der Kritik, der Rechtfertigung und des Kompromisses. Die Fragen nach den Bedingungen für einen Wechsel ins ethische Bankenwesen konzipieren die berufliche Umorientierung als variierende Kritiken am konventionellen Bankenwesen. Die Rechtfertigungen, auf die Akteure in ihrem Alltagshandeln zurückgreifen, wurden über die symbolische Grenzziehung als Verdichtung normativer Bezugspunkte der als legitim anerkannten Ordnung und Praxis zugänglich gemacht. Schließlich wurden zur Untersuchung transformatorischer Prozesse im ethischen Banken- und Finanzwesen strittige Investitionsentscheidungen und die daraus entstehenden Kompromisse als Ausgangspunkt der Analyse gewählt.

Das dritte Kapitel umfasst eine detaillierte Auseinandersetzung mit ethischen Geldinstituten in Deutschland. Ausgehend von frei zugänglichen Informationen, wie sie beispielsweise in Form von Offenlegungsberichten, Nachhaltigkeitsberichten, Broschüren, Bankenmagazinen, Imagevideos und Zeitungsartikeln vorliegen, wurde eine umfangreiche Dokumentenanalyse mittel der qualitativen Inhaltsanalyse durchgeführt. Die zentralen Auswertungskategorien bezogen sich dabei auf die Aspekte der Entstehung, Entwicklung und Position im Feld (u. a. die ökonomische Entwicklung), Werte und Unternehmensleitbilder, Anlage- und Kreditvergabeprozess zur Umsetzung normativer Ziele sowie die Darstellung der Unternehmens- und Personalpolitik. Die Position, aus der heraus die Daten ausgewertet wurden, kann als Beobachtung zweiter Ordnung beschrieben werden, da das Ziel nicht in der exakten Wiedergabe von objektiv nachprüfbaren Fakten bestand, sondern in der Rekonstruktion spezifischer Selbstverständnisse der Banken, mit denen sie der gesellschaftlichen Öffentlichkeit entgegentreten. Darüber hinaus war diese empirische Vorarbeit die Grundlage für die Erstellung des Interviewleitfadens, für den zuvor bereits beobachtete Problemlagen und Widersprüche ausfindig gemacht wurden. Die zentralen Gemeinsamkeiten und Unterschiede ethischer Geldinstitute wurden in einem Zwischenfazit zusammengefasst und hinsichtlich der Implikationen deutend dargestellt.

Drei Typologien bilden das empirische Ergebnis der Arbeit. Die Typologie der Kritik ist Gegenstand von Kapitel 6 und beschäftigt sich mit den *Praktiken der Kritik in Phasen der beruflichen Umorientierung*, wie sie sich in einem Arbeitsplatzwechsel von einer konventionellen Bank ins ethische Bankenwesen verdichten. Die Typologie der Rechtfertigung wird unter Kapitel 7 behandelt und fragt nach den beruflichen Selbstverständnissen ethischer Banker_innen. Im Ergebnis legt diese Typologie die *symbolischen Grenzziehungen und kollektiven Identifikationen* im ethischen Bankenwesen frei. Das letzte empirische Kapitel 8 fokussiert schließlich konkrete *Konflikte und Problemlagen ethischer Investitionsentscheidungen*.

Für die Typologie der Kritik (Kapitel 6) lassen sich drei für das empirische Material spezifische Typen von *moments critiques* als Kristallisationspunkte einer kritischen Praxis empirisch rekonstruieren. Hier zeigt sich erstens, dass ethische Bankmitarbeiter_innen ihren beruflichen Wechsel entlang von Autonomie- und Selbstverwirklichungsansprüchen legitimieren. Darüber hinaus liegt dem Wechsel auch das Streben zugrunde, eine Übereinstimmung zwischen dem sozialen und dem beruflichen Umfeld zu realisieren. Drittens lassen sich Bezüge rekonstruieren, vor deren Hintergrund die eigene berufliche Qualifikation reaktualisiert werden soll. Rechtfertigungen wie „Langeweile", Mangel an (kreativen) Gestaltungsspielräumen, mangelnde Eigenständigkeit in strategischen Fragen und Hierarchien, welche die Selbstverwirklichung hemmen, machen einen Wechsel subjektiv plausibel und wurden im *Typ 1 Wechsel für Autonomie und Enthierarchisierung* zusammengefasst. Zentraler Bezugspunkt dieser Kritik sind mangelnde Selbstverwirklichungspotenziale, d.h. eine Kritik an Aufstiegshemmnissen in starren Hierarchien konventioneller Institute, weshalb sie als interne Kritik bezeichnet werden kann. Stehen die berufliche Tätigkeit als Banker oder Bankerin und die außerberufliche Orientierung, der Lebensstil, die Interessen und Erfahrungen im Konflikt miteinander und dient dieser Konflikt der Legitimation des Wechsels ins ethische Bankenwesen, dann handelt es sich um den *Typ 2 Wechsel für Übereinstimmung zwischen sozialem Umfeld und beruflicher Tätigkeit*. Da sich diese Form der Kritik einer Rechtfertigung bedient, die nicht Teil der Werte und Normen des Bankwesens ist, stellt sie eine Form externer Kritik dar. Diese kann allerdings lediglich als schwache Form externer Kritik gedeutet werden, da die Legitimität der Normen im konventionellen Bankenwesen durch den Exit nicht infrage gestellt, sondern lediglich sich selbst überlassen wird. Dies kann allerdings als allgemeine Erkenntnis gelten, da der Großteil der befragten ethischen Banker_innen vor dem Hintergrund variierender Motive das konventionelle Bankenwesen verlassen hat. Demgegenüber beinhaltet *Typ 3 Wechsel gegen Degradierung und Dequalifizierung* alle Orientierungen, die die Folgen von Verkaufsdruck und Zielvorgaben als kritischen Wendepunkt der Berufsbiografie thematisieren. Die ethische Bank bietet insofern einen positiven Bezugspunkt, da die Befragten eine Form der Reaktivierung ihrer Qualifikation als Berater_innen beschreiben, während sie sich in der konventionellen Bank zu Verkäufer_innen degradiert sahen. In der Feststellung mangelnder Kenntnis über die Zusammensetzung der Produkte verdichtet sich in diesem Typ eine zentrale Kritik am konventionellen Bankenwesen. Auch hier lässt sich kein externer Bezug rekonstruieren, da lediglich der Umgang und die Anwendung von Instrumenten und Produkten infrage gestellt werden, nicht deren tatsächliche Existenz.

Die zweite Typologie, die Gegenstand des Kapitels 7 ist, differenziert in Anlehnung an Michèle Lamont drei Formen von symbolischen Grenzziehungen: eine moralische, eine kulturelle und eine sozio-ökonomische Dimension. Diese Differenzierung macht eine Hierarchisierung der Ansprüche und Vorstellungen deutlich, die konstitutiv für die Wertigkeiten von Personen und Objekten in der Rechtfertigungsordnung sind. Dabei konnte verdeutlicht werden, dass ein verbindendes Element in der Ablehnung eines übermäßigen Materialismus und Statuskonsums besteht. Ähnlich der kommunitaristischen Idee kommt den familiären Strukturen auch im Unternehmen und der Gemeinschaft eine zentrale Bedeutung zu. Dabei bildet die ganzheitliche Semantik vom Menschen als Bedürfniswesen einen Gegenentwurf zur Vorstellung des Menschen als Homo oeconomicus. Während letzterer in der netzwerkbasierten Polis die Verkörperung einer Befreiung von zu engen sozialen Verpflichtungen darstellt, lösen ethische Banken die daraus entstehende Anonymität auf und bewerten nur jene Transaktionen und Investitionen als „authentisch", bei denen man sich selbst im Spiegel und dem Gegenüber in die Augen schauen kann. Insofern müssen ethische Banker_innen nicht nur Berater_innen, sondern auch Freund_innen sein. Ebenso müssen die Kund_innen zum Milieu gehören.

Die durch ethische Banken transportierte Vorstellung zur Gewährleistung sozialer Ordnung und Gerechtigkeit beruht auf der Gemeinschaft und der Fähigkeit derselben zu Selbstregulierung. Diese Grundannahme kommt in der Ablehnung externer Regulierungen im globalen Banken- und Finanzwesen verdichtet zur Geltung. Dadurch lässt sich auch die wichtige Bedeutung von Codes of Conducts, wie sie in Zusammenschlüssen ethischer Banken, zum Beispiel der *Global Alliance for Banking on Value* (GABV), formuliert werden, erklären. Schlussfolgernd ist festzustellen, dass Gerechtigkeit nicht universal verstanden wird, sondern in der sozialen Praxis situiert ist.

Das dritte empirische Kapitel (Kapitel 8) beschäftigte sich mit der Frage, auf welcher Grundlage Investitionsentscheidungen im ethischen Banking getroffen werden. Zunächst wurde nach der generellen Beschaffenheit positiver und negativer Investitionsentscheidungen gefragt. Die analysierten Textsegmente widmeten sich hierbei der alltäglichen Praxis und der Anwendung von Positiv- und Negativkriterien. Im Ergebnis lässt sich hier feststellen, dass den Negativkriterien eine starke Orientierungsfunktion zukommt, wohingegen die Positivkriterien kontinuierlich neu ausgehandelt werden müssen. Im Anschluss daran wurde die Konfrontation des ethischen Bankgeschäfts mit einer anderen Logik, der Wachstumslogik, untersucht. Ethische Banken stehen nämlich nicht nur vor der Herausforderung, ethische von unethischen Investitionen zu unterscheiden, sondern sie müssen auch einen Weg finden, mit der eigenen ökonomischen Expansion umzugehen, ohne die eigenen ethischen Selbstverpflichtungen zu untergraben. Im Mittelpunkt stand hier die Analyse jener Passagen der Interviews, in denen sich eine handlungsstörende Unsicherheit in der Bewertung ethischer Investitionsobjekte dokumentierte.

Ein Ausgangspunkt war die Beobachtung, dass Kreditvergaben und Investitionsent-scheidungen in der Wahrnehmung der Bankmitarbeiter_innen selbst selten als konflikthaft gelten. Instruktiv formulierte ein Mitarbeiter: „Das Spannende ist, es gibt keine Span-nungen [...], da man als ethische Bank ja klare Regeln hat. [...] Wenn das Projekt nicht zu uns passt, gibt es eine ganz klare Begründung dafür." In der Frage, ob eine Investition ethisch oder unethisch ist, stellt der Bezug auf Ausschlusskriterien eine mögliche Form der Konfliktbearbeitung bzw. der Konfliktverlagerung dar. Eine Lösung durch Begrenzung kann so zumindest Spannung und Konflikte im alltäglichen Bankgeschäft innerhalb der sozial-ökologischen Rahmensetzung minimieren. Darüber hinaus hat der Ausschluss eine Signalfunktion gegenüber Anlegern und Investoren. Die festgelegten Ausschlusskriteri-en fungieren gleichermaßen als Filter nach innen – insofern sie Mitarbeiter_innen eine Handlungsorientierung bieten – und nach außen – insofern sie die Selektion der Nachfrage regulieren sollen.

Im Anschluss an die Auseinandersetzung mit der Bedeutung der Ausschlusskriterien, deren Praktikabilität im alltäglichen Geschäft allerdings schnell an Grenzen stößt, folgte die Untersuchung von Situationen, in denen Akteure weniger auf objektive Kriterien zurück-greifen können. Für solche Entscheidungen im Graubereich, für die es keine festgelegten Kriterien gibt, konnte herausgearbeitet werden, dass die permanente Auseinandersetzung mit möglichen Konflikten sowie der eigene Anspruch an die permanente Reflexion ein zentraler normativer Bezugspunkt des professionellen Selbstverständnisses ethischer Bankmitarbeiter_innen ist. Entscheidende Bewertungsmaßstäbe liefert allerdings die öffentliche Wahrnehmung. Der selbstauferlegte Anspruch an die Offenlegung aller Finan-zierungsentscheidungen wird durch externe Sanktionierungen an die Mitarbeiter_innen zurückgekoppelt. Die Mitarbeiter_innen müssen einen „Weg für Kunden finden", um auch für jene Entscheidungen plausibel zu argumentieren, die den eigentlichen Selbstver-pflichtungen widersprechen und als „unorthodox" beschrieben werden. Um „Shitstorms" zu vermeiden, sind die Mitarbeiter_innen ethischer Banken penibel darauf bedacht, sich intensiv mit dem zu finanzierenden Unternehmen auseinanderzusetzen. Die Tatsache, dass „die Leute wissen müssen, wo Probleme entstehen können", verweist gleichsam auf Formen der subjektivierten und individualisierten Verantwortungsübernahme und darauf, dass Sanktionierungen „falscher" Entscheidungen von der Bank externalisiert werden, indem sie als Telefonanrufe und Fragen der Kund_innen nach der Veröffentlichung in Erscheinung treten. Eine wesentliche Voraussetzung für legitimierbare Investitionsentscheidungen ist also die Internalisierung moralischer Konflikte durch die Bankmitarbeiter_innen selbst.

Eine andere Konfliktkonstellation wurde im letzten Teil des Kapitels untersucht. Ausgangspunkt waren jene Investitionsentscheidungen, die im Spannungsfeld ethischer Selbstverpflichtungen und den Herausforderungen der eigenen ökonomischen Expansi-on angesiedelt waren. Ergebnis dieser letzten Rekonstruktion war die Freilegung eines Paradox ethischer Banken: Zwar erfahren die Leitlinien ethischer Banken zunehmend gesellschaftliche Anerkennung, was als Stärkung marktbegrenzender ethischer Prinzi-pien verbucht werden kann. Schlägt sich diese Wertschätzung ethischer Banken in ihrer ökonomischen Expansion nieder, müssen ethische Banken jedoch marktermöglichende

Strategien entwickeln, die faktisch zu einer Relativierung eben jener ethischen Leitlinien führen, denen sie ursprünglich ihren Aufschwung verdanken.

Zum Schluss sollen noch einmal Schneisen durch die Befunde der Arbeit geschlagen werden. Dabei stehen die Mechanismen der Dethematisierung, die Bedeutung von Individualisierung und Kollektivierung sowie der Anspruch nach einer Transformation durch die Ethisierung des Bankenwesens kritisch zur Disposition. Die Arbeit schließt mit der Erkenntnis, dass ethisches Banking einer interessanten Paradoxie unterliegt: Während ethische Institute einerseits zusehends Zuspruch erlangen, führt diese Anerkennung zu einer Relativierung der ethischen Grundsätze.

9.1 Die Paradoxien der Ethisierung

Im Jahr 2013 verordneten die beiden Vorstandsvorsitzenden Anshu Jain und Jürgen Fitschen der Deutschen Bank einen „Kulturwandel". Von dort an sollte sich das größte deutsche Geldinstitut an den Werten „Integrität", „nachhaltige Leistung", „Kundenorientierung", „Innovation", „Disziplin" und „Partnerschaft" orientieren. Ziel dieser Intervention war es, das verlorengegangene Vertrauen der Branche und insbesondere der Bank selbst wiederherzustellen. Der Wille zur Selbstregulierung soll dabei beweisen, dass Banken keiner externen Regulierung bedürfen, sondern einen Wandel aus sich selbst heraus vollziehen können. Die Ethisierung des konventionellen Bankenwesens schlägt sich dann in Präsentation von Ethikkodizes, Verhaltensstandards und Nachhaltigkeitsberichten nieder, die Kund_innen und Interessierte auf das hohe soziale Verantwortungsbewusstsein aufmerksam machen sollen, das die Banken sich selbst zuschreiben.

Neben dem Kulturwandel der konventionellen Institute hat sich der Wille zur Ethisierung und Selbstregulierung im deutschen Bankenmarkt auch in einer ganzen Anzahl selbstständiger ethischer Bankinstitute materialisiert, die seit Jahren allesamt einen ökonomischen Aufschwung erfahren. Dass ethisches Banking mit der besonderen Herausforderung konfrontiert ist, sowohl marktbegrenzende als auch marktermöglichende Rechtfertigungen zu etablieren, konnte anhand der Analyse konfliktträchtiger Investitionen im ethischen Bankgeschäft nachvollzogen werden (vgl. Kapitel 8).

Während die bereits oben angesprochenen Ausschüsse bestimmter Bereiche (Tabak, Alkohol, Pestizide, konventionelle Industrie etc.) den latenten Konflikt zwischen ethischer Selbstverpflichtung und ökonomischer Expansion harmonisiert, bleibt beim Eintritt in neue Märkte die Umsetzung einer gleichgewichtigen Berücksichtigung ethischer und ökonomischer Grundsätze fragil und muss beständig neu ausgehandelt werden. Dabei besteht eine zentrale Herausforderung ethischer Banken nicht zuletzt darin, zwischen ethischen und unethischen Investitionen zu unterscheiden, um marktbegrenzend wirksam zu sein. Ökonomische Expansion verlangt auch marktermöglichende Strategien, was mit der Aufgabe einhergeht, Entscheidungen innerhalb ökologischer bzw. nachhaltiger Optionen treffen zu müssen, für die ethische Banken sowohl eine ethische als auch eine wirtschaftliche Rechtfertigung brauchen. Inmitten der Gemengelage von Marktbegrenzung und Marktermöglichung kommt dabei dem Kriterium der wirtschaftlichen Rentabilität eine Schlüsselstellung zu, für das auch Einschränkungen ethischer Grundsätze in Kauf genommen werden. Am Beispiel der Finanzierung einer Windkraftanlage in Waldnähe wurde die Bedeutung ökonomischer Kriterien besonders deutlich. Der ethische Zielkonflikt, der darin besteht, dass ein ökologischer Nutzen einen ökologischen Schaden andernorts bewirkt, wird dem Verweis auf ein „gutes Geschäft" legitimiert. Obwohl etwa die Biolandwirtschaft aufgrund ihrer Übereinstimmung mit den inhaltlichen Zielen ethischer Banken als „sehr gut vertretbar" gilt, sehen ethische Geldinstitute aus Gründen mangelnder Wirtschaftlichkeit zusehends von ihrer Finanzierung ab.

Darüber hinaus hat die ökonomische Expansion ethischer Banken eine Veränderung der Kund_innenstruktur zur Folge, die unter anderem aus der eigenen Aufklärungsarbeit und der Erziehung der Kund_innen zu verantwortungsbewussten Anleger_innen resultiert (vgl. Kapitel 7.2). Im Zuge einer normativen Öffnung gegenüber wirtschaftlichen Rentabilitätskriterien wächst die Zahl der Kund_innen, die veränderte Einstellungen und Interessen an ein ethisches Bankgeschäft herantragen. Im Unterschied zu ethisch stark engagierten und finanziell verzichtsbereiten Kund_innen fordert die neuere Klientel auch finanzielle Erträge ein. Um der verstärkten Nachfrage nach ethischen Geldanlagen gerecht zu werden, müssen ethische Banken neue Investitionsbereiche erschließen. Durch die anwachsende Nachfrage für ethische Investments, aber auch durch die Einführung von Nachhaltigkeitsfonds seitens konventioneller Institute, werden den ethischen Banken passende Anlagemöglichkeiten zusehends knapp. Diese Verknappung ethischer Geldanlagen führt dazu, dass ethische Banken Zugeständnisse gegenüber Renditen, Zinsen und Dividenden machen müssen, um ihren Kund_innen eine breitere Optionsvielfalt ethischer Anlagemöglichkeiten offerieren zu können, für die keine finanzielle Verzichtsbereitschaft verlangt werden muss.

Die Analyse ethischer Banken legt im Ergebnis eine Paradoxie frei. Diese besteht zunächst darin, dass ethische Banken aufgrund ihrer wirtschaftlichen Expansion mit dem Problem konfrontiert sind, sich Finanzierungen, die der ethischen Selbstverpflichtung entsprechen, überhaupt noch leisten zu können. Zwar erfahren die Leitlinien ethischer Banken zunehmend gesellschaftliche Anerkennung, was als Stärkung marktbegrenzender ethischer Prinzipien verbucht werden kann. Allerdings sind sie gerade aufgrund dieser Stärkung damit konfrontiert, ihre ethischen Kriterien mit dem Eintritt in neue Märkte normativ so zu öffnen, dass sie im Wettbewerb um ethische Anlage- und Kreditoptionen mithalten können. Flankiert wird diese normative Paradoxie durch eine politisch-ökonomische Dimension. Schlägt sich nämlich die Wertschätzung ethischer Banken in ihrer ökonomischen Expansion nieder, müssen ethische Banken marktermöglichende Strategien entwickeln, die faktisch zu einer Relativierung eben jener ethischen Leitlinien führen, denen sie ursprünglich ihren Aufschwung verdanken. Vor diesem Hintergrund greifen ethische Banken beispielsweise auf Investmentstrategien des Social Impact Investments zurück, die nur jene Projekte und Unternehmen als nachhaltig und ethisch klassifizieren, die ökonomisch rentabel sind.

Vor diesem Hintergrund lässt sich das Potenzial und die Problematik einer Selbstregulierung folgendermaßen auf den Punkt bringen: Eine innere Selbstregulierung kann nur als Ergänzung zu externen politischen Regulierungsmaßnahmen realisierbar sein, da normative Ansprüche, die sich sowohl auf die Vermeidung negativer Externalitäten als auch auf die positive Beeinflussung gesellschaftlichen Wandels beziehen, nur dann umsetzbar sind, wenn marktbegrenzende Institutionen gleichzeitig Konkurrenz- und Wettbewerbszwänge reduzieren. Eine Selbstregulierung aus dem Inneren des Bankensystems selbst heraus ist angewiesen auf ein Bewusstsein für eine politische Regulierung, die die eigenen Ansprüche nach Kulturwandel und Ethisierung vor Markt-, Wettbewerbs- und Leistungszwängen schützt und tatsächlich umgesetzt wird.

9.2 Ethisches Banking zwischen Kollektivierung und Individualisierung

Die Ansprüche an ein gerechteres Bankenwesen beruhen zu großen Teilen auf der Vorstellung, durch kollektives Handeln Veränderung zu bewirken (vgl. Kapitel 7). Auch in den Interviews mit Mitarbeiter_innen ethischer Banken taucht dieser Gedanke häufig auf. In den Tiefenstrukturen der Überzeugungen lassen sich die Grundprinzipien einer kollektiven und kommunitaristischen Gemeinschaft finden, wenn Mitarbeiter_innen beispielsweise die besondere Familiarität und den Gemeinschaftssinn der Unternehmen hervorheben. Die Unternehmenskultur ethischer Banken wird mit einer liberalen Kultur assoziiert, die im starken Kontrast zu konventionellen Instituten und deren Arbeitsbedingungen und -beziehungen steht. Flankiert wird dieses empfundene Zusammentreffen eines Kollektivs, welches für ein gemeinsames übergeordnetes Ziel eintritt, von einem Ethos des unternehmerischen Selbst (Bröckling 2016), das frei und eigenverantwortlich die „richtigen" Entscheidung zu treffen in der Lage ist. So verweist beispielsweise die zugestandene und durch die Mitarbeiter_innen durchaus positiv gewertete Entscheidungsfreiheit in Fragen der „ethisch angemessenen" Finanzierung auf eine zentrale Anforderung und die damit einhergehenden Fallstricke. Die Mitarbeiter_innen sind dazu angehalten, sich eigens und selbstständig mit den Debatten um ein ethisches Bankgeschäft zu beschäftigen, sich sogar, möchte man es absichtlich zuspitzen, voll und ganz mit den internen Ideologien einer besseren Gesellschaft zu identifizieren und ihr Privatleben ebenfalls danach auszurichten.

Die Entscheidungsfindung im ethischen Bankgeschäft ist nicht festgeschrieben, sondern wird, wie es an mehreren Stellen der vorliegenden Arbeit ersichtlich wird, in konkreten Situationen immer wieder neu ausgehandelt. Die Widersprüche und Grenzen des ethischen Bankings werden dabei keinesfalls aufgelöst, sondern entfalten ihre Wirkung bis in die Subjekte hinein. Es handelt sich also nicht um die Auflösung von Widersprüchen durch die Praxis der Bank selbst, sondern lediglich um eine Verschiebung. Statt einer „Internalisierung des Marktes" (Moldaschl und Sauer 2000) reklamiert die Subjektivierung eine Internalisierung von moralischen Konflikten mit dem Markt (vgl. Kapitel 8.1.2). Die Internalisierung moralischer Konflikte bei gleichzeitiger Rückkoppelung externer Sanktionen überlässt den Einzelnen schließlich in einer tendenziell fragilen Situation. Mit anderen Worten; während sich die Idee eines ethischen Bankgeschäfts zusehends auf ein Kollektiv an Investoren, Kund_innen und der Zivilgesellschaft stützen kann, bleiben die Risiken der Umsetzung in den Händen der einzelnen Mitarbeiter_innen, die selbst immer wieder Beweise für die Richtigkeit ihrer Entscheidungen erbringen müssen.[134] Kurz, die Chancen einer Ethisierung werden kollektiv geteilt, die Risiken allerdings individualisiert.

Darüber hinaus verweisen die Mitarbeiter_innen ethischer Banken häufig auf ein zentrales Entgrenzungsproblem in ethischen Banken. Demnach ist, nach Aussage der Interviewten, die „Burnoutquote bei Nachhaltigkeitsunternehmen oder bei ethischen Unternehmen, also wertegetriebene Organisationsformen mindestens genauso hoch wie in anderen, wenn nicht höher". Zurückgeführt wird dies auf Selbstüberforderung und Selbstausbeutung, die nicht selten unter den Mitarbeiter_innen ethischer Banken zu beobachten sei. Ein Mitarbeiter schildert die beobachtbare Tendenz ethischer Banker_innen zur eigenen Überforderung folgendermaßen:

> „Und weil, dann, wenn da einer wechselt, wenn einer zu so einer Nachhaltigkeitsbank geht, dann wird dem erstmal schwindlig, und bis er dann an dem Punkt ist, dass er professionell arbeiten kann, kann er froh sein, wenn er noch nicht nen Burnout hat ja, weil er sich mit dem ganzen höheren Anspruch an sich selbst und die Weltverändererei vergessen hat ein bisschen zu schonen oder so." (26, 1122-1126)

Auf der Mesoebene wird eine weitere Dimension sichtbar. Hinsichtlich der Frage, *wer* gerechtere Bedingungen im Banken- und Finanzsystem durchsetzen kann und darf, positionieren sich ethische Banken überaus kritisch gegenüber externen Regulierungen nach 2007. Das Handelsblatt zitiert hierzu Georg Schürmann, den Vorstand der Triodos Bank. Ihm zufolge seien strengere Regeln für Bonus-Zahlungen oder die Pflicht, mehr Eigenkapital vorzuhalten, durchaus sinnvoll. An den Meldepflichten übt er allerdings starke Kritik, da diese seiner Meinung nach bei kleineren Banken den Fusionsdruck erhöhten. Auch die EthikBank, die bereits zum Streik aufgerufen hat, fordert eine stärkere Differenzierung zwischen großen und kleinen Geldhäusern.[135] In dieser ablehnenden Haltung ethischer Banken gegenüber externen Regulierungen dokumentiert sich nicht zuletzt die Vorstellung, dass gesellschaftlicher und wirtschaftlicher Wohlstand nur dann erwirtschaftet werden kann, wenn staatliche Interventionen möglichst gering gehalten werden. Die Entscheidung,

---

134 Auch die Exit-Kritik, wie ihr durch den Wechsel vom konventionellen ins ethische Bankwesen Ausdruck verliehen wird, verweist in einigen Fällen auf eine Tendenz, die das Modell des „individuellen Berufs" nahelegt (Voß 2001; Schnell 2012). Insofern berufliche Wechsel auch aus Gründen der beruflichen Weiterentwicklung und zugunsten der Karriere vollzogen werden, verweisen diese beruflichen Umorientierungen nicht, wie Christiane Schnell in hochgradig flexibilisierten Kulturberufen nachweisen konnte, auf eine kollektive, sondern auf eine individualisierte Professionalisierung (Schnell 2009).

135 www.ethikbank.de/service/pressezentrum/ethikbank-streikt.html.

was das Beste für die Gesellschaft ist, obliegt aus dieser Perspektive nicht dem Staat, sondern den Kund_innen, ihren individuellen Entscheidungen: „Die Gesellschaft [solle] sich
[die] Frage stellen, welche Banken sie wolle."[136] Diese Annahme impliziert die Vermittlung
von Wirtschaft und Gesellschaft nicht durch demokratische Prozesse, sondern durch eine
„Politik mit dem Portemonnaie". Hiernach sind es jene Kund_innen, die auszureichend
finanzielle Ressourcen zur Verfügung haben, um, wie es auf einer Werbekarte der GLS Bank
ausgedrückt wird, „heute die Welt zu retten" oder mit „ihrem Geld einen Kindergarten
bauen zu können" (Kampagne der Triodos Bank 2014).

9.3   Ethisches Banking zwischen neuen Aufmerksamkeitsräumen und Dethematisierung

Ein zentrales Anliegen der Untersuchung ist es, die Potenziale und Herausforderungen
einer Ethisierung ausgehend von einem alternativen Bankgeschäft herauszuarbeiten,
um diese einer kritischen Bewertung zu unterziehen. Einleitend wurde festgestellt, dass
ethischen Banken – vor dem Hintergrund der Kritik am Bankenwesen und dem proklamierten „Kulturwandel" konventioneller Institute – Ansprüche und Hoffnungen auf eine
Transformation der derzeitigen gesellschaftlichen und (finanz-)wirtschaftlichen Verfassung
entgegengebracht werden. Für Konzepte und Bewegungen des *Postwachstums* und der
DeGrowth-Bewegung bieten ethische Banken eine Projektionsfläche dieser transformativen Idee. Nun erscheint nicht mehr nur der ethische Konsum als Hoffnungsträger für die
gesellschaftliche Lösung politischer Probleme (Lorenz 2006), sondern auch die Art und
Weise der Geldanlage und Geldverwendung. Ethische Banken zeichnen sich durch eine
Kritik aus, die gängigen Finanzmarktpraktiken entgegensteht. Von besonderem soziolo-
gischem Interesse ist dabei die Frage, welche transformativen Potenziale von einem ethischen Bankenwesen ausgehen können. Mit dem Anspruch, das Bankensystem insgesamt
gerechter zu gestalten, so lässt sich zunächst feststellen, zielt die Kritik ethischer Banken auf
Reformierung innerer Strukturen und kann deshalb als interne Kritik bezeichnet werden.
Unumstritten ist, dass die Praxis und Präsenz des ethischen Bankgeschäfts Auswirkungen
darauf hat, wie die gesellschaftlichen Folgen der Banken- und Finanzindustrie verhan-
delt werden. Die Wirksamkeit des ethischen Bankgeschäfts besteht sicherlich darin, dass
Kenntnisse über die Geldverwendung einer breiteren Klientel zugänglich gemacht werden.
So kann über Veranstaltungen wie der *Fair Finance Week*, die seit 2014 jährlich parallel
zur *European Finance Week* in Frankfurt am Main stattfindet, eine Sensibilisierung jener
Personen und Gruppen bewirkt werden, die bisher nicht mit Ideen und Möglichkeiten
der Transformation des Bankwesens oder gar einer Spielart der Kapitalismuskritik in
Berührung gekommen sind.

---

136 www.handelsblatt.com/unternehmen/banken-versicherungen/ethische-banken-trio-
    dos-bank-greift-regulierung-an/13023454.html.

Problematisch im Hinblick auf das transformative Potential des gesamten Sektors erscheint allerdings, dass ethische Banken lediglich passiv auf Problemlagen reagieren, indem sie bestimmte Bereiche des konventionellen Geschäfts kategorisch ausschließen. Der Ausschluss von als unethisch eingestuften Produkten, Unternehmen und Staaten ändert aber kaum etwas an den vorherrschenden negativen Effekten des Bankenwesens. Ebenso offen bleibt, ob der Einschluss von besonders nachhaltigen und/oder ethischen Unternehmen, Produkten und Staaten nicht letzten Endes auch die Tatsache ignoriert, dass weder Wertschöpfungs- noch Produktionsketten vollständig durchschaut werden können. Letztlich stellen die Unternehmen selbst Nachhaltigkeitsberichte zur Verfügung, die als Bewertungsgrundlage für Rankings und Ratings dienen. Zudem sind die Standards und Richtlinien weder rechtlich bindend noch einheitlich, was die Bewertung und Überprüfung der Einhaltung wiederum erschwert (vgl. Curbach 2009). So lässt sich zumindest erklären, wie Anleihen eines Unternehmens, das jüngst durch enorme Abgasmanipulationen auf sich aufmerksam gemacht hat, in das Portfolio eines Ökofonds gelangen konnten. Trotz der neuen Aufmerksamkeitsräume, die ethische Banken sich erschließen, bleibt die Umsetzung des operativen Geschäfts größtenteils auf die Mechanismen des Ausschlusses beschränkt, wodurch lediglich das Ziel – nachhaltig und ethisch sein zu wollen –, aber nicht der Prozess und die Mittel zur Realisierung umgedeutet werden. Darüber hinaus unterliegt auch das Verfahren über Positivkriterien zusehends einer Finanzialisierung. So wurde bereits angedeutet, dass ethische Banken als Antwort auf ihr eigenes ökonomisches Wachstum, Finanzierungsinstrumente wie das Impact Investment in Betracht ziehen. Hierbei handelt es sich um eine Messbarmachung des ökonomischen Gewinns von nachhaltigen oder ethischen Investments. Nachhaltig oder ethisch ist dann nur die Investition, die zuallererst ökonomisch rentabel ist.

Wenn Kritik nun als „Geburtshelferin" (Kocyba und Voswinkel 2008, S. 42) einer neuen kapitalistischen Rechtfertigungsordnung eine besondere gesellschaftstheoretische Bedeutung (Boltanski und Chiapello 2006, S. 86) zukommt, dann legitimiert die Exit-Kritik des Ausschlusses die Finanzierung eben jener umstrittenen Bereiche wie Tabak, Alkohol und Pestizide durch konventionelle Privatbanken. In der Konsequenz bewirkt ein Ausschluss von Unternehmen ja gerade nicht deren Verschwinden. Vielmehr sind diese Unternehmen dazu gezwungen, andere Finanzierungsmöglichkeiten zu finden bzw. verbleiben sie in alten konventionellen Finanzierungsbeziehungen.

Von der Voice-Kritik, die ethische Banken formulieren, um ihre Existenz als Alternative zu behaupten und um den dominanten Finanzmarktpraktiken etwas entgegenzusetzen, bleibt die Veränderung des Kapitalismus, so kann mit Boltanski und Chiapello konstatiert werden, verhältnismäßig unberührt. Diese Form der Kritik, die sich in Empörung äußert, gestaltet sich als eine Art Legitimierungsarbeit kapitalistischer Akkumulation. Die Reflexionsarbeit, die Kund_innen, Kreditberater_innen, NGOs und nachhaltige Ratingagenturen etwa leisten, um zu einer ethischen Rechtfertigung zu gelangen, erschafft eine „Art Kartographie der Welt zu einem bestimmten Entwicklungsstadium des Kapitalismus, die jenen Kategorien entspricht, die die beiden Akteurstypen teilen" (Boltanski und Chiapello 2006, S. 522). Unintendiert mündet die Voice-Kritik in der Sicherung von Koordinationsprozessen

und der Erstellung legitimer „Bewährungsproben" des Kapitalismus, die dann die moralischen Grundlagen für Bewertung, Beurteilung, Ausschluss, Einschluss, Sanktionierung
und Belohnung bilden. Eine Neugestaltung der Bewährungsproben im ethischen Banking
stellt beispielsweise die Erweiterung der Strategien hin zu Social Impact Investment dar.
Projekte und Unternehmen, die von ethischen Banken finanziert werden können, müssen
sich demgemäß viel stärker ökonomisch und finanziell bewähren.

Zwar versuchen ethische Banken eine Alternative zu den dominanten Finanzmarktstrukturen zu etablieren, allerdings wird deutlich, dass die identitätsstiftende Abgrenzung der Dreh- und Angelpunkt der Legitimierung ethischer Banken ist. Wenn aber
Identifikation lediglich auf dem Ausschluss bestimmter Produkte oder der Abgrenzung
von anderen Finanzakteuren basiert, läuft ein ethisches Bankgeschäft Gefahr, die eigene
Praxis unhinterfragt zu lassen; die eigenen ethischen Probleme werden dethematisiert
und entproblematisiert. Besonders instruktiv für diese Problemlage ist die Aussage einer
ethischen Fonds-Managerin. Die Finanzierungswürdigkeit eines großen Textilwarenherstellers begründet sie folgendermaßen:

> „H&M hat sehr starke Programme für Arbeitsthemen: Es ist im Textilsektor beispielsweise
> das einzige größere Unternehmen, das versucht, die Löhne der Arbeiter auf ein lebensfähi-
> ges Niveau zu verbessern, über dem eventuell vorhandenen lokalen Mindestlohn oder dem
> existierenden realen, aber unzureichenden Lohnniveau. Und es ist das einzige größere Textil-
> unternehmen, das seine komplette Lieferkette offenlegt. Leider wird es für seine Transparenz
> von den NGOs abgestraft: Die stürzen sich auf H&M, eben, weil die alles offenlegen. Ich
> fürchte, H&M wird irgendwann so reagieren wie Nike: Nike hat auch einst seine komplette
> Lieferkette veröffentlicht, wurde danach nur noch kritisiert und hat die Listen daher nun
> wieder unter Verschluss genommen." (FR, 06.02.2015)

Wo Ausschlusskriterien die Verantwortung für gesellschaftliche Folgen des Bankgeschäfts
externalisieren und Banken in Passivität verbleiben, wird die Bewertung von Unternehmen
auf Basis ihrer Best-in-Class-Performance entproblematisiert. Diese Auswahl der relativ
gesehen nachhaltigsten Unternehmen einer Branche lässt die tatsächliche Nähe von ethischen Investitionen zu konventionellen Investitionen unberücksichtigt.

Eine zentrale Problematik des ethischen Bankings besteht nun zusammengefasst
darin, dass es zwar Alternativen zur dominanten Finanzmarktpraxis präsentiert und
öffentlich wirksam positioniert. Durch den reinen Ausschluss von Investmentprodukten
und Praktiken bleibt es allerdings passiv und trägt so, zumindest implizit, zur Legitimierung bestehender Strukturen bei: Wo die Voice-Kritik auf diskursiver Ebene Wandel
und Transformation verspricht, nimmt die Exit-Kritik, die sich im Ausschluss und in der
symbolischen Grenzziehung materialisiert, dieses Potenzial zurück und verbleibt als passiv ethisches Banking. Die Praxis der „sauberen Hände" (Herzog et al. 2015a), wie sie der
Ausschluss bestimmter Bereiche, Produkte, Unternehmen und Staaten darstellt, berührt
die Neugestaltung des Bankwesens nur marginal. Dadurch wird das Feld der problema-
tischen Finanzmarktpraktiken den „alten Hasen" überlassen und man zieht sich selbst
geschickt aus der Verantwortung.

Literaturverzeichnis

Online-Dokumente ethischer Banken

GLS Bank

GLS Bank. 2015. Nachhaltigkeitsbericht der GLS Bank, online: www.gls.de/privatkunden/ueber-die-gls-bank/nachhaltigkeit-werte-und-auszeichnungen/gls-nachhaltigkeitsbericht

Jorberg, Thomas. 2015. Das Ende von Banken wie wir sie kannten. Positionspapier zu den Langzeitfolgen der Finanzmarktkrise.

GLS Bank. 2014. Geldgipfel 2014 Von der Energiewende zur Geldwende, online: www.glsbankstiftung.de/media/pdfs/Geldgipfel_Dokumentation_web.pdf

GLS Bank. 2012. Jahresbericht, online: www.gls.de/media/pdf/Broschueren/GLS_Bank/gls_jahresbericht_2012.pdf

GLS Bank. o. J. Anlage- und Finanzierungsgrundsätze, online: www.gls.de/media/PDF/Broschueren/GLS_Bank/gls_anlage-und_finanzierungsgrundsaetze.pdf

Triodos Bank

Triodos Bank. 28.02.2013. Pressemitteilung, online: www.triodos.de/downloads/pressemitteilungen/pm-jahresergebnisse2012-130228.pdf

Triodos Bank. 2012. Halbjahresbericht online: www.dgap.de/dgap/News/corporate/triodos-bank-dynamisches-wachstum-ersten-halbjahr/?companyID=375990&newsID=731205

Triodos Bank. 2012. Geschäftsbericht, online: www.bericht.triodos.de/de/2012/vorstandsbericht/balanceakt/derrichtigewegausderkrise.html?cat=i

Triodos Bank. 28.06.2012. Pressemitteilung, online: www.triodos.de/downloads/pressemitteilungen/pm-Unterzeichnung-Nachhaltigkeitskodex.pdf

UmweltBank

Bank&Umwelt. 2010. online. www.umweltbank.de/pdf/BU59.pdf

Bank&Umwelt. 2009. online: www.umweltbank.de/pdf/BU55.pdf

Bank&Umwelt. 2009. online: www.umweltbank.de/pdf/BU56.pdf

Bank&Umwelt. 2008. online: www.umweltbank.de/pdf/BU54.pdf

Bank&Umwelt. 2007. online: www.umweltbank.de/pdf/BU48.pdf

Bank&Umwelt. 2002. online: www.umweltbank.de/pdf/BU28.pdf

Bank&Umwelt. 1995. online: www.umweltbank.de/pdf/BU01.pdf

Bank&Umwelt. 1995. online: www.umweltbank.de/umweltbank/interviews.html

© Springer Fachmedien Wiesbaden GmbH, ein Teil von Springer Nature 2019
S. Lenz, *Ethische Geldinstitute*, Wirtschaft + Gesellschaft,
https://doi.org/10.1007/978-3-658-22390-8

UmweltBank. 2013. Geschäftsbericht, online: www.umweltbank.de/pdf/GESCHAEFTSBE-
RICHT_2013
UmweltBank. 2012. Jahresbericht, online: www.umweltbank.de/pdf/JAHRESBERICHT_2012.pdf
UmweltBank. 2012. Sozialbericht, online: www.umweltbank.de/pdf/SOZIALBERICHT_2012.pdf
UmweltBank. 14.08.2012. Pressemitteilung, online: www.umweltbank.de/presse/presse_2012.html.pdf
UmweltBank. 2006. Gründungsgeschichte, online: www.ethikbank.de/fileadmin/ethikbank/doku-
mente/Die_EthikBank/gruendungsgeschichte_ethikbank.pdf
UmweltBank. 01.02.2005. Pressemitteilung, online: www.umweltbank.de/presse/presse_2012.
html#140812
UmweltBank. 21.12.2001. Pressemittelung, online: www.umweltbank.de/presse/presse_2001.html

EthikBank

E-Thikker. 2016. online: www.ethikbank.de/fileadmin/ethikbank/dokumente/Die_EthikBank/E-Thik-
ker.pdf
EthikBank. o.J. Anlagepolitik, online: www.ethikbank.de/fileadmin/bankuebergreifend/dokumente/
Anlagepolitik_Lang.pdf

BIB

FairBanking. 2016. online: www.bibessen.de/content/dam/g8295-0/pdf-dokumente_intern/Fair-
banking-Magazin/BIB_fairbanking_01-2016.pdf
Union Investment o.J. online: www.bibessen.de/content/dam/g8295-0/pdf-dokumente_intern/
union_flyer_kcd/kcd_nachhaltig.pdf

BfS

BfS o.J. Code of Conduct, online: www.sozialbank.de/fileadmin/2015/documents/2_Ueber_uns/2.5_
Verantwortung/Code_of_Conduct_12_2014.pdf

Zeitungen, Plattformen, feldinterne Studien

Dohmen, Caspar. 2010. Gewinner der Finanzkrise. Ethische Banken jubeln über Kundenansturm,
in Süddeutsche Zeitung, 17. Main, http://www.sueddeutsche.de/geld/gewinner-der-finanzkri-
se-ethikbanken-jubeln-ueber-kundenansturm-1.51599
Eurosif. 2014. European SRI Study, online: www.eurosif.org/publication/view/european-sri-study-2014.
Financial Times: FT Sustainable Banking Awards 2009 - winners announced, 4. Juni 2009, online: www.ft.com/cms/s/2/e1dafe8c-51a4-11de-b986-00144feabdc0.html?ft_site=falcon&desk-
top=true#axzz4SvAUydNh
FNG. 2017. Nachhaltige Geldanlagen, online: www.forum-ng.org/de/nachhaltige-geldanlagen/
nachhaltige-geldanlagen.html.
Haas, Birgit. 2016. Ökos der Finanzbranche: So findet ihr gute nachhaltige Fonds, in Business In-
sider Deutschland, online: www.businessinsider.de/oekos-der-finanzbranche-so-findet-ihr-gu-
te-nachhaltige-fonds-2016-5.
Hampel, Lea. 2016. Soziales Investieren. Wer Gutes tun will, geht zur Bank, In *Süddeutsche Zeitung*,
12. Januar, online: www.sueddeutsche.de/geld/soziales-investieren-wer-gutes-tun-will-geht-zur-
bank-1.2814665.

Hild, Anna, und Sebastian Wolf. 2015. Wir baden den Mist aus. Interview mit Thomas Jorberg. In *Frankfurter Rundschau*, online: www.fr-online.de/wirtschaft/gls-bank-jorberg--wir-baden-den-mist-aus-,1472780,30183398.html.

Jauernig, Christof. 2014. Nachhaltiges Wachstum. Social Banking legt zu, online: www. bankinghub. de/banking/privatkunden/nachhaltiges-wachstum-social-banking-legt-zu.

Will, Oliver. 2014. Neue Aufsichtsrätin der EthikBank. „Wir sind Banker, keine Spekulanten", In *Ostthüringer Zeitung*, online: www.otz.de/startseite/detail/-/specific/Neuer-Aufsichtsrae-tin-der-Ethikbank-Wir-sind-Banker-keine-Spekulanten-29894127.

Zerbel, Miriam. 2009. Eine Bank für eine bessere Welt, In *Die Welt*, 12. Juli, online: www.welt.de/wams_print/article4104772/Eine-Bank-fuer-eine-bessere-Welt.html.

Fachliteratur

Abolafia, Mitchel Y. 2001. *Making Markets: Opportunism and Restraint on Wall Street* Cambridge. Mass: Harvard Univ. Press.

Akyel, Dominic und Jens Beckert. 2014. Pietät und Profit. *Kölner Zeitschrift für Soziologie und Sozialpsychologie* 66:425-444.

Aßländer, Michael S. und Markus Schenkel. 2008. Vom Guten, vom Schönen und vom Baren. Wie praktikabel ist Ethik als Fondskriterium. In *Corporate Social Responsibility auf dem Finanzmarkt. Anstöße für verantwortliches Investieren und eine nachhaltige Unternehmenspolitik*, Hrsg. Gesine Bonnet, und Gotlind B. Ulshöfer, 45-63. Wiesbaden: VS.

Curbach, Janina. 2009. *Die Corporate-Social-Responsibility-Bewegung.* Wiesbaden: VS Verlag für Sozialwissenschaften.

Balsiger, Philip. 2014. *The Fight for Ethical Fashion. The Origins and Interactions of the Clean Clothes Campaign.* Farnham: Ashgate Publishing Ltd.

Barth, Thomas. 2010. Die Überwindung ökologischer Grenzen. Die Rolle der ökologischen Kritik in der Dynamik des Kapitalismus. In *Grenzverschiebungen des Kapitalismus. Umkämpfte Räume und Orte des Widerstands*, Hrsg. Karina Becker, 164-185. Frankfurt a. M., New York: Campus.

Bauer, Rob, Kees Koedijk und Rogér Otten. 2005. International evidence on ethical mutual fund performance and investment style. *Journal of Banking and Finance* 29:1751-1767.

Beckert, Jens. 2016. *Imagined futures. Fictional expectations and capitalist dynamics.* Cambridge, Massachusetts, London, England: Harvard University Press.

Beckert, Jens. 2012. Die Sittlichkeit der Wirtschaft. Von Effizienz- und Differenzierungstheorien zu einer Theorie wirtschaftlicher Felder. *Berliner Journal für Soziologie* 22:247-266.

Beckert, Jens. 1996. What is sociological about economic sociology? Uncertainty and the embed-dedness of economic action. *Theory and Society* 25:803-840.

Beckert, Jens, Rainer Diaz-Bone und Heiner Ganßmann. 2007. *Märkte als soziale Strukturen.* Frankfurt a. M.: Campus.

Beile, Judith, Sebastian Jahnz und Peter Wilke. 2006. *Nachhaltigkeitsberichte im Vergleich. Aus-wertung und Analyse von Zielsetzungen, Aufbau, Inhalten und Indikatoren in 25 Nachhaltig-keitsberichten.* Hamburg.

Boasson, Emil, Vigdis Boasson und Joseph Cheng. 2006. Investment principles and strategies of faith-based funds. *Managerial Finance* 32:837-845.

Bogner, Alexander, Beate Littig und Wolfgang Menz. 2009. *Experteninterviews. Theorien, Methoden, Anwendungsfelder.* Wiesbaden: VS.

Bohnsack, Ralf. 2014. *Rekonstruktive Sozialforschung. Einführung in qualitative Methoden.* Opladen: Budrich.

Bohnsack, Ralf. 2013. Gruppendiskussionsverfahren und dokumentarische Methode. In *Handbuch Qualitative Forschungsmethoden in der Erziehungswissenschaft*, 4., durchgesehene Auflage, Hrsg. Barbara Friebertshäuser, Antje Langer und Annedore Prengel, 205-218. Weinheim, Basel: Beltz Juventa.

Bohnsack, Ralf. 2011. Fokussierungsmetapher. In *Hauptbegriffe qualitativer Sozialforschung*. UTB Erziehungswissenschaft, Sozialwissenschaft, Hrsg. Ralf Bohnsack, Winfried Marotzki und Michael Meuser. Opladen: Budrich.

Bohnsack, Ralf und Aglaja Przyborski. 2007. Gruppendiskussionsverfahren und Focus Groups. In *Qualitative Marktforschung. Konzepte - Methoden - Analysen*, Hrsg. Renate Buber und Hartmut H. Holzmüller, 491-507, Wiesbaden: GWV Fachverlage GmbH Wiesbaden.

Bohnsack, Ralf, Aglaja Przyborski, und Burkhard Schäffer. 2010. *Das Gruppendiskussionsverfahren in der Forschungspraxis*. Opladen, Farmington Hills: Budrich.

Boltanski, Luc. 2013. *On Critique. A Sociology of Emancipation*. Hoboken: Wiley.

Boltanski, Luc und Ève Chiapello. 2006. *Der neue Geist des Kapitalismus*. Konstanz: UVK.

Boltanski, Luc und Laurent Thévenot. 2011. Die Soziologie der kritischen Kompetenzen. In *Grundlagen einer pragmatischen Anthropologie*, Hrsg. Rainer Diaz-Bone, 43-68. Frankfurt a. M.: Campus.

Boltanski, Luc und Laurent Thévenot. 2007. Über die Rechtfertigung. Eine Soziologie der kritischen Urteilskraft. Hamburg: Verlag Hamburger Ed.

Bourdieu, Pierre. 2015 [1992]. *Die verborgenen Mechanismen der Macht*, Hamburg: VSA.

Bourdieu, Pierre. 1982. *Die feinen Unterschiede. Kritik der gesellschaftlichen Unterscheide*, Frankfurt a. M.: Suhrkamp.

Bourdieu, Pierre, J.-C. Chamboredon und J.C. Passeron. 1991. *Soziologie als Beruf. Wissenschaftstheoretische Voraussetzungen soziologischer Erkenntnis*. Berlin: De Gruyter.

Breisig, Thomas, Susanne König, Mette Rehling und Michael Ebeling, Hrsg. 2010. *„Sie müssen es nicht verstehen, Sie müssen es nur verkaufen!". Vertriebssteuerung in Banken*. Forschung aus der Hans-Böckler-Stiftung. Berlin: Ed. Sigma.

Bröckling, Ulrich. 2016. *Das unternehmerische Selbst. Soziologie einer Subjektivierungsform*, Bd. 1832. 6. Auflage, Originalausgabe. Frankfurt a. M: Suhrkamp.

Burt, Ronald. 1980. *Toward a Structural Theory of Action. Network Models of Social Structure, Perception, and Action*. New York: Academic Press.

Castells, Manuel, João Caraça und Gustavo Cardoso. 2012. *Aftermath. The Cultures of the Economic Crisis*. Oxford: OUP Oxford.

Celikates, Robin. 2009. *Kritik als soziale Praxis. Gesellschaftliche Selbstverständigung und kritische Theorie*. Frankfurt a. M.: Campus.

Cowton, Christopher J. 1999. Palying by the rules. Ethical criteria at an ethical investment fund. *Business Ethics: A European Review* 8:60-69.

Czingon, Claudia und Sighard Neckel. 2015. Banking in gesellschaftlicher Verantwortung? Zur Berufsmoral im Finanzwesen. *WestEnd. Neue Zeitschrift für Sozialforschung* 12:71-84.

DeColle, Simone und Jeffrey G. York. 2009. Why Wine is not Glue? The Unresolved Problem of Negative Screening in Socially Responsible Investing. *Journal of Business Ethics* 85:83-95.

Diaz-Bone, Rainer. 2011. Einführung in die Soziologie der Konventionen. In *Soziologie der Konventionen. Grundlagen einer pragmatischen Anthropologie. Theorie und Gesellschaft*, Hrsg. Rainer Diaz-Bone, Bd. 73, 9-43. Frankfurt a. M.: Campus.

Diaz-Bone, Rainer. 2009. Konvention, Organisation und Institution. Der institutionentheoretische Beitrag der „Économie des conventions". *Historical Social Research* 34:235-264.

DiMaggio, Paul, und Walter W. Powell. 1983. The Iron Cage Revisited. Institutional Isomorphism and Collective Rationality in Organizational Fields. *American Sociological Review* 48:147-160.

Domini, Amy. 2001. *Socially Responsible Investing. Making a Difference and Making Money*. Chicago: Dearborn.

Dubet, François. 2008. *Ungerechtigkeiten. Zum subjektiven Ungerechtigkeitsempfinden am Arbeitsplatz*. Hamburg: Verlag Hamburger Ed.

Durkheim, Émile. 2008. Über soziale Arbeitsteilung. Studie über die Organisation höherer Gesellschaften. Frankfurt a. M.: Suhrkamp.

Epstein, Gerald A. 2005. *Financialization and the world economy*. Cheltenham: Elgar.

Erikson, Robert, und John H. Goldthorpe. 1992. The Constant Flux. A Study of Class Mobility in Industrial Societies. Oxford: Clarendon Press.

Etzioni, Amitai. 1995. *Die Entdeckung des Gemeinwesens. Ansprüche, Verantwortlichkeiten und das Programm des Kommunitarismus*. Stuttgart: Schäffer-Poeschel.

Feist, Marian und Doris Fuchs. 2014. Was heißt hier Nachhaltigkeit? Finanzialisierung als diskursive Konstruktion am Beispiel der Nachhaltigkeitsberichterstattung von Banken. In *Politische Ökonomie der Finanzialisierung*, Hrsg. Marcel Heires und Andreas Nölke, 225-241. Wiesbaden: VS.

Fourcade, Marion, und Kieran Healy. 2007. Moral Views of Market Society. *Annual Review of Sociology* 33:285-311.

Gabriel, Klaus. 2013. Gütesiegel für nachhaltige Publikumsfonds. Damit drin ist, was draufsteht. In *Socially Responsible Investments in Banken. Markt - Bedingungen - Praxiserfahrungen*, Hrsg. Stefan Ziermann, 91-103. Köln: Bank-Verlag.

Garfinkel, Harold. 1981. Das Alltagswissen über Soziale und Innerhalb Sozialer Strukturen. In *Alltagswissen, Interaktion und gesellschaftliche Wirklichkeit*. WV-Studium, 54/55, 5. Aufl., Hrsg. Joachim Matthes, 189-262. Opladen: Westdt. Verl.

Glaser, Barney G., und Anselm L. Strauss. 1998. *Grounded theory. Strategien qualitativer Forschung*. Bern: Huber.

Goldthorpe, John H. 2000. *On Sociology. Numbers, Narratives, and the Integration of Research and Theory*. Oxford: Oxford Univ. Press.

Granovetter, Mark. 2010. *Getting a job. A study of contacts and careers*. Chicago: Univ. of Chicago Press.

Granovetter, Mark. 1985. Economic Action and Social Structure. The Problem of Embeddedness. *American Journal of Economics and Sociology,* 91:481-510.

Granovetter, Mark. 1983. The Strength of Weak Ties: A Network Theory Revisited. *Sociological Theory*: 201-233.

Guerard, John und Bernell Stone. 2002. Social Screening Does Not Harm Performance. *Pensions and Investments* 30:30-31.

Hamilton, Sally, Hoje Jo und Meir Statman. 1993. Doing Well While Doing Good? The Investment Performance of Socially Responsible Mutual Funds. *Financial Analysts Journal* 49 (6): 62-66.

Hardering, Friedericke und Sarah Lenz. 2017. Wieviel Nachhaltigkeit braucht gute Arbeit? Arbeitsansprüche in beruflichen Umbruchsphasen. *Arbeits- und Industriesoziologische Studien* 10 (2): 7-19.

Herzog, Lisa, Edgar Hirschmann, und Sarah Lenz. 2015a. ,Ethische Banken' in Deutschland – Nische oder Avantgarde? Eine Analyse der Selbstdarstellung alternativer Geldinstitute. IfS Working Paper Nr., Frankfurt am Main: Institut für Sozialforschung, online: www.ifs.uni-frankfurt.de/wp-content/uploads/IfS-WP-7-Herzog-Lenz-Hirschmann.pdf.

Herzog, Lisa, Edgar Hirschmann und Sarah Lenz. 2015b. Ethische Banken. Nische oder Avantgarde? *Westend* 1:85-95.

Hiß, Stefanie. 2014. Was bleibt von der Nachhaltigkeit nach ihrer Finanzialisierung? In *Politische Ökonomie der Finanzialisierung*, Hrsg. Heires, Marcel, Nölke, Andreas, 211-241. Wiesbaden: VS.

Hiß, Stefanie. 2012. Konfligierende Rationalitäten. Wie Nachhaltigkeit die Rationalitätsordnung des Finanzmarktes irritiert. In *Wirtschaftliche Rationalität. Soziologische Perspektiven. Wirtschaft + Gesellschaft*, Hrsg. Anita Engels und Lisa Knoll, 85-107. Wiesbaden: VS.

Hiß, Stefanie. 2011. Globale Finanzmärkte und nachhaltiges Investieren. In *Handbuch Umweltsoziologie*, Hrsg. Matthias Groß, 651-670. Wiesbaden: VS.

Hiß, Stefanie und Jacob Kunzlmann 2011. Nachhaltigkeitsaccounting. Initiativen zur Integration von Nachhaltigkeit in den Geschäftsbericht. In *Mythos CSR. Unternehmensverantwortung und Regulierungslücken*, Hrsg. Gisela Burckhardt, 200-210.

Honegger, Claudia, Sighard Neckel und Chantal Magnin. 2010. *Strukturierte Verantwortungslosigkeit. Berichte aus der Bankenwelt*. Berlin: Suhrkamp.

Joas, Hans. 1996. *Kreativität des Handelns*, Frankfurt a. M.: Suhrkamp.

Kaiser, Robert. 2014. *Qualitative Experteninterviews. Konzeptionelle Grundlagen und praktische Durchführung*. Wiesbaden: Springer VS.

Kahlenborn, Walter und Cornelia Dereje. 2007. *Statusbericht Nachhaltige Geldanlagen 2007. Deutschland, Österreich und die Schweiz*. Online unter www.forum-ng.de/upload/Statusbericht_07-12-11_web.pdf.

Klas, Gerhard und Philip Mader. 2014. *Rendite machen und Gutes tun? Mikrokredite und die Folgen neoliberaler Entwicklungspolitik*. Frankfurt a. M.: Campus.

Klein, Florian. 2014. *Nachhaltigkeit als Bestandteil der Unternehmensstrategie von Genossenschaftsbanken. Eine Verknüpfung mit dem Konzept des Member Values*. Arbeitspapiere 145: Institut für Genossenschaftswesen der Westfälischen Universität Münster.

Knoll, Michael. 2002. Ethical Screening in Modern Financial Markets. The Conflicting Claims Underlying Socially Responsible Investment. *The Business Lawyer* 57:681-726.

Knorr Cetina, Karin und Urs Bruegger. 2002. Global Microstructures. The Virtual Societies of Financial Markets. *American Journal of Sociology* 107:905–950.

Kocyba, Hermann und Stephan Voswinkel. 2008. Kritik (in) der Netzwerkökonomie. In *Ein neuer Geist des Kapitalismus?* Hrsg. Gabriele Wagner, 41-62. Wiesbaden: Springer.

Kreander, Niklas, Ken McPhail und David Molyneaux. 2004. God's fund. A critical Study of stock market investment practices of the Church of England and UK Methodists. *Accounting, Auditing & Accountability Journal* 17:408-441.

Krippner, Greta R. 2012. *Capitalizing on crisis. The political origins of the rise of finance*. Cambridge: Harvard Univ. Press.

Krippner, Greta. 2005. The Financialization of the American Economy. *Socio-Economic Review* 3:173-208.

Krugman, Paul R. 2009. *Die neue Weltwirtschaftskrise*. Frankfurt a. M.: Campus.

Kurtz, Lloyd. 2009. Socially Responsible Investment and Shareholder Acitivism. In *The Oxford Handbook of Corporate Social Responsibility*, Hrsg. Andrew Crane, Dirk Matten, Abagail McWilliams, Jeremy Moon, Donald S. Siegel und Lloyd Kurtz, 249–280. Oxford: Oxford University Press.

Lamont, Michèle. 1992. *Money, Morals, and Manners. The Culture of the French and the American Upper-Middle Class*. Chicago und London: Univ. of Chicago Press.

Lamont, Michèle und Marcel Fournier. 1992. Introduction. In *Cultivating Differences. Symbolic Boundaries and the Making of Inequality*, Hrsg. Michèle Lamont, und Marcel Fournier, 1-18. Chigaco: Chigaco University Press.

Lamont, Michèle und Virag Molnar. 2002. The Study of Boundaries across the Social Sciences. *Annual Review of Sociology:* 167-195.

Lapavitsas, Costas. 2009. Financialised Capitalism. Crisis and Financial Exproprition. *Historical Materialism*, 17:114-148.

Lenz, Sarah. 2015. Normativer Wandel im Bankenwesen? Eine Analyse kritischer Distanzierung ‚ethischer Banker'. In *Praktiken der Kritik*, Hrsg. Katia Henriette Backhaus und David Roth-Isigkeit, 255-271. Frankfurt a. M.: Campus.

Lenz, Sarah und Sighard Neckel. 2019. Ethical Banks between Moral Self-Comittment and Economic Expansion. In *The Contested Morality of Markets*, Hrsg. Simone Schiller-Merkens und Philip Balsiger, n.n. (erscheint 2019), Research in the Sociology of Organizations.

Lorenz, Stephan. 2006. Biolebensmittel und die Politik des Einkaufswagens. In *Politisierter Konsum --
   konsumierte Politik*, Hrsg. Jörn Lamla und Sighard Neckel, 91-113. Wiesbaden: VS.

Louche, Céline. 2006. *Socially Responsible Investment. Differences between Europe and United States.* Vlerick Leuven Gent Working Paper Series 22: Vlerick Leuven Gent Management School.

Louche, Céline. 2004. *Ethical investment. Processes and Mechanisms of Institutionalisation in the
   Netherlands, 1990-2002.* Rotterdam: Optima.

Louche, Céline, Daniel Arenas und Katinka C. Cranenburgh. 2012. From Preaching to Investing.
   Attitudes of Religious Organisations Towards Responsible Investment. *Journal of Business Ethics*
   110:301-320.

Mangold, Werner. 1960. *Gegenstand und Methode des Gruppendiskussionsverfahrens.* Frankfurt
   a. M.: Europ. Verl.-Anst.

Maurer, Andrea und Gertraude Mikl-Horke. 2015. *Wirtschaftssoziologie.* Baden-Baden: Nomos.

Menz, Wolfgang und Sarah Nies. 2015. Wenn allein der Erfolg zählt. Belastungen und Work-Life-Balance in den Finanzdienstleistungen. In *Work-Life-Balance - eine Frage der Leistungspolitik.
   Analysen und Gestaltungsansätze*, Hrsg. Nick Kratzer, Wolfgang Menz und Barbara Pangert,
   233-273. Wiesbaden: VS.

Meuser, Michael, und Ulrike Nagel. 1991. ExpertInneninterviews - vielfach erprobt, wenig bedacht.
   ein Beitrag zur qualitativen Methodendiskussion. In *Qualitativ-empirische Sozialforschung. Konzepte, Methoden, Analysen*, Hrsg. Detlef Garz, und Klaus Kraimer, 441-471. Opladen: Westdt. Verl.

Meyer, John W. und Brian Rowan. 1977. Institutionalized Organizations: Formal Structure as Myth
   and Ceremony. *American Journal of Sociology* 83:340-363.

Moldaschl, Manfred und Dieter Sauer. 2000. Internalisierung des Marktes. Zur neuen Dialektik
   von Kooperation und Herrschaft. In *Begrenzte Entgrenzungen. Wandlungen von Organisation
   und Arbeit*, Hrsg. Heiner Minssen, 205-224. Berlin: Ed. Sigma.

Mueller, Samuel A. 1994. Investment Returns on Islamic-principled Mutual Fund in the United
   States. *Sociology of Religion* 55:85-87.

Münnich, Sascha, und Patrick Sachweh. 2016. Einleitung: Varianten des kapitalistischen Geistes
   im Wandel? Zum schwierigen Verhältnis von Kapitalismus und Kultur. *In Kapitalismus als
   Lebensform? Deutungsmuster, Legitimationen und Kritik in der Marktgesellschaft*, Hrsg. Dies.
   3-27. Wiesbaden: VS.

Naber, Mary. 2001. Catholic Investing: The Effects of Screens on Financial Returns. *The Journal of
   Investing* 10(4):58-65.

Neckel, Sighard, Claudia Czingon und Darah Lenz. 2018. Kulturwandel im Geldgeschäft? Potenziale
   einer ethischen Selbsterneuerung im Banken- und Finanzwesen. *Kölner Zeitschrift für Soziologie
   und Sozialpsychologie* (Sonderheft 58), n.n.

Neckel, Sighard. 2001. „Leistung" und „Erfolg". Die symbolische Ordnung der Marktgesellschaft. In
   Gesellschaftsbilder im Umbruch. Soziologische Perspektiven in Deutschland, Hrsg. Eva Barlösius,
   Hans-Peter Müller, und Steffen Sigmund, 103-117. Wiesbaden: VS.

Nee, Victor und Paul Ingram. 2001. Embeddedness and Beyond. Institutions, Exchange, and Social
   structure. In *The new institutionalism in sociology*, Hrsg. Mary C. Brinton und Victor Nee, 19-45.
   Stanford: Stanford Univ. Press.

Nessel, Sebastian. 2012. Ethisches Investment, Islamic Finance und politische Fonds. Eine Analyse multipler Entscheidungsrationalitäten auf Finanzmärkten. In *Entfesselte Finanzmärkte.
   Soziologische Analysen des modernen Kapitalismus*, Hrsg. Klaus Kraemer, 281-308. Frankfurt
   a. M.: Campus.

Nohl, Arnd-Michael. 2006. *Interview und dokumentarische Methode. Anleitungen für die Forschungspraxis*, Wiesbaden: VS.

O'Neill, Onora. 2000. Starke und schwache Gesellschaftskritik in einer globalisierten Welt. *Deutsche
   Zeitschrift für Philosophie* 48:719-728.

Peifer, Jared L. 2014. The Institutional Complexity of Religious Mutual Funds: Appreciating the Uniqueness of Societal Logics. *Research in the Sociology of Organizations:* 339-368.

Polanyi, Karl. 1995 [1944]. *The Great Transformation. Politische und ökonomische Ursprünge von Gesellschaften und Wirtschaftssystemen*, Frankfurt a. M.: Suhrkamp.

Pollock, Friedrich. 1955. *Das Gruppenexperiment.* Frankfurt a. M.: Europ. Verl.-Anst.

Potthast, Jörg und Michael Guggenheim. 2013. Symmetrische Zwillinge. Zum Verhältnis von ANT und Soziologie der Kritik. In *Akteur-Medien-Theorie. Science Studies*, Hrsg. Tristan Thielmann, Erhard Schüttpelz und Peter Gendolla, 133-167. Bielefeld: transcript.

Przyborski, Aglaja. 2004. *Gesprächsanalyse und dokumentarische Methode. Qualitative Auswertung von Gesprächen, Gruppendiskussionen und anderen Diskursen.* Wiesbaden: VS.

Sachweh, Patrick. 2013. Symbolische Grenzziehungen und subjektorientierte Sozialstrukturanalyse. Eine empirische Untersuchung aus einer Mixed-Methods-Perspektive. *Zeitschrift für Soziologie* 42(1):7-27.

Sandel, Michael j. 2008. *Liberalism and the limits of justice.* Cambridge: Cambridge Univ. Press.

Schäfer, Henry. 2008. Verantwortliches Investieren: Zur wachsenden ökonomischen Relevanz von Corporate Social Responsibility auf den internationalen Finanzmärkten. In *Corporate Social Responsibility auf dem Finanzmarkt. Anstöße für verantwortliches Investieren und eine nachhaltige Unternehmenspolitik*, Hrsg. Gesine Bonnet und Gotlind B. Ulshöfer, 64-80. Wiesbaden: VS.

Schiller-Merkens, Simone. 2013. Framing Moral Markets. The Cultural Legacy of Social Movements in an Emerging Market Category. MPIfG Discussion Paper 13/8.

Schnell, Christiane. 2012. Eigensinnige Professionalität. Zur Bedeutung „beruflicher Identität" im Kontext von Subjektivierung. *Arbeits- und Industriesoziologische Studien* 5:21-34.

Schnell, Christiane. 2009. Solidarisierung im Feld der Kulturberufe? In *Prekarität, Abstieg, Ausgrenzung. Die soziale Frage am Beginn des 21. Jahrhunderts,* Hrsg. Robert Castel und Klaus Dörre, 333-345. Frankfurt a. M.: Campus.

Schwartz, Mark. 2003. The "Ethics" of Ethical Investing. *Journal of Business Ethics* 43:195-213.

Sen, Amartya. 1982. *Choice, Welfare and Measurement.* Oxford: Blackwell.

Senge, Konstanze. 2007. Ist Corporate Social Responsibility ein ökonomischer Wert? *Berliner Debatte Initial* 18:47-56.

Shank, Todd M., Daryl K. Manullang, und Ronald P. Hill. 2005. Is it Better to be Naughty or Nice? *The Journal of Investing* 14:82-88.

Smith, Adam. 2009 [1776]. *Wohlstand der Nation.* Köln: Anaconda.

Sparkes, Russell. 2010. *Socially responsible investment. A global revolution.* Chichester: Wiley.

Sparkes, Russell. 2001. Ethical investment: whose ethics, which investment? *Business Ethics: A European Review* 10:194-205.

Sparsam, Jan. 2015. *Wirtschaft in der New Economic Sociology.* Eine Systematisierung und Kritik. Wiesbaden: VS.

Stahl, Titus. 2013. *Immanente Kritik. Elemente einer Theorie sozialer Praktiken.* Wiesbaden: Campus.

Stiglitz, Joseph E. 2010. *Freefall. America, free markets, and the sinking of the world economy.* New York: Norton.

Stolle, Dietlind und Michele Micheletti. 2013. *Political consumerism. Global responsibility in action.* Cambridge: Cambridge University Press.

Streeck, Wolfgang. 2007. Wirtschaft und Moral: Facetten eines unvermeidlichen Themas. In *Moralische Voraussetzungen und Grenzen wirtschaftlichen Handelns*, Hrsg. MPIfG, 8-19.

Swedberg, Richard. 2005. Markets in Society. In *The Handbook of economic sociology*, Hrsg. Neil J. Smelser und Richard Swedberg, 233-254. New York: Princeton Univ. Press.

Uzzi, Brian. 1997. Social Structure and Competition in Interfirm Networks. The Paradox of Embeddedness. *Administrative Science Quarterly* 42:35-67.

Vergne, Jean-Philippe. 2012. Stigmatized Categories and Public Disapproval of Organizations. A Mixed-Methods Study of the Global Arms Industry. *Academy of Management Journal* 55:1027-1052.

Voß, Günter G. 2001. Auf dem Weg zum Individualberuf? Zur Beruflichkeit des Arbeitskraftunternehmers. In *Aspekte des Berufs in der Moderne*, Hrsg. Thomas Kurtz, 287-314. Opladen: Budrich.

Weber, Max. 2013 [1904]. *Die protestantische Ethik und der Geist des Kapitalismus*, München: Beck.

Wendt, Karen (2016). *CSR und Investment Banking. Investment und Banking zwischen Krise und Positive Impact*. Berlin: Springer Gabler.

Wetzel, Dietmar J. 2013. *Soziologie des Wettbewerbs. Eine kultur- und wirtschaftssoziologische Analyse der Marktgesellschaft*. Wiesbaden: VS.

White, Harrison C. 1981. Where do markets come from? *American Journal of Economics and Sociology,* 87:517-547.

White, Harrison C. und Frédéric C. Godart. 2007. Märkte als soziale Formationen. In *Märkte als soziale Strukturen*, Hrsg. Jens Beckert, Rainer Diaz-Bone, und Heiner Ganßmann, 197-217. Frankfurt a. M: Campus.

Windolf, Paul. 2005. Was ist Finanzmarkt-Kapitalismus? In *Finanzmarkt-Kapitalismus. Analysen zum Wandel von Produktionsregimen*. Kölner Zeitschrift für Soziologie und Sozialpsychologie. Sonderhefte, Bd. 45, Hrsg. Paul Windolf, 20-58. Wiesbaden: VS.

Woschnack, Daniela, Sebastian Nagel, Stefanie Hiß und Bernd Teufel. 2015. Das Accounting sozialer Nachhaltigkeit. Nachhaltige Entwicklung und Finanzmarkt. Ökologisches Wirtschaften 30:30–34.

Zelizer, Viviane A. 1978. Human Values and the Market. The Case of Life Insurance and Death in 19th-Century America. *American Journal of Sociology* 84:591-610.

Zukin, Sharon, und Paul DiMaggio. 1990. Introduction. In *Structures of capital. The social organization of the economy*, Hrsg. Sharon Zukin, 1-37. Cambridge: Cambridge Univ. Press.

The manufacturer's authorised representative in the EU is Springer
Nature Customer Service Centre GmbH, Europaplatz 3, 69115 Heidelberg,
Germany. If you have any concerns regarding our products, please
contact ProductSafety@springernature.com

Printed and bound by CPI Group (UK) Ltd, Croydon, CR0 4YY
23/04/2026
02095636-0008